가마니로 본
일제강점기
농민 수탈사

가마니로 본
일제강점기
농민 수탈사

인병선·김도형 엮음

창비

이 책은 일제강점기 조선 농민의 가마니 생산과 관련된 신문기사 자료집이다. 잘 알다시피 일제는 1876년 문호개방 이후부터 식민지배 말기까지 줄곧 조선의 쌀을 수탈해갔다. 일본식 가마니는 쌀을 운반하는 용기이면서 동시에 무게·부피의 단위로 정착되었다. 이런 점에서 우리는 가마니를 통해 당시 조선 농민의 생활과 일제의 농민 수탈 실상을 파악할 수 있다.

식민지 조선은 일제에 의해 상품시장, 원료·식량 공급지라는 역할을 충실하게 이행했다. 이는 일제의 치밀한 농업정책의 결과이기도 했다. 토지조사사업, 산미증식계획, 농촌진흥운동, 전시동원체제 등의 모든 정책은 언제나 조선 농민에 대한 가혹한 수탈 위에서 이루어졌다. 일제 지배하의 조선 농민은 광범하고 급속하게 몰락했고, 소작농이나 화전농으로, 혹은 도시로 흘러 들어와서 토막민(土幕民) 같은 빈민층을 형성했다. 몰락한 조선 농민이 식민지배체제의 위협이 되었으므로, 일제는 농민 몰락을 막기 위한 방안들도 시행했다. 수탈체제를 유지하기 위한 농민안정이었던 것이다.

'가마니 짜기'는 일제 당국이 농가 부업을 장려하여 몰락해가는 농민의 갱생을 이룬다는 농정책의 핵심 사업이었다. 전시하 총동원체제에서 가마니는 군수품이기도 하여 통제 대상이었다. 1년에 1억장의 가마니를 짜야 하는 가혹한 노동 속에서, 농민들은 피땀이 어린 가마니를 팔아 다시 이를 천황을 위한 보국·애국의 명목으로 바쳐야 했고, 급기야 이 돈으로 비행기를 헌납하기도 했다.

이런 역사적 의미를 지닌 가마니에 일찍부터 관심을 가진 분이 인병선(印炳善) 짚풀생활사박물관장이다. 일제 말기 유명한 농업경제학자의 따님인 인 관장은 1970년대 후반부터 농촌·농민의 짚풀문화를 연구해왔고, 1993년에 짚풀문화를 알아볼 수 있는 박물관까지 세운 분이다. 이를 바탕으로 가마니에 대한 많은 자료와 사진을 모아오셨다.

본 편자가 인 관장을 알게 된 것은 한국박물관협회에서 활동할 때였다. 대학에서 보직으로 박물관장 일을 하면서 대학박물관협회장을 지낸 터라, 사립박물관을 운영하고 있는 인 관장과 여러 회의에서 만나게 되었다. 4년여 전에 인 관장은 자신이 그동안 모은 가마니 관련 자료를 보여주면서 역사학자인 나의 도움을 요청했다. 매우 흥미로운 주제였다.

그리하여 본 편자는 인 관장이 행한 것을 바탕으로 자료를 정리하면서 모자라는 부분을 다시 조사하여 채웠다. 일제의 식민정책 변천에 따라 시기를 구분하여 자료를 날짜순으로 배열했으며, 모든 문장은 독자의 편의를 위해 본래 글의 의미를 살리면서 현대문으로 고쳤다. 그리고 이 자료를 바탕으로 일제하 가마니 생산의 변천과 그 생활을 정리한 글을 작성하여 해제 격으로 책에 실었다.

자료집을 간행하는 것은 상업적으로 볼 때 타산이 맞지 않는 일이다. 그럼에도 불구하고 창비에서 선뜻 간행을 해주었다. 창비 염종선 이사의 과감한 결정과 편집부의 섬세한 작업이 이 책을 모양 있게 나오게 했다. 또한 대학원의 연구 생활에는 별로 도움이 되지 않음에도 오직 본 편자의 강권으로 작업을 해온 연세대 대학원 노상균 박사생, 정예지 석사, 이정윤·석지훈 석사생의 노력이 있었다. 이 모든 분들에게 미안함과 고마움을 전한다. 끝으로 자료 정리와 출판에 시간이 많이 지나면서 초조하셨을 인 관장께도 죄스러운 마음을 가진다. 이제는 걱정 잊으시고 더욱 강건하시기를 바란다.

2016년 12월

편자를 대표하여
김도형 씀

일러두기

1. 이 책은 일제강점기에 발간된 신문(동아일보, 조선일보, 매일신보 등)에서 가마니 관련 기사를 가려 뽑아 모은 것이다. 권두에 이를 분석한 '해설'과 각 장마다 간략한 '개요'를 달았다.

2. 신문기사의 제목은 원문을 살리되 한글과 한자를 병기했다. 본문은 원래의 문자와 문투를 살리면서 현대문으로 바꾸었다.

3. 시기의 구분은 아래와 같이 하였다.
   −1910~19년 토지조사사업과 쌀 수탈 농정책 확립 시기
   −1920~31년 산미증식계획 시행 시기
   −1932~36년 만주사변과 그 이후 농촌진흥운동 시기
   −1937~45년 중일전쟁 이후의 전시통제 및 총동원 시기

차
례

일제의 농업 수탈과 가마니

김도형

전근대 시기의 한국은 농업국가였다. 한국사에서 변화와 발전은 농업사에서의 농업기술 발전, 생산력 증대와 밀접하게 연관되어 있었다. 농업생산의 핵심은 점차 수전농업(벼농사)으로 정착되었다. 벼농사를 둘러싼 지주와 농민의 관계는 사회의 가장 핵심적인 기반이 되었다. 벼품종, 농법과 그 부산물인 볏짚 등이 사회 변화를 가져옴과 동시에 농민 생활에 영향을 끼쳤다. 이 가운데 볏짚은 농민의 일상생활은 물론 생산 활동에도 폭넓게 사용되었다. 지붕을 잇는 재료부터 땔감, 신발(짚신), 비옷, 새끼, 멍석, 각종 운반용 도구(가마니 등)까지 매우 다양한 생활 도구로 활용되었다. 볏짚은 1960년대 이후 산업화와 새마을운동, 그리고 연탄 사용과 플라스틱 생활용구의 보급으로 점차 수요가 줄었지만, 그 이전까지는 농촌생활에서 가장 중요한 생활재료 중 하나였다.

이 자료집은 한국 근대 시기 일제의 농업정책 가운데 이루어진 가마니의 생산을 둘러싼 농업·농촌·농민에 관한 신문기사를 가려 뽑아 만들었다. 가마니 생산과 유통은 개항 후에 시작된 일본의 농업 침탈 속에서 이루어졌다. 개항 후 조선에서 일본으로 수출된 상품은 대부분 농산물(쌀, 콩)이었다. 이 가운데 특히 쌀의 운반이나 저장을 위해 일본식 가마니가 보급되었다. 쌀 이출이 더욱더 늘어난 일제강점기에 가마니 생산은 농가의 중요한 부업으로 자리 잡았다. 그런 사이 곡물용으로만 사용되던 가마니의 용도가 점차 늘어나 소금과 비료, 광물 등의 용기로 쓰였고 급기야 일제의 침략전쟁과 더불어 군사적인 사용도 증가했다. 미곡 수출 초기에는 일본에서 가마니를 수입해 충당했다. 그러다가 생산 비용 등의 이유로 조선 내 생산을 늘려나갔고, 일제의 대륙침략 속에서 만주까지 판매되었다.

가마니의 크기와 용도, 품질 등은 일제의 정책과 일본 상인의 요구에 따라 통일, 획정되어갔다. 1938년 조선에서 생산된 가마니의 종류와 생산량 및 수요는 다음과 같이 분류되었다.[1]

(1) 곡용 4두입(穀用 4斗叺, 곡물용 4말들이 가마니): 보통 곡물용가마니로 일컫는다. 곡용(穀用)으로 가장 크며, 직조의 기술을 요한다. 현미, 백미, 대두, 소맥 등을 취급하는 데 사용된다. 수출용으로는 1등품만 사용되지만, 수량이 부족하면 1~2등품(天, 地)을 같이 사용하게 승인하고 있다. 1년간의 수용(需用) 수는 대략 3천만장에 달한다. 3등품은 자가용(自家用) 잡곡 또는 석탄, 광석, 토목 공사용으로 이용된다.

(2) 곡용 3두입(穀用 3斗叺, 곡물용 세말들이 가마니): 세말가마니로 지칭된다. 만주의 백미용으로 사용되며, 1년간 수요는 3백만장 내외이다.

(3) 비료용 17목입(17目叺): 보통 비료가마니라 일컫는다. 크기는 세말가마니와 같은 모양이다. 주로 유황, 암모니아 등의 비료를 담는다. 최근

가마니계의 총아로 대우하고 있으며, 매년 생산이 증가하고 있다. 입구에 새끼(口繩)를 달면 세말가마니의 대용품이 되어, 그 융통성도 좋다. 1년에 2,500만장 정도 필요하며, 하급품은 광석가마니라고 해 수요가 많다.

(4) 16목입(16目叺, 비료용): 조선 안에서 생산되는 가마니 가운데 가장 작으며 특정 지역에서만 생산된다. 주로 일본이나 조선질소회사(朝鮮窒素會社) 등에서 과린산(過燐酸) 석회(石灰) 포장용으로 공급되고 있다. 연간 수요는 약 2백만장에 달하며, 하급품은 광석용으로 쓰이고 있다.

(5) 염용입(鹽用叺, 소금용가마니): 전매국의 소금 포장용이다. 직조하기에 비교적 편하고 원료도 곡용가마니와 같이 좋은 것이 필요하지 않으므로 농민에게 환영받고 있다. 연간 수요는 450만장 내외이다.

(6) 철박용입(撤粕用叺, 철박용가마니): 풍년입(豊年叺, 풍년가마니)이라고 일컫는다. 대련(大連) 풍년제유(豊年製油)회사에서 제조되는 대두철박(大豆撤粕, 콩 지게미) 포장용에 공급되는 매우 거친 대형가마니이며 연간 170만장가량 사용되고 있다.

(7) 조입입(租入叺): 정조(正租) 포장용으로 사용한다. 비교적 조잡한 가마니로서 대부분의 농가가 만들고 있다. 매년 새로 생산하는 수량은 확실하지 않으나 3천만장에 달할 것으로 추측된다.

1. 개항 후 미곡무역과 가마니

(1) 조선은 1876년 「조일수호조규」(강화도조약)로 자본주의세계체제 속으로 흡수, 종속되었다. 이 체제는 상품과 자본을 통해 세계질서

를 지배하는 제국주의 국제질서였다. 조규의 체결로 인해 종래 중국 중심의 동아시아 국제질서가 무너지기 시작했고, 조선과 일본 사이에도 종래의 왜관무역이 아닌 근대적인 통상무역이 전개되었다.

통상무역을 통해 조선에서는 쌀, 콩, 우피(牛皮, 쇠가죽), 금, 생면(生綿) 등이 수출되고, 일본으로부터 카네낀(生金巾, 玉洋木), 한랭사(寒冷紗) 등의 면직물과 석유, 설탕 등이 들어왔다. 무역품 가운데 가장 중심이 된 것은 쌀과 면제품의 교환이었다. 이에 이 무역을 흔히 '미면교환체제'라고 한다. 이런 무역구조는 개항 이후에 형성되기 시작해 1894년 청일전쟁 이후 일본이 조선의 무역을 독점하면서 성립되었다. 일본은 이 무역을 통해 산업혁명에 필요한 자본을 축적할 수 있었고, 조선 시장을 독점적으로 확보했던 것이다. 쌀과 면제품을 교환하는 무역은 일제 식민지하에서도 줄곧 유지되었다.

산업화를 거치면서 일본의 농업구조도 변했다. 농촌에서 농민층 분화가 진행되고, 농촌의 과잉인구가 산업노동자로 흡수되면서 일본도 점차 쌀 수입국으로 변해갔다. 부족한 쌀은 동남아시아(홍콩미)나 조선(조선미)으로부터 수입해 충당하였으며 산업발전을 위해 저미가정책을 유지했다.

쌀의 일본 수출로 조선 농촌도 크게 변했다. 미곡의 상품화 속에서 지주층이 성장했고, 반면에 농민층은 토지에서 점차 이탈, 몰락해갔다. 심지어 미곡 수출로 인해 곡가가 오르면서 빈농, 도시빈민층의 생활은 더 곤궁해졌다. 미곡 수출로 인한 농촌 몰락을 파악한 조선 정부는 일본 상인의 활동지역을 한정했다(처음에는 조계지로부터 4킬로미터, 후에는 40킬로미터). 또한 조선 지방관은 미곡 유출로 인한 곡가 앙등, 쌀 부족을 막기 위해 방곡령(防穀令)을 내리기도 했다.

일본은 안정적으로 조선 쌀을 가져가기 위해서 무엇보다 조선 시장 확보를 위한 정치적 안정이 필요했다. 일본은 조선을 뺏기 위해 청일전쟁(1894)과 러일전쟁(1904)을 일으켰다. 두번의 전쟁을 거쳐 일본은 국제 열강 사이에서 조선의 식민지화를 인정받고, 쌀 공급지로서의 식민지를 확보하게 되었다.

일본은 흉풍(凶豊)에 관계없이 조선 쌀을 확보하기 위해 직접 조선의 토지를 구입해 지주 경영을 시작했다. 지주 경영에서 조선의 소작제도를 활용하면 대체로 3~4년 안에 투자한 자본을 회수할 수 있을 만큼 많은 이윤을 얻었다. 아울러 일본 내 과잉인구를 해결하기 위해 농업 이민을 추진했다. 또 농업 부문의 효율적 침탈을 위해 각 지역의 농업 경영 관행부터 토질, 기후와 이에 적당한 농사 품종, 그리고 일본인이 들어올 때의 유의점 등을 매우 세밀하게 조사했다. 아울러 일본인의 기호에 적합한 쌀 품종을 보급했다. 근업모범장을 전국적으로 설치해 각각의 지역에 알맞은 벼 품종 개량과 농사법, 시비법, 그리고 추수에 이르기까지 전 과정을 개량하고 이를 일반 농가에 보급했다.

또한 추수한 후 쌀을 상품으로 만들어가는 데 필요한 작업도 개선했다. 추수한 곡식을 타작하거나 말리는 과정에서 돌이 섞이는 것을 방지하기 위해 멍석을 보급했으며, 도정 과정에는 일본식 정미소를 운영했다. 쌀의 운반용기도 개량했다. 일본식 가마니(叺)와 이를 묶기 위한 새끼 등은 이런 차원에서 보급되었다. 가마니는 운반용기이면서 동시에 거래 단위로서 자리 잡게 되었다.

(2) 가마니는 일본 농업 침탈의 산물이었다. 새끼줄을 꼬아 자루처럼 만든 '가마니'(일본어: 카마스かます)는 조선에서 기존에 사용하던

'섬'보다 부피는 작으나 한 사람이 운반하기에는 적당했으며, 두께가 두껍고 사이가 촘촘해 곡물이 흘러내리지 않았다. 쌀 무역량이 늘어나면서 가마니 사용량도 점차 증가했고 가마니를 일본에서 수입해 사용하는 데에도 한계가 있었다. 이에 따라 조선에서도 가마니를 직접 제작하기 시작했다.

조선에서 일본식 가마니를 처음 제작한 것은 1907년경 전남 나주였으며, 시장에 상품으로 처음 등장한 곳은 조치원이었다. 이런 사정은 후에 다음과 같이 정리되었다.

조선에서 생산되는 곡물의 이출은 명치 27·28년(1894·1895) 이후로 현저히 증가하고, 그 포장은 짚으로 만든 가마니를 사용했다. 가마니는 전부 내지(일본)에서 들여온 것으로 명치 40년(1907) 전후에는 그 이입액이 실로 100만원에 달했다. 이로 인해 식자(識者)들이 이에 주목해 조선의 풍부한 짚을 이용한 새끼와 가마니 제조를 장려하는 기운을 조성했다. 그리하여 일찍이 그 장려에 착수해 전라남도 나주군 남평 및 나주 지방이 그 발원지가 되었다. (…) 포장용인 새끼와 가마니를 멀리 일본 내지에서 구하는 것에 불리한 점이 많아서 상인 가운데는 지방민에게 새끼와 가마니를 제조시키려고 하는 자가 속출했기 때문에, 명치 40년(1907)에는 조치원에서 생산된 가마니가 시장에 나타나기에 이르렀고, (…)²

조선에서 가마니를 직접 생산하게 되자 일본 당국이나 상인들은 당연하게 가마니의 품질 수준을 유지해야 했다. 따라서 품질을 유지하기 위한 검사도 필요하게 되었다. 가령 통감부 산하의 진남포 이사청(理事

廳)이 정한 규칙에서 이를 볼 수 있다. 1908년 진남포 이사관이 이사청령 제1호로 발표한 「수출곡물용 입승(叺繩) 및 취체규칙(取締規則)」에는 진남포 항에서 수출하는 곡물의 가마니와 새끼는 진남포일본인상업회의소에서 심사하도록 하고, 그 심사에서 합격한 것만 사용하도록 했다. 진남포 지역에서 생산된 가마니를 다른 지역으로 내보낼 때도 반드시 진남포일본인상업회의소에 신고하도록 했다.[3]

2. 1910~20년대 식민지 농업과 가마니

(1) 1910년, 일본의 강제병합으로 조선은 일제 자본주의 분업체계 속에서 상품시장, 원료공급지로 편성되었다. 조선총독부의 농업정책도 이런 구조 속에서 수립되었다. 통감부 시기에 추진되던 식량 증산, 농산물 자급, 조선 내 소비 절약 등은 병합 이후에도 계속되었다.

1910년대 조선총독부에서 추진한 핵심 사업은 토지조사사업이었다. 이 사업을 통해 일제는 식민지배를 위한 재정을 확보했다. 이 사업이 근대법적인 소유권을 바탕으로 실시되었던 점에서 일본인 지주와 상인의 토지 침탈도 확대되었다. 이를 통해 봉건적 지주·소작 관계가 더욱 확고하게 유지되었다. 일본에서 필요한 쌀의 증산을 위한 농업개량책을 비롯해 면화 재배, 양잠, 목양(牧羊) 등도 추진했다. 이른바 '남면북양(南綿北羊) 정책' '미면중점주의(米綿重點主義)' 등으로 표명되었다.

무엇보다 일본이 필요로 한 것은 쌀이었다. 1910년대 조선과 일본의 이출입(移出入)을 보더라도 이런 점은 확연했다. 1910년대 후반 쌀 수출은 조선의 전체 수출액 중 40퍼센트에 달했다. 조선 내 산업도 쌀과

연관된 식료품가공업이 제일 큰 부분을 차지했다.

1914년에 시작된 1차대전은 일본 경제에도 큰 영향을 미쳤다. 우선 전쟁 물자의 수요 증대에 따라 일본 경제도 미증유의 호황을 맞이했다. 공업화와 도시화가 전개되었고 이에 따라 쌀 수요도 급증했다. 쌀 생산이 수요 증가를 따라가지 못하면서 쌀 가격이 폭등하고 식량 부족 문제가 대두되었다. 급기야 일본 전역에 '쌀 폭동'이 일어났다.

1920년대 조선에서 실시된 산미증식계획 및 갱신계획은 일본의 쌀 부족을 타개하기 위한 방책이었다. 경작법 개선, 관개 개선, 지목 변환, 개간, 간척, 비료 사용 증대, 신품종 보급 등의 계획이 포함되었다. 미곡 증산을 위해서는 특히 수리사업이 필요했다. 농업용수의 관개·배수·방수, 그리고 경지정리와 농사개량 사업을 담당하는 수리조합이 집중적으로 만들어졌다. 비료 사용을 늘려 지력을 높이는 방법도 추진됐다.

산미증식계획으로 조선의 미곡 생산량과 토지 생산성도 증가했다. 하지만 생산증가량에 비해 일본으로의 이출량이 훨씬 더 급증했다. 조선 미곡 총생산량의 40~50퍼센트에 달하는 양이 일본 등지로 수이출되었다. 그 가운데 일본으로 이출된 미곡이 총수이출량의 90퍼센트를 넘나들었다. 조선 농민의 삶은 나아지지 못했으며 오히려 증가량을 넘는 수이출로 극심한 미곡 부족을 겪어야 했다. 일본인 지주와 조선인 지주의 토지 집적이 더욱 심화되면서 농민들은 토지에서 배제되어갔다. 특히 일본으로 쌀이 이출되면서 조선에서 모자라는 곡물은 만주의 잡곡으로 채웠다. 농민층은 가혹한 소작료에 각종 세금, 수세(水稅) 등으로 부채만 쌓이고 더 빈궁해졌다. 소작농민이 전 농민층의 50퍼센트를 상회했고, 농민층의 항쟁도 갈수록 격화되었다. 농촌을 떠난 몰락농민들은 만주, 일본 등지로 흘러갔다.

(2) 조선에서 생산된 쌀의 일본 이출이 증대될수록 가마니의 수요도 늘어났다. 재래식 가마니로는 이에 대처할 수 없었다. 일본 시장에도 통용될 수 있는 품질(짜임이나 크기)의 가마니가 필요했지만, 이를 마냥 일본에서 수입할 수도 없었다. 일본인의 기호에 따라 벼 품종까지 바꾸어 보급하고 있었으므로, 일본에서 필요로 하는 가마니를 조선에서 생산하는 것이 더 좋은 방법이었다. 1920년대 산미증식계획으로 쌀의 일본 이출이 늘어나면서 더 많은 가마니가 필요했고, 1930년대 이후 일본의 경제권이 만주, 대만 등으로 확대되면서 그 수요가 격증했다. 산미증식계획의 일환으로 비료 생산이 늘어나면서 이에도 가마니가 필요했다.

총독부에서 가마니 생산을 독려한 목적은 물론 '쌀 이출'로 인한 일본산 가마니의 이입(移入)을 줄이는 것이었다. 또한 총독부는 농가 수입을 증대하는 '부업'으로 가마니 생산을 적극 권장했다. 가마니 생산을 매개로 일제는 농촌 경제를 조정, 통제했다. 당시 『매일신보』에는

근래 거적 및 가마니의 용도가 비상히 광대한데, 작년 중 내지(일본)로부터 가마니의 이입이 445만 3천매, 가격 49만원이요, 또 새끼 및 거적의 이입이 23만원이라 하니 어찌 놀랄 일이 아니리오. 조선 옛날에는 게으른 농가는 볏짚을 지붕을 잇는 데 사용하는 이외에는 버리는 물품으로 알아 혹 불쏘시개로 썼거니와 금일은 용도가 이와 같이 광대한즉 일반 농가는 거적과 가마니 제조에 주력해 좋은 부업을 만들지로다.[4]

라고 해, 일본으로부터 가마니, 새끼, 거적 등의 수입이 많은 가운데, 종래 그냥 버리거나 땔감 정도로만 쓰던 볏짚을 활용해 농가의 부업으로

삼아야 한다고 했다.

가마니 짜기는 농한기를 이용할 수 있고, 또 농촌의 부녀와 아동 노동까지 동원할 수 있다는 점에서 적극적으로 권장되었다. 농한기 농촌에 가마니 생산을 보급하는 것은 총독부의 정책이었던 '교풍(矯風) 사업'으로도 활용할 수 있었다. 농한기에 아무것도 하지 않거나 도박을 일삼는 농민들에게 근검 생활을 정착시킬 수 있다는 점에서였다.[5]

총독부는 가마니 생산 증대를 위해 각종 정책을 실시했다. 가마니 생산을 본격화한 1910년대에는 전국 곳곳에서 전습회(傳習會)를 개최하고, 보조금을 주어 가마니 제조 기계를 보급했다. 지방에 따라서는 '병합' 후에 지급된 은사금(恩賜金)을 활용한 은사수산사업(恩賜授産事業)의 일환으로 전습회를 열고 기계를 공급했다.[6] 또 농민들의 가마니 생산, 판매를 위한 조합을 결성하도록 했으며, 각종 경진대회 및 품평회 등을 개최했다. 지방에 따라서는 가마니 생산을 위한 모범부락을 선정하고 선전하기도 했다.

1920년대 산미증식계획에 따라 가마니 생산량도 계속 늘어났다. 그러자 자연스럽게 가마니의 크기와 품질을 일정하게 유지할 필요가 생겼다. 이를 위해 '가마니 검사'가 실시되었다. 1910년대에는 「미곡검사규칙(米穀檢査規則)」의 일환으로 용량을 통제했다. 당시 곡물용 가마니는 3~5말들이가 생산·통용되었는데, 점차 일본의 수요에 맞추어 4말가마니로 정비되었다.

「미곡검사규칙」의 개정과 더불어 가마니(叺)의 용량을 4말로 정한 것에 대해 당국자의 말을 들어본즉, 조선의 가마니는 4말 및 5말의 두 모양이라. 후자는 불편이 많고 이익이 적어 전자의 지극히 편리함과는 도저히 같이 말할 수 없으니, 그 한둘을 들어보면 (…) 4말짜리는 가마니의 내구력이 줄어들지 않고 취급이 편리하므로 혼란이 적으며, 또 일본 내지는 최근에 어느 곳에서든지 4두표(斗俵)를 사용하고, 5두표를 사용하는 것이 극히 희소한 점, 이런 까닭으로 이와 같은 양의 가마니를 사용할 때는 일본 내지와 취급상 몇몇 편리한 점이 있음은 말할 필요도 없다. (…) 이것이 이번에 검사규칙의 개정에 당해 가마니는 4말로 제정한 이유라고 말하더라.[7]

그러나 문제는 가마니 크기만이 아니었다. 가마니의 내구성, 직조 방법, 포장 방법과 새끼 품질 등을 모두 검사할 필요가 있었다.[8] 각 도 단위로 이를 검사했으므로 그 기준조차 일정하지 않았다. 이에 전국적으로 가마니 등급을 정할 필요성이 대두되었다. 총독부는 1920년대 중반에 이 논의를 시작해[9] 1927년 11월에 부령(府令) 제83호 「가마니 검사규칙」을 시행했다. 가마니 검사는 곡물용가마니, 소금용가마니, 비료용가마니를 대상으로 했으며, 생산검사와 반출(搬出)검사로 나누었다. 생산검사의 표준은 ① 볏짚의 품질과 두드림의 정도, ② 거적의 엮음새와 날 새끼의 굵기 및 품질, ③ 가마니의 꿰맨 상태와 새끼의 굵기 및 품질, ④ 가마니의 크기와 무게 등이었고, 이에 따라 가마니의 등급을 매겼다. 반출검사는 종류와 등급이 다른 것이 혼합되지 않도록 하고, 운반하기에 적합한 묶음이 되었는지 여부를 검사했다.[10]

(3) 가마니 짜기는 보통 농한기에 전 가족의 노동력을 동원해 이루어진 부업으로, 특히 소빈농층에게 중요한 생계 수단이 되었다. 생계가 걸린 농민층의 입장에서는 총독부가 주도하는 엄격한 검사, 그리고 공

동판매와 가격 통제 등이 불만이었다.

한말에서 일제 초기, 조선에서 가마니 생산을 시작할 때는 대개 지역 단위로 가마니 조합을 만들어 판매했다. 이렇게 되자 자연스럽게 군청에서 가마니 생산과 판매를 주도하게 되었다.[11] 혹은 총독부의 인가 아래 만들어진 '승입(繩叺)회사'가 판매를 독점하는 경우도 있었다. 몇몇 지역의 농민들은 공동판매로 수익이 줄어들자 공동판매를 반대하고 자유판매 방식을 주장했다.

평남 대동군에서는 가마니 조합원 3백명이 공동판매를 위해 모였다가 평남 도청 검사원이 검사를 실시하던 중에 소동을 일으켰다. ① 장소가 협소해 생산품을 진열하기 불편한 점, ② 검사원이 등급을 불공평하게 매기는 점, ③ 가격을 지나치게 싸게 치는 점 등이 이유였다. 농민들 가운데 불평을 가진 사람들은 노동대회사무소(勞動大會事務所)로 몰려가 대책 회의를 열었다. 농민들은 관에서 행하는 검사는 받되, 불공평한 공동판매에는 응할 수 없고 각기 자유롭게 판매하겠다고 맹세했다.[12] 가마니 생산 농민들은 불공정한 검사와 낮은 가격에 항의했으며, 그 지역 노동단체와 연합해 행동했다.

1928년 동래에서는 농민들이 승입회사의 독점 판매를 반대했다. 농민들은 가마니 판매의 이득을 생산자인 자신들이 갖지 못하고 회사에 돌아간다고 판단하고 독자적으로 조합을 만들고자 했다.

동래군의 가마니 제조업은 농촌의 유일한 부업으로 나날이 쇠해가는 농촌경제를 다소간이라도 완화할까 하여 군 당국에서도 적극적으로 지도 후원했거니와 농촌의 농민들도 둘도 없는 활로로 생각해 각 촌민의 가마니 제조업이 날로 발달해 근일에는 이를 전업, 부업으로 하지 않는 마을이 거의 없을 정도가 되었다. 그러나 원래 이익이 박한 것으로, 숙달된 사람이 제품을 판매한다고 해도 하루 수입이 원료대를 제하면 50~60전을 초과하지 않는 형편이다. 그런데 소위 승입주식회사(繩叺株式會社)라는 것이 도 당국의 양해하에 설립된 후에는 생산자의 자유판매를 금지하는 동시에 지정판매권 소유라는 명목하에 시가에 비해 1개당 약 7~8전씩 이득을 취하고 매점(買占) 판매케 되므로 결국 소득은 직조인의 손을 떠나 승입주식회사의 수중에 떨어지게 된다. 이렇게 되고보면 모처럼 장려된 가마니 치는 부업도 일개 회사의 이익에 희생될 뿐이요 생산자는 다만 헛되이 수고만 할 뿐이니 지정판매제를 폐지함과 동시에 생산자의 자유판매에 맡기든지 아니면 생산인조합 설치를 허가해달라는 뜻으로 양태한 등 90여명이 날인해 수일 전 진정서를 군 당국에 제출했다는바 군 당국에서도 이에 양해한 바가 있어 도 당국과 협의해 조속히 선후책을 강구할 것이라 한다.[13]

전남 순천에서도 가마니 문제로 조선 농민과 일본인 사이에 분쟁이 생겼다. 그러자 농민 수십명이 순천노동연합회관(順天勞動聯合會館)에 모여 '가마니판매소비품구매조합(販賣消費品購買組合)'을 따로 조직했다.[14]

가마니 검사의 공정성 여부는 생계가 결부된 농민들에게 매우 중요한 문제였다. 제도가 시행되면서 농민층의 불만이 자주 터져나왔다. 1920년대는 물론이고 일제의 파시즘체제가 구축되던 1930년대에도 농민들의 집단 항의가 일어났다. 가령 1933년 1월, 3백여명의 강릉 농민들이 ① 가마니 검사원을 면직시킬 것, ② 가마니 값을 올릴 것, ③ 저금을 폐지할 것, ④ 3등 합격품을 알선할 것 등을 요구하며 시위했다.

검사원의 태만과 불친절에 대한 불만은 물론이거니와 가마니 가격이 가족의 호구도 되지 못하므로 20퍼센트 가격 인상을 요구했던 것이다. 게다가 가마니 1장에 1전씩 강제적으로 저금을 하게 하는 것도 '비록 1전이지만 가마니 가격 자체가 낮게 책정(1등 10전, 2등 9전)되어 있기 때문에 1전도 생활에 위협이 된다'고 했다.[15] 2월에는 전남 영산포에서 검사소 직원의 불공정 문제로 5백여명의 농민들이 항의하는 소동도 일어났다.[16]

3. 1930년대 농촌진흥운동과 가마니

(1) 1920년대 말에 터진 세계경제공황은 일본에도 영향을 미쳤다. 일제는 공황을 벗어나기 위해 파시즘체제를 강화하면서 대륙 침략 전쟁의 길로 들어섰다. 식민지 조선은 전쟁의 병참기지로 편성되었다.

농업 분야에서도 공황('농업공황')이 심화되었다. 소비력이 감소하면서 쌀값이 하락했다. 일본에 쌀을 공급하던 조선 농촌도 쌀값 폭락과 수출 규제로 심각한 적자와 몰락을 맞았다. 이에 농민층의 항쟁은 더욱 확산되었다. 1930년대에 들면서 종래의 합법적 농민운동은 비합법적인 혁명적 농민운동으로 전환했다.

일제가 식민체제를 유지하기 위해서는 무엇보다 농민층의 생활 안정이 필요했다. 소작농민층의 불만을 줄이고 지주제를 조정 통제하지 않을 수 없었다. 사법기관의 조정으로 소작쟁의를 방지하고자 「조선소작조정령」(1932)을 시행했으며, 지주와 소작인의 협화, 소작농의 지휘 안정과 생산력 증진을 내세우면서 지주의 고율 소작료를 통제하는

「조선농지령」(1934)을 제정했다. 아울러 일제는 소작농민을 자작농으로 육성하기 위한 정책으로 '자작농지창설유지사업'(1932)을 실시해 총독부나 농회, 금융조합 등을 통해 농민들이 자작농지를 구입하기 위한 자금을 대부해주었다. 그러나 빌려주는 금액이 적었고, 지가가 지속적으로 상승하고 있었기 때문에 이 정책은 성과를 내기 어려웠다. 오히려 농민들의 빚만 더 늘어났다. 그리하여 총독부는 춘궁퇴치(春窮退治), 차금퇴치(借金退治), 차금예방(借金豫防) 등을 내세운 '농촌진흥운동'을 펼쳤다(1932).

농촌진흥운동에서는 농가 소득을 높이는 일도 중요한 사업이었다. 이에 농가의 부업과 겸업을 더 체계적으로 관리하고 장려하고자 했다. 총독부는 남녀노소를 불문하고 모든 농가 인원을 최대한 활용해 모두가 부업에 힘쓰도록 했다. 부업의 핵심은 역시 '가마니 짜기'였다.

(2) 농촌진흥운동을 통해 총독부는 농민의 '자력갱생'을 부단히 선전했다. 농가 부업 수입 중에 가마니 비중이 높아지면서 농민의 생활 향상이 가마니에 있다고 내세웠다. 총독부의 이런 선전 시책은 1920년대 이래 행했던 것으로, 농촌진흥운동 시기에 더 강조되었다. 지주와 소작농민 사이에 소작료와 지세 부담 등을 협의하면서 가마니 원료인 볏짚을 소작농민이 갖게 한 지역도 있었다. 공주 반포면이 그러했는데, 지주와 소작인이 모두 모인 진흥회 회의에서 아래와 같이 결정했다.

1. 지세는 지주의 부담으로 한다.
2. 볏짚은 소작인의 소유로 한다.
3. 소작료는 타조(打租) 또는 도조(賭租)로 하되, 도조 시에는 180근 이

상을 불허한다.

4. 운반은 2리 이상을 불허한다.

5. 근동(近洞) 지주에게는 직접 교섭하고 먼 곳의 지주는 통고문을 발송키로 한다.

6. 만일 지주 측에서 불응할 시에는 다시 총회에 소환하고 대책을 강구하기로 한다.[17]

총독부는 가마니의 증산을 위해 부녀는 물론 어린 학생들까지 노동에 동원했다. 보통학교 학생들을 가마니 짜기에 동원한 것은 1920년대 후반부터 보이기 시작했다. 1928년 안성에서는 보통학교 5학년 이상의 학생들에게 제직법(製織法)을 가르치고, 극빈 학생들에게는 가마니 직기(織機)를 대부했다.[18] 겨울방학 기간을 이용해 5~6학년 학생들에게 학교 교실에서 가마니 짜기 강습회를 개최하기도 했다.[19] 이는 나주,[20] 부여,[21] 천안,[22] 홍성[23] 등 거의 전국적인 현상이었다. 보통학교에서의 가마니 교습은 어릴 때부터 '근로 정신'을 함양시킨다는 명분 아래 행해졌고, 이를 통해 농촌지도자를 양성한다고 내세웠다.[24]

보통학교에 가마니 짜기를 보급하면서 전국적으로 어린 학생들이 참여하는 경기대회도 개최했다. 1931년 함경도 함주농회에서 개최한 대회는 『매일신보』에 다음과 같이 보도하였다.

함주군 농회 주최로 도내 각 공·사립초등학교 졸업생 및 재학생 가마니 치기 경기대회는 예정과 같이 30일 오후부터 여자공보교 서쪽 함경승입주식회사 창고 터에서 마수(麻水) 지사, 내무부장, 참여관 등의 참석하에 개최된바, 참가선수는 졸업생 18조, 재학생 12조로 자못 성황을 이루었다. 경기가 끝나자 황목(荒木) 심사장의 엄정한 심사로 즉일 기술 우수자에게 상품을 수여했는데, 이에 따라서 함주군 승입회사에서는 부상을 수여해 이 업계에 대한 권장을 충분히 표현했다. 그런데 그날 1등 당선자가 가마니 1매 치는 데에는 졸업생 54분이 걸렸고, 4등은 1시간 18분, 재학생 1등은 1시간 7분, 4등은 2시간 23분이 걸렸으며 이 경기회가 조선에 있어 효시가 된 만큼 일반에서 초등학교 실업교육에 대한 기대가 더욱 많아질 것으로 전망된다.[25]

4. 전시통제하의 가마니

(1) 일제는 1931년 만주사변, 1937년 중일전쟁의 발발과 함께 본격적으로 대륙 침략을 감행했고, 이는 1941년 태평양전쟁으로 이어졌다. 전쟁 속에서 일본 본국은 물론, 식민지 조선도 폭압적인 파시즘체제의 지배를 받았다. 모든 사회, 경제 구조도 전시 체제로 바뀌었다. 거대 독점 자본이 조선에 들어와 대규모의 군수공업이 추진되면서 조선은 '병참기지'가 되었다. 농업에서도 전쟁에 필요한 군수물자를 충당해야 했다.

대규모의 전쟁으로 식량뿐만 아니라 모든 물자가 절대적으로 부족해졌다. 식민지 조선에서는 최대한의 동원과 증산이 요구되었다. 선철, 백금, 구리 등의 금속이나 고무, 면화, 피혁 등의 원자재로부터 장신구, 문방구, 가구 등의 생활용품까지 모두 동원과 통제의 대상이었다. 조선인의 노동력 역시 동원의 대상이었다. 1938년에 「국가총동원법」으로 이런 인적·물적 자원을 통제했고, 국민총력연맹과 그 산하의 애국반을 축으로 국민총력운동이 전개되었다.

전쟁 수행에서는 군수식량의 확보가 절대적인 사안이었다. 일본은 증산을 통해 식량을 확보하고자 다시 산미증식계획을 재개했으나 생산량은 필요만큼 증가하지 않았다. 그러자 일제는 생산물의 출하 통제, 식량 배급 등으로 이를 해결하고자 했다. 침략 전쟁이 확대될수록 공출량은 늘어났고 배급량은 줄어들었다. 조선 농민들의 삶은 더욱 열악해졌다. 일본은 조선에서 생산된 쌀로 군수미를 확보하는 데 열심이었고, 이에 조선 내의 식량 부족은 심화되었다.

물자 동원에서 가마니도 직접적인 군수용품으로 공출과 통제의 대상이었다. 군수용 식량을 포장하기 위해서도, 참호와 같은 군사 시설을 만드는 데도 가마니가 필요했다. 새끼, 거적, 가마니는 바로 농촌에서 생산하는 '병기(兵器)'였던 것이다.[26]

(2) 전쟁이 진행되면서 만주, 일본에서의 가마니 수요도 증대되었고, 조선이 감당할 생산량도 늘어났다.[27] 이에 총독부는 가마니 생산에 더 적극적으로 개입하고 통제했다.

가마니 생산이 총독부의 진흥정책으로 늘어났지만, 앞서 본 바와 같이 가마니 검사와 판매(매출)에는 많은 문제들이 야기되고 있었다. 총독부는 이를 방지하기 위해 제도를 정비했다. 자유경쟁으로 인한 폐단을 줄이기 위해 '적극적 통제' 방안으로 1개 도에 1개 회사만 두기로 했고, 후에 이를 '조선승입협회(朝鮮繩叺協會)'로 체계화했다.

1930년에 들어 비료가마니가 과잉 생산되면서 식산회사와 연합회의 인하 판매가 경쟁적으로 이루어졌다. 이에 조선 내에서는 물론이고 일본에서도 가마니 가격이 하락했다. 총독부는 종래의 연합회를 해체하고 식산회사들이 주축이 된 조선승입협회를 만들어 내부 경쟁을 방지하면서 일본으로의 판로도 확장하려고 했다.[28] 조선승입협회는 1931년 12월에 조직되었는데, 각 지방의 대표적인 승입회사 7개사가 연합했다.[29]

총독부는 이 협회를 통해 가마니 생산과 유통을 통제했다. 협회에서는 '조선승입통제'에 관한 조선동업자대회를 열고 도 단위의 '승입통제기성회'를 조직했으며, 아울러 통제에 관한 진정서를 총독부에 제출했다.[30] 그리하여 경기, 경남, 강원, 함남, 평북, 충남의 6개 도에 각각 1개 회사를 설립하고, 조선승입협회가 이 회사를 통괄하도록 했다. 그러나 통제회사가 설립되지 않은 도에는 통제의 힘이 미치지 못했다. 나머지 도에서 활동하던 상인들은 임의 단체인 '조선곡용입협회(朝鮮穀用叺協會)'를 만들었는데, 승입협회와 곡용입협회가 서로 경쟁하는 처지가 되었다. 이런 문제점이 제기되자 '전시하에서 자유경쟁은 통제 정신의 몰각(沒却)'이라는 지적이 일어나 두 협회를 합병하게 되었다.[31] 조선승입협회는 그대로 존속시키고 곡용입협회를 흡수하면서 곡용입협회의 회칙을 부분적으로 참작했다.[32]

이후 가마니는 전시하 총동원법으로 통제되었다. 당시에 가마니는 이미 '전매제도' 비슷하게 운용되고 있었지만 생산, 배급, 가격에 완전한 통제 명령이 가능한 '획기적 통제'가 추진되었다. 마침내 조선총독부 부령(府令)으로 「고공품생산배급통제령(藁工品生産配給統制令)」을 시행하면서 가마니를 포함한 새끼, 거적 등의 생산, 배급 및 가격 모든 부분을 통제했다.[33]

총독부의 가마니 생산, 배급 통제에도 불구하고 때로는 과잉 생산으로 값이 폭락하기도 했고, 때로는 생산이 줄어 값이 앙등하기도 했다. 1939년만 해도 곡물용, 소금용, 토목용(土木用) 3종류의 가마니 약 1억 매를 목표로 생산을 늘렸는데, 과잉 생산되자 농민들의 생계가 다시 위협받기도 했다. 총독부는 만주국과 협의하고, 또 중국 북쪽으로 수출하기 위해 노력하는 한편, 곡물용가마니의 생산을 중지하고 소금용이나 토목용 생산을 주로 생산하는 문제도 검토하는 지경이 되었다.[34]

1940년대에 들어서는 가마니 생산이 기대만큼 이루어지지 않았다. 제일 큰 원인은 가마니 원료인 볏짚의 부족이었다. 볏짚 가격이 오르자 가마니를 짜도 별 이익이 나지 않았던 것이다. 게다가 당시 노동자의 임금이 차츰 상승하면서 농민들이 가마니를 짜는 것보다 다른 업종에서 노동하는 것이 수입이 더 좋아진 현실 문제도 있었다.[35]

가마니는 이미 일제의 전쟁에 필요한 물자가 되었다. 1941년에도 1억매가 필요하다고 예상되었다.[36] 이에 총독부는 각 도 단위로 할당량을 배정하고 모든 조직을 동원해 가마니 증산을 독려했다. 가마니 생산에 장려금을 지급하거나, 원료의 원활한 충당을 위해 볏짚 가격을 지정, 통제했다.[37] 가을에는 볏짚을 확보하기 위해 짚의 건조 저장과 소비 절약을 강조하면서 농가의 지붕도 마음대로 잇지 못하게 했다.[38]

가마니 증산을 위해 농민들에게 경품까지 주며 독려했다. 진천에서는 황소 한마리를 상품으로 내기도 했고, 어디서나 물건을 살 수 있는 상품권을 발행하기도 했다.[39] 총독부를 비롯한 여러 단체에서는 농촌 갱생을 내세우면서 선전을 했다. 가마니가 농촌 갱생에 가장 중요한 수단이라고 하면서 가마니 생산으로 '자수성가' '갱생'한 농가를 대대적으로 선전했다. 생산 경쟁을 부추기기 위해 경기대회를 열고, 이를 '가마니 짜기 올림픽대회'라고까지 했다.[40]

가마니 생산을 독려하면서 총독부는 여전히 공동판매를 하며 판매가를 통제했다. 총독부는 가마니 가격을 올려 매입해달라는 농민들의 요구도 거부했다. 가격을 올려 증산할 필요도 있지만, 가격을 올리면 다른 '시국산업(時局産業)'에도 임금 인상, 인플레이션 등의 영향을 끼칠 수 있기 때문이었다.[41] 총독부에서는 가마니 가격을 인상하는 방법 외의 다른 방안을 강구해야 했고, '전조선입증산대책협의회(全朝鮮叺增産對策協議會)'라는 조직을 만들어 대책을 마련하고자 했다.[42]

(3) 전쟁을 수행하면서 물자의 부족을 메우는 가장 효과적인 방법은 천황과 총독부에 대한 '애국' 열성을 선전하는 것이었다. 총독부는 가마니 생산이 '총동원' '총돌격'이며, '보국' '애국'의 실천이라고 했다. 곧 '가마니 보국운동'이었다. 이는 '보국 가마니'를 판매하면서 그 수익의 일부를 다시 저금하는 '애국저금'으로까지 연결되었다. '가마니 보국운동'에는 국민총력연맹과 애국반까지 동원되었다.

경기도 개풍에서는 애국일(6월 1일)에 집집마다 '애국 가마니(愛國叺)'를 짜서 이를 '애국저금'해 다른 사람에게 '충동과 감격'을 주었다.[43] 장단에서는 '총후(銃後) 농민'으로서 '생업 보국' 차원에서 70여 일 동안 가마니를 생산하기도 하였다.[44] 강화에서는 '비상시국'을 극복하기 위해 추석 명절에도 쉬지 않고 각 면에서 선발된 부녀자들의 '가마니 보국운동 강화 입직(叺織)경기' 대회를 열었다.[45] 청주에서는 '입직보국식(叺織報國式)'을 행하면서 궁성 요배, 황국신민서사 제창 등을 거행했다.[46]

1940년대 들어 전쟁이 더욱 심화되면서 지역에 따라서는 가마니 생산, 판매 대금을 '국방금'으로 헌납하기도 했다. 양구에서는 가마니 증산에 총력을 기울이는 가운데 한집에 1장씩 더 제작한 가마니 수입금 13원 12전을 국방헌금으로 냈고, 부인회원들도 더 짠 가마니 17장의 판매대금을 황군위문금으로 헌납했다.[47] 안성에서도 '군수용 애국 가마니'를 공출해 '총후보국(銃後報國)'의 열성을 다했다고 선전했다.[48] 경기도는 가마니 보국운동을 위해 도내 2백만 애국반원을 총동원했으며,[49] 황해도에서는 '가마니생산전격주간(叺子生産電撃週間)'을 정해 할당량을 달성했다.[50] 이런 현상은 거의 전국적으로 퍼졌다.[51] 특히 부녀자들이 솔선해서 가마니 대금을 국방헌금한 것을 대대적으로 선전했으며,[52] 눈먼 부부가 가마니를 짜서 헌금한 것도 "부부의 극기와 진충보국(盡忠報國)의 확고한 신념"으로 소개했다.[53]

때로는 가마니 판매대금을 일본 육해군이 필요한 무기나 비행기 대금으로 내기도 했다. 『매일신보』에서는 이를 대대적으로 선전했다. 평남 대동군에서는 1주일 동안 전 군(郡)의 애국반을 총동원해 가마니 10만여장을 짜서, "황군(皇軍)에 감사를 표하며 국방강화의 인식" 아래 기관총 1대를 헌납했다.[54] 몇몇 군에서는 비행기를 헌납했는데, 비행기의 이름은 '가마니호'였다. 양평에서는 한 호에 가마니 30장씩을 헌납해 모은 10만 3천여원으로 서울 주재 해군에 '양평 가마니호'를 헌납했다. 평북 귀성에서도 가마니 짠 대금 8만여원을 비행기 한대 값으로 조선군 애국부에 헌금했는데, 이 비행기 이름도 '평북귀성 가마니호(平北龜城叺號)'였다.[55] 심지어 강화에서는 초등학교 학생들이 가마니 짠 대금을 비행기 대금으로 납부하기도 했다.[56]

가마니는 일제의 농업 침탈과 미곡 수출의 소산이었다. 가마니는 쌀의 운송용 포장이면서 동시에 용량(무게)을 나타냈다. 쌀을 일본으로 수출하기 위해서는 당연히 일본 시장에서 통용되는 가마니가 필요했다. 처음에는 일본에서 사용되던 가마니를 들여와 수출용 쌀을 담았으나, 곧 조선 내에서 이를 생산하기 시작했다.

1910~20년대 토지조사사업, 산미증식계획 등으로 농민층이 광범하게 몰락하자 총독부는 가마니 생산을 농가 생계를 보완하기 위한 부업으로 적극 권장했다. 1930년대 이후 농촌진흥운동을 거쳐 전시체제하에서 가마니의 수요는 더욱더 늘어났고, 총독부는 농가 갱생, 보국과 애국의 명분으로 가마니 생산을 독려했다. 이에 따라 가마니 생산도 비약적으로 늘어났다. 그러나 가마니가 처음부터 일제 침탈의 결과물이었고 생산, 검사, 판매(전시하에서는 배급)를 모두 총독부가 통제하고 있었던 만큼 가마니 생산으로 농민층의 생활이 나아지기는 매우 어려웠다.

　일제 말기 전시체제하에서 가마니는 군수품이었다. 농민들은 할당된 매수를 채우기 위해 강제적으로 가마니를 짜야 했다. 전쟁을 수행하기 위해 일제는 가마니 생산과 가격을 철저하게 통제했다. 급기야 얼마 되지 않는 가마니 생산 대금은 '애국'이라는 미명 아래 성금에 충당해야 했고, 전쟁에 필요한 무기를 구매하는 비용으로 헌납해야 했다. 가마니 성금으로 비행기를 바치는 지경에 이르게 되었다. 부업이라는 허구의 명분 속에서, 또 전쟁 물자, 국방헌금으로 활용된 가마니 생산을 통해 일제는 농민층의 노동력을 철저하게 수탈해갔던 것이다.

1 山本寅雄(朝鮮産業協會 專務)「最近의 飛躍的 發展相과 "叺"의 種類 및 用度－叺織 (2)」,『東亞日報』(이하『동아』) 1938년 9월 7일.

2 石塚峻「朝鮮에 於る繩叺産出에 就て」,『朝鮮』103(1923년 11월). 1924년『조선일보』 에도 거의 같은 내용이 정리, 보도되었다(「새끼·가마니 檢査 規則 準則 起草 中」,『朝 鮮日報』1924년 4월 19일. 이하『朝鮮日報』는『조선』). 그런데 조치원 시장을 낀 연기 군의 가마니 생산은 1911년부터였다는 기록도 있다(「一郡에서 米叺 百萬枚」,『每日 申報』1918년 3월 5일. 이하『매일신보』는『매일』).

3 『朝鮮農會報』2-2(1908년 2월) 26면.

4 「莚·叺의 用途」,『매일』1913년 2월 25일. 그러다가 1916~17년도에 이르면 조선 내 의 가마니 생산이 2배로 증대하면서 일본으로부터 이입되는 가마니가 줄어들 것으 로 예상되었다.「叺繩類 移入 減」,『매일』1916년 8월 16일;「繩叺 자급 상황」,『매일』 1917년 11월 17일.

5 「전도 유망한 새끼·가마니 製造 / 農家 副業으로는 가장 適切한 것이니」,『동아』 1924년 11월 7일. "[平壤] 농가의 부업으로는 새끼·가마니 제조가 가장 유망하다 하 여 (…) 농가의 부업으로서는 자못 경시치 못할 것인데 古串面民들은 이 부업에 취미 를 붙여 남녀노소가 꾸준히 노동한 결과 그 같은 好成績을 얻었다 하며, 또한 同 面內 가마니製造組合에서는 금년 내에 다시 가마니 織機 3백대를 面內에 배부하여 한층 대대적으로 獎勵하리라 하는데 이는 物質 방면에 있어서는 多額의 資本金을 要치 않 을 뿐만 아니라 原料의 蒐集도 용이하고 부인과 아이들도 능히 織造할 수 있으며 정 신 방면에서도 勤儉力行의 美風과 自給自足의 정신을 涵養하여 前途가 더욱 유망한 데 이 收入에 대하여는 잘 活動하면 월 35~36원 이상의 收入이 있다고 한다."

6 「경남의 繩叺 장려」,『매일』1913년 2월 26일;「경북통신 / 거적·가마니 제조 전습회」, 『매일』1913년 12월 15일.

7 「叺의 容量 一定 / 4斗俵의 利益」,『매일』1917년 9월 13일. 이에 따라 부산역에서는 4말가마니와 5말가마니를 실제 기차 화물차에 쌓는 시험을 했는데, 4말짜리 가마니 가 더 많은 양을 실을 수 있고, 또한 운반할 때도 매우 쉽다는 결론을 얻었다(「4두(斗) 가마니의 효과, 적재시험이 극히 양호」,『매일』1917년 10월 21일).

8 「새끼·가마니 생산 및 포장에 就하여(1~4) / 全南繩叺販賣組合 이사 阪本由藏」,『매 일』1918년 6월 20~26일. 일본 阪神지방에서 총독부에 요구한 것은 ① 가마니 원료 는 藁의 敲法이 조악하여 切키 易한 고로 십분 차를 敲하여 強靭한 자를 用할 事. ② 가마니의 丈을 양단에 각 3촌 이상(筵 1매에 6촌 이상) 長케 제작할 事. ③ 叺口는 제 1회 차를 折曲할 뿐이 아니라 更히 제2회를 심히 折曲할 事. ④ 表装은 가성 堅括할 事 등이라고 소개했다.

9 「새끼·가마니 檢査 規則 準則 起草 中」,『조선』1924년 4월 19일.

10 「叺檢查規則 發布 / 生産檢查와 搬出檢查, 10월 1일부터 실시」, 『동아』 1927년 8월 24일.

11 「繩叺 共販 實施」, 『동아』 1925년 11월 13일.

12 「大同 새끼·가마니 組合員 共同販賣 拒絶 / 共同販賣가 不公平하다고 조합원이 自由販賣를 맹약」, 『동아』 1926년 2월 5일. 그 「맹약서」에는 "① 소위 平壤府 陸路里 購買組合事務所에는 非賣키로 한다. ② 同業者는 一致行動을 할 것. ③ 同業者間 同 組合에 판매하는 자는 위약금으로 1전씩을 정한다" 등을 주장하였다.

13 「가마니 제조업자 連署하여 郡當局에 진정 / 指定販賣制를 廢止하라고, 組合 設置코저 歎願」, 『동아』 1928년 3월 4일.

14 「가마니 組合 創立 / 지난 11일 順天에서」, 『동아』 1926년 1월 15일.

15 「三百 餘名 農民이 江陵郡廳에 殺到 / 가마니 檢查問題로 4個 條件 提出, 要求의 大部分 容認」, 『조선』 1933년 1월 20일.

16 「榮山浦 가마니 檢查所에 5백여 群衆 襲擊 / 高喊 지르며 硝子窓 파괴 / 警察隊 鎭撫로 解散」, 『동아』 1933년 2월 11일.

17 「地稅는 地主가 부담, 볏짚은 作人 所有 / 農地令에 따라 실행키로, 東湖振興會의 決議」, 『매일』 1934년 12월 8일.

18 「普校 兒童에 叺織法 敎授 / 安城 各 普校」, 『동아』 1928년 10월 9일. 안성에서는 1931년에도 근로교육이라는 이름으로 학교 중도 퇴학 방지, 학자금 마련을 위해 가마니를 치게 했으며, 학부형들도 이에 찬동하여 싼 값에 원료인 볏짚을 기부했다 (『매일』 1931년 9월 20일; 『동아』 1931년 10월 11일).

19 「冬休暇 이용 叺織 강습회」, 『동아』 1929년 1월 24일.

20 「羅州普校生은 가마니 치기로 學費 보충 / 冬期를 이용하여 校長 이하 指導 / 가마니 織機 20臺 購入」, 『매일』 1931년 12월 30일.

21 「叺織으로 學資 補充, 퇴학생 점차 復校 / 林川普校의 妙案」, 『매일』 1932년 12월 20일.

22 「木川 公立普通學校에서 學費 自辨을 實施 / 渡邊 교장 지도하에 農作, 叺織을 實行해」, 『매일』 1933년 2월 14일.

23 「방학에도 不休, 가마니 치기에 熱中 / 약간의 學費라도 補助하고자, 기특한 葛山公普生들」, 『동아』 1933년 7월 23일.

24 「勤勞 自立心 涵養, 授業料 未辨 아동에게 叺織機械 配付 / 생활의 道를 幼年時代부터 注入, 大田郡의 新敎育 방침」, 『매일』 1932년 6월 12일.

25 「初等敎 學生의 가마니 치기 競技會 / 知事 이하 官民 多數 參席, 咸州郡 農會 主催」, 『매일』 1931년 4월 1일.

26 「빈가마니는 供出 / 都市서도 藁工品增産을 協力하라」, 『매일』 1945년 2월 3일.

27 「叺 수요 殺倒, 買入價 인상 시급 / 輸出用分 대책 필요」,『동아』1940년 2월 29일. 만주에서도 가마니 생산업이 유망하여 조선인이 별도의 회사를 만들기도 했는데, 그 기술자를 조선에서 초빙해갔다(「中滿 繩叺 생산통제」,『동아』1940년 3월 3일).

28 「叺聯合會 解體 / 賣出 競爭 防止」,『매일』1930년 6월 10일.

29 「朝鮮繩叺協會 성립」,『朝鮮農會報』1931년 1월호 129면;「朝鮮繩叺協會の事業開始」,『朝鮮農會報』1931년 2월호 109면.

30 「繩叺의 統制로 會社를 組織」,『동아』1931년 5월 14일.

31 「一道 一社 單位로 全鮮『가마니』統制 / 자유 경쟁의 폐해를 방지코자 繩叺 穀用 양협회 합병 진행」,『매일』1935년 9월 15일.

32 「繩叺協會는 存續. 組織 內容은 更新」,『매일』1935년 9월 20일. 이때 작성된 合倂協定書에는 "(1) 朝鮮繩入協會와 朝鮮穀用叺協會는 業界의 現狀 及 將來의 趨勢에 鑑하여 渾然 融和 合倂함. (2) 合倂은 雙方 對等한 資格에 있어 行함. 但 合倂의 方法으로서는 便宜上 朝鮮繩叺協會를 存續하고 朝鮮穀用叺協會의 會則을 參酌하여 適當하게 會則을 改正하고 (…)" 등으로 했다. 이 조선승입협회는 1937년 11월에 그 이름을 '조선산업협회'라고 바꾸었다(『朝鮮農會報』1938년 1월호 133면).

33 「專賣制度에 近似한 叺 劃期的 統制 斷行 / 生産과 配給에 强制 命令 等 / 關係府令 近日 中 公布」,『동아』1938년 11월 22일. 그런데 1938년 12월 10일부터 시행된 조선 총독부 부령은 「고공품수급조정규칙(藁工品需給調整規則)」이었다. 그 내용에 대해서는『朝鮮農會報』1939년 1월호 102~04면.

34 「가마니 생산 중지 상태, 製叺 細農生活 막연 / 지나친 생산 장려로 생산 超過, 國外 販路에서 타개 강구」,『동아』1939년 4월 25일.

35 「叺 減産 原因」,『동아』1940년 1월 26일.

36 1910년대 중반이 대체로 개량가마니, 재래가마니 포함하여 약 천만매 정도이므로, 30년 사이에 10배가 증가하였다.

37 「叺 배정량을 확보 / 각 도 통제회사가 협력」,『동아』1940년 2월 13일.

38 「蓋草, 燃料用 抑制 / 가마니 짚 貯藏을 積極 獎勵」,『매일』1940년 11월 12일.

39 안성에서는 군수용 가마니를 공출하기 위해 공동판매에 참여하는 농민에게 경품(景品)을 주었으며(『동아』1940년 2월 4일), 진천 농회에서는 악대를 동원하여 가두 선전을 행하며, 전단지를 살포하면서 공동판매에 참여하는 농민 가운데 추첨으로 소 한마리를 상품으로 내걸기도 했다(『동아』1940년 1월 24일). 서산에서는 가마니 1장에 2전, 홍성에서는 1장에 5전의 장려금을 지급했고, 서산군 농회에서는 생산장려금을 상품권을 발행했다(『동아』1940년 2월 8일).

40 「가마니 짜기 / 競爭올림픽大會」,『매일』1940년 5월 11일. 제2회 '전조선입직경기대회(全朝鮮叺織競技大會)'는 경회루 옆 잔디밭에서 열렸다.

41 「가마니 가격은 절대 不引上, 原料 不足으로 增産에는 기대 없다고 / 湯村 農林局長 言明」, 『동아』 1940년 4월 3일.

42 「價格 引上 이외의 觀點에서 가마니 增産 對策 講究」, 『동아』 1940년 4월 10일.

43 「開豊郡의 愛國日 가마니 짜서 貯金 大聖面民들의 熱誠」, 『매일』 1938년 6월 10일; 「가마니報國運動 生産量 增加와 販賣代貯蓄의 一石二鳥妙案을 開豊서 指導」, 『매일』 1939년 5월 13일.

44 「報國가마니를 製造」, 『매일』 1939년 6월 6일.

45 「秋夕名節을 안 쉬고 가마니 報國運動 江華叺織競技盛況」, 『매일』 1939년 9월 29일.

46 「叺織報國式 來月 5일 淸州서」, 『매일』 1941년 10월 26일.

47 「每戶 1장씩 더 쳐 모아 팔은 돈을 國防 獻金 / 楊口郡 下安岱里民의 叺織 奉公」, 『매일』 1941년 2월 26일.

48 「安城 叺織 報國熱 / 하루 出荷 量이 7萬 枚」, 『매일』 1941년 3월 12일.

49 「가마니 報國運動 / 京畿道 二百萬 愛國班員을 總動」, 『매일』 1941년 3월 27일.

50 「叺生産電擊週間에 黃海道各地生産量」, 『매일』 1941년 4월 16일.

51 「"가마니"報國運動 / 金浦서 昨年中에 三百萬枚生産」, 『매일』 1940년 2월 9일; 「가마니 報國運動 / 固城販賣所 檢査量 一躍 二萬枚를 突破」, 『매일』 1940년 5월 6일; 「가마니를 짜서 國防金을 獻納」, 『매일』 1942년 1월 19일; 「가마니 짜서 國防獻金」, 『매일』 1942년 2월 25일.

52 「가마니 五十枚를 獻納」, 『매일』 1941년 4월 20일; 「가마니 짜서 獻金 / 月湖婦人들의 美擧」, 『매일』 1941년 4월 22일.

53 「눈먼 夫婦의 赤誠 / 남몰래 가마니 짜서 獻金」, 『매일』 1943년 4월 3일.

54 「가마니 값에서 分錢모아 機關銃 一臺 獻納 / 大同郡 愛國班員의 赤誠」, 『매일』 1941년 5월 19일.

55 「愛國機 / 龜城서 基金 八萬圓 獻納」, 『매일』 1944년 1월 26일.

56 「가마니 짜서 獻金 / 江華吉祥國民校生들의熱誠」, 『매일』 1944년 1월 27일. 이들 학생들은 30리나 되는 길을 걸어 강화신사에 참배하고 비행기 대금을 납부하러 갔다.

제1장

쌀 수탈을 위한
가마니 제조 강요

(1910~19)

1876년 「조일수호조규」(강화도조약)로 조선은 일본과 근대적인 통상 무역을 시작했다. 조선의 쌀, 콩 등 농산물이 수출되고 일본으로부터는 면제품이 들어왔다. 가장 중심적인 물품은 쌀이었다. 일본은 산업화가 진전되면서 쌀이 부족해졌고, 저미가정책을 유지하기 위해 질 좋은 조선 쌀이 필요했다. 이후 일제 식민지배 전 기간에 조선 농촌은 줄곧 일본에 쌀을 공급하는 '기지'가 되었다.

조선의 쌀을 수탈해 가기 위해서 일본은 자신들의 기호에 맞는 벼 품종, 상품성을 높이는 도정(搗精), 원거리 운반에 알맞은 용기 등을 보급했다. 일본식 가마니는 이런 필요에서 보급되었다. 가마니는 운송용기이면서 동시에 거래 단위였다. 무역 초기에는 일본에서 가마니를 들여와 사용했으나, 물동량이 늘어나면서 이를 감당할 수 없게 되자 조선 농촌에서 이를 만들어 충당했다.

조선에서 일본식 가마니를 만들기 시작한 것은 1907년경이었다. 일제의 강점 이후 쌀 수출이 증가하자 가마니 수요도 급속하게 늘어났다. 이에 총독부에서는 갖가지 명분을 내세우며 가마니 생산을 장려했다. 그 핵심은 가마니 생산이 농가 부업으로 가장 적합하다는 것이었다. 추수 후의 농한기를 이용하여 전 농촌의 노동력(부녀자 및 아동까지)을 동원할 수 있다는 것이었다. 또한 총독부가 조선의 생활습관을 고친다는 미명 아래 추진한 '교풍(矯風)' 사업 차원에서도 필요했다. 가마니 생산을 위해 전국의 농촌에 관(官)이나 단체를 통하여 가마니 짜기 강습회를 대대적으로 실시했고, 가마니 짜는 기계를 대부했으며, 총독부의 '은사금'을 활용하기도 했다.

1. 연직전습(筵織傳習) 개황

경기도청 권업과(勸業課)에서 지난달 이래로 기획 중인 제1차 연직
(筵織)거적 짜기 및 입제조(叺製造)가마니 제조 전습 개황은 경기 관하 경성
부 및 37부군을 제1로서 제4회에 나누어 일체 일정을 정하고 전습하게
하는 중인데, 그 태반을 마치고 다음 10일경에 전부를 종료할 예정이
다. 그 인원은 한 군은 14인, 부(府)는 20인이요, 이에 요하는 전습 기계
는 총수 366대이라. 장래 이 사업에 종사코자 하는 자에게는 이 기계도
하부(下付)하는 등 편의도 있는 까닭으로 강습원이 모두 열심히 습득
한다더라.

매일신보, 1912년 2월 3일

2. 승입전습소(繩叺傳習所) 개시

경북 경주군 새끼·가마니·거적 제조 전습소에서는 본년도 제2기 제
1회의 견습생을 모집하여 지난 8일부터 전습을 개시하고 현재까지 견
습생을 모집 중이다. 수업 기한은 1개월이요, 수업 중 식비 5원씩을 지
급한다 하며, 또한 일반 농민을 전습하게 할 방침으로서 지난 14일부터
야업(夜業)을 개시하고 야학생을 모집하여 교수한다더라.

매일신보, 1912년 11월 19일

3. 연입제조(筵叺製造) 장려

군산에서는 전일(前日)부터 가마니와 거적 제조를 장려 중인데, 그
취지는 매년 군산항의 가마니와 거적 수요가 약 80여만매의 다수에 달
하고 가격은 지금의 시가로 견적해 1매에 12전 5리이니, 그 총액은 실
로 10여만원에 이름에도 불구하고, 지금에 이르러 그 대부분을 일본

(내지內地)으로부터 이입(移入)함에 다다른지라. 그래서 당국에서는 농가의 부업으로 그 제조를 장려하여 앞으로 점점 발달하도록 지도하면서 지방 농민을 비익(裨益)하게 함이 결코 적지 않다 할 것이다. 그 이후로 누누이 각 면, 동리에 통첩하여 모범적 제조 조합을 만들어 본 년도에는 예산 중에 장려비의 편입을 볼 터인데, 그 운(運)에 아직 다다르지 못해 당국에서도 유감으로 생각하는 중인즉, 다른 이들에게 이에 대한 대책을 강구해 비용을 지출하여 발달시킬 방침이라더라.

매일신보, 1912년 11월 29일

4. 전습종료증서(傳習終了證書) 수여식

교하(交河) 군청에서 거적 및 가마니 제조 전습생 10명을 모집하여 지난 5일 오전 10시부터 전습을 개최한바, 교하 군수가 전습생 일동을 향하여 사업 설치의 취지를 훈시하고, 같은 달 11일에 전습종료증서 및 일당(日當) 상여 수여식을 거행했다. 그 군수 및 군 서기 등은 사업에 대한 간절 장려의 연설을 행하고 전습생 10명에 대하여 제조기계 각 1대씩을 대부하였고, 전습 중 제작품을 군내 독농가(篤農家)를 선발하여 배부했다더라.

매일신보, 1913년 1월 18일

5. 연입제조(筵叺製造)의 성적

작년 이래로 조선 각지에서 거적 및 가마니 제조하기를 전습하여 그 제조품이 내지(일본)산에 비하여 또 손색이 없는지라. 혹 개인이 1일 평균 2매 반을 정률(定率)로 만드는 자도 있으며, 혹 그 일에 경험이 많은 자가 10인씩 공동 판매조합을 조직하는 자도 있어, 당국의 장려와 인민의 열심에 의하여 그 사업의 발전이 날이 갈수록 증장(增長)하니, 이는 조선 수년 이전에 없던 물건이요, 없던 일이라. 과연 여러개의 부업을 없는 가운데서 얻었다고 할지로다.

오호라, 우주 간에 만물이 삼라(森羅)하나 한 물건을 만들면 다시 물건 하나가 있고, 만사가 복잡하나 한 일을 시작하면 다시 일 하나가 있을지니, 있는 것을 또 있게 하여 적극적으로 나아가면 우주는 우리들의 뜻을 이루는 공간이 될 것이요, 없는 것을 또 없게 하여 소극적으로 물러나면 우주는 일개 빈 껍데기에 불과할지라. 그러므로 자강불식(自强不息)은 하늘에서 뜻한 대로 세운 바이거늘, 사람의 뜻이 어찌 물건도 없고, 일도 없이 일생을 끝내리오. 1매의 가마니로 말할지라도 이를 제조하면 우주 간에 일물(一物) 일사(一事)가 있을 뿐 아니라 곧 자기 집에 역시 일물 일사가 있으니 태만한 자에게 가르치면 그 효과가 어떻겠는가.

대저 거적과 가마니는 4일 밤낮을 구분치 않고 일체 전적으로 힘쓰는 것이 아니다. 농업 여가에 가히 놀려면 놀 수 있고, 놀지 않으려면 놀지 않을 일이니, 빈틈을 이용하여 제조해도 의외의 성적을 얻을 것이요, 또 그 제조의 방법이 노동력이 적어 부녀자라도 가히 학습할 것이다.

혹 말하되 옛날에는 거적 및 가마니의 제조가 지금과 같이 힘을 쓰지 않아도 그 쓰임을 자족하였거늘 오늘날에 집집마다, 사람마다 경쟁적으로 많은 가마니를 제조하여 어디에 다 쓰려고 하나. 그러나 거적 및 가마니의 쓰임새는 매우 넓어 오히려 부족한 감이 있다.

조선 쌀의 품질은 세계의 열등품을 면치 못하니, 이것은 순전히 제작의 불량함 탓이다. 순연(純然)하고 다른 것이 섞이지 않은 좋은 곡물을 모래 섞인 땅에 쌓아놓고 그 땅에서 타작하고 또 옮겨 다니니, 모래와 흙의 혼입을 면할 수 없는 이치이다. 그러므로 동일한 쌀 종류로도 다른 쌀과 같은 충분한 값을 내지 못하니, 조선 경제계에 그 손해가 얼마나 많은가.

조선의 토산과 조선의 수출에 가장 중요한 품목의 제작이 이와 같이 조잡하고 열등하니 조선 농가의 빈한(貧寒)은 조선 농가 스스로의 책임이라 할지라. 이를 개량코자 할진대 불가불 거적과 가마니를 땅바닥에 먼저 펼쳐놓고 곡물을 운용하면 한 점의 모래가 어떻게 들어가리오. 이는 당국에서 지도할 뿐 아니라 일반 벼농사 짓는 농가도 이런 경향이 이미 있으니, 수년 이내에 벼농사의 큰 개량을 볼 수 있을 것이라.

그러한즉 거적과 가마니의 용도가 얼마나 많겠는가. 또한 이것뿐만이 아니라 해륙의 교통이 편리해짐에 따라 각종 물화의 포장을 하는 것도 전에 비해 많이 쓰일 것이요, 지금 조선에서 제조하는 가마니와 거적의 품질이 일본산에 떨어지지 않은즉 자연 일본으로의 수이입도 얻을 수 있을지라. 이는 일반 목격하는 사실이니 비록 수천, 수만매의 거적과 가마니를 한 집에서 제조할지라도 수출의 곤란은 없을 것이니, 일반 농가는 거적 및 가마니 제조에 계속해서 노력하기를 희망하노라.

매일신보, 1913년 1월 19일

6. 연직장려(筵織奬勵) 호과(好果)

경기도청에서 관내 일반 인민으로 하여금 거적 및 가마니 제조 사업을 장려하기 위하여 부윤 군수에게 신칙(申飭)하여 이를 실행케 했는데, 여러 군의 실행상황을 들어본즉 다음과 같더라.

▲김포군청(金浦郡廳)에서는 지난 5일부터 11일까지 1주간 관내 고

란태면(高蘭台面) 사립 금란학교(金蘭學校) 일부를 전습장소로 충당하고 전습생은 면내에서 선출하여 장래 지방의 부업 발달 방침으로서 특히 독려하고, 교사 진삼차랑(津森次郎)씨가 열심 지도한 결과로 그 성적이 양호하다. 전습 중 부근 부락 인민이 때때로 참관했고, 군참사(郡參事) 기동식(奇東式)씨는 제반 사무를 알선하고, 고란태면 면장 김선장(金善長)씨도 진력 주장하여, 일반 전습생의 편의를 홍했는데, 전습생 10명 중 거적과 가마니의 제조 성적이 양호함에 이르렀다.

▲양주군청(楊洲郡廳)에서도 지난 5일부터 11일까지 거적 및 가마니 제조의 전습을 시행했는데, 군 직원의 훈시와 교사의 주의로 전습생 일동은 시종(始終) 하나같이 개업일부터 한 사람도 빠진 자가 없을 뿐 아니라 하루 중 점심식사 외에는 전혀 휴식을 없이 하고 작업 중 흡연을 금해 열심 종사한 때문에 예상 외의 호성적을 거두었다. 거적과 가마니의 합은 총 43매요, 그외 견습생의 거적 제작이 3매에 다다랐다더라.

매일신보, 1913년 1월 19일

7. 수인(囚人)과 입제조(叺製造)

조선에 대한 가마니의 수용(需用)은 비상히 막대한 것인데, 내지(일본)로부터 이입(移入)한 작년 총고(總高)는 445만 3천매요, 그 가격은 49만원이라. 또 새끼 및 거적의 이입은 23만원인데, 광량만(廣梁灣)의 염전에 사용하는 소금용가마니도 백만매가 필요하므로 그 관서에서는 각 방면에 향하여 수산사업(授産事業)으로 그 제조를 장려했다. 내년도부터는 감옥에 수감된 죄수로 하여금 가마니를 제조하게 할 계획이라더라.

매일신보, 1913년 2월 23일

8. 연입전습(筵叺傳習)의 호적(好績)
고을마다 이것을 권장할 일

광주군청(廣州郡廳)에서 당국의 장려에 의지해 멍석과 섬의 제조 전습생을 관하 낙생면(樂生面) 3명, 의곡면(依谷面) 2명, 실촌면(實村面) 2명, 초월면(草月面) 3명, 합 10명을 선발하여 본월 5일에 광주군 은사 수산장에서 시업식(始業式)을 거행하고 전습업무에 관한 취지를 간절히 훈시하고 또 전습 중 전습생의 주의사항을 상세히 알게 한바, 전습생은 열심 종사해 결근한 자가 한명도 없고 성적이 극히 양호함에 이르렀다 하며, 지나간 11일 오후 3시에 전습을 마친 증서와 상금을 주었고, 기계는 각 전습생 희망자에게 내어주어 장려했다 한다. 연천(漣川) 군청에서도 각 면으로부터 전습생 10명을 선발하여 지나간 5일에 은사 수산장에 집합하여, 군수가 전습에 관한 취지를 훈시하고 그 다음에 내무주임 군서기가 전습원의 주의사항을 설명하고 매일 오전 9시부터 오후 5시까지 열심 전습하는 중, 도청으로부터 배부한 새끼는 간간이 끊어져 극히 좋지 못하므로 작업 진보에 방해가 적지 아니한지라, 전습인이 스스로 꼰 새끼를 사용하여 완전한 제조를 얻었다 한다. 11일 오후 4시에 전습을 마친 증서를 주었고, 한 사람에게 대해 상금 22전 5리 내지 25전을 주었다 하며, 전습 중에 군 참사 각 면장, 이장과 보통학교 직원과 일반 인민 등 50명가량이 참관하여 모두 다 이 업무 발전을 계획하기로 결정했다더라.

매일신보, 1913년 1월 24일

9. 연입(筵叺)의 용도(用途)

근래 거적 및 가마니의 용도가 비상히 광대한데, 작년 내지(일본)

로부터 가마니의 이입이 445만 3천매, 가격이 49만원이요, 또 새끼 및 거적의 이입이 23만원이라 하니 어찌 놀랄 일이 아니리오. 조선의 옛 날에는 게으른 농가는 볏짚을 지붕 잇는 데 사용하는 이외에는 버리 는 물품으로 알아 혹 불쏘시개로 썼거니와 금일은 용도가 이와 같이 광대한즉 일반 농가는 거적과 가마니의 제조에 주력해 좋은 부업을 만들지로다.

매일신보, 1913년 2월 25일

10. 경남(慶南)의 승입(繩叺) 장려

경상남도에서 사용하는 새끼, 가마니는 모두 일본(내지)에서의 이 입에 관계되어, 부산, 마산에서 쌀, 대두 등의 수입출에 쓰는 것만 셈하 여도 그 가격이 약 10만원의 거액에 달하며 또한 일반 농가 기타에서 수용(需用)하는 것도 적지 않기 때문에 당국에서는 일반 농가에 일본 식(내지식) 가마니와 거적 제조를 가르침은 단순히 자가(自家)의 편익 이 될 뿐 아니라 역시 일종의 부업이라 하였다. 지난 명치 44년(1911) 부터 전습소 2개소에 보조금을 교부하여 이 사업의 전습을 장려하며, 다시 다른 면으로 은사수산사업(恩賜授産事業)의 일부분으로 생도를 모집해 그 전습을 위탁했다. 또 이후 이것을 계속 매년 찬조할 뿐 아니 라 무자력(無資力)한 사람에게는 기계를 공급하여 수산(授産)을 위할 목적으로, 첫째 해에는 전습생 90명을 양성하고, 2년차와 3년차에는 전 습생 45명 및 기계 급여자 96명으로 하였으며, 4년차 이후는 전습을 폐 지하고 각 연도 기계급여자 192명씩을 정해 생산품 합동판매의 방법을 만들고 점차 일반 보급의 목적을 달성할 계획이라더라.

매일신보, 1913년 2월 26일

11. 경북통신(慶北通信) / 연입제조(筵叺製造)의 장려

대구금융조합에서는 농민의 부업을 장려하기 위해 가마니와 거적의 제조 및 그 위탁 판매를 힘써 시행한 결과 그 성적이 양호하므로 앞으로의 판매를 확장함과 동시에 사업을 장려하기 위해 본월 11일 부내(府內) 하북면(河北面) 대평동(大坪洞)에서 가마니 제조 경기회를 열고 우량한 자에게 상품을 수여했다더라.

매일신보, 1913년 12월 11일

12. 경북통신(慶北通信) / 연입제조(筵叺製造) 전습회(傳習會)

예천군(醴泉郡) 본년 은사수산비(恩賜授産費)로 각 면 공동채종답(共同採種畓) 담당자에 거적, 가마니 제조기계 18대를 배부하고, 금융조합에서도 같은 기계 10대를 구입했는데, 이는 이때까지 이런 제품이 없어 농기의 제조 개량상 가마니와 거적의 필요를 인정함과 기타 농가의 부업으로 적당함을 관파(觀破)해 군청 및 금융조합의 주최로 이 전습회를 개최한지라. 그러나 그 장소는 금융조합 신축 창고 내로 하고, 군청에서는 농사순회교사 중촌성삼(中村省三) 및 이(李) 통역 두 사람을 출장케 하고, 또 금융조합에서는 배기서(裵琦瑞)씨를 초빙하여 세 사람에게 교사의 임무를 맡겼다. 공동채종답 담당자 및 금융조합원을 집합하여 전습을 개시한바, 성적이 극히 우량해 5~6일에 이르러 전습원은 기계 사용법 및 제조법을 모두 배우고, 또 5일간 연습 경기를 시행케 했는데, 1대로 1일 2매 내지 3매를 제조함에 다다른지라. 예정 일수를 종료함에 대하여 손(孫) 군수, 강촌(岡村) 주임서기, 금융조합장, 암영(岩永) 농업기수 및 중촌(中村)씨 외 2명 교사의 입회로 개회식을 거행하고 손 군수, 중촌 교사의 일장 훈시가 있은 후 성적 우량자 4명에 대하여 상품을 수여한지라. 이 제품은 극히 견고 완전하여 이 사업은 장래에 유망하다고 어느 참관자가 말한 바 있더라.

매일신보, 1913년 12월 15일

13. 작년 연입제조액(筵叺製造額)

경기도에서는 겨울철 한거(閑居)하는 습관을 방지하기 위하여 대정 원년(1911)에 농가 부업을 고취하는 동시에 가마니와 거적의 제조 전습을 개시하였다. 이전에 대부한 연직기(筵織機)거적 짜는 기계로서 대정 2년(1912)에 제조한 가마니와 거적의 제조액은 직기 375대인데 거적 9,822매, 가마니 15,354매 합계 25,176매요, 올해에도 이를 이어 계속 장려할 방침이라더라.

매일신보, 1914년 3월 28일

14. 지방매일(地方每日) / 중화(中和)

중화군청에서는 지난달 27일부터 연이어 3일간 가마니 짜기 전습회를 개최했는데, 출석자는 제1일 42명, 제2일 31명, 제3일 35명, 제4일 34명에 달했다. 오전에는 전습을 실시하고 오후에는 경기를 열어, 기술의 진보가 매우 좋은 성적을 이루었는데, 그 전습 이후의 상황은 전습을 받은 자는 각기 유리함을 알고 야간에 기계를 자택에 가지고 돌아와 일가족에게 전습하는 사람이 있으며, 부근 노동자 등은 이를 전문으로 작업하고자 하는 경향을 보여 기계의 구입을 신청하는 자가 많았다. 중화 군수는 이런 가마니 제조자 단체를 조직해서 공공적인 방법을 강구하여 전습회의 실제 효과를 실현하기로 계획 중(평남지국 발).

매일신보, 1914년 4월 16일

15. 옥천(沃川) 입(叺) 호성적(好成績)

근년 내로 조선 산업계의 발달에 따라 수이출 무역 등이 해마다 진보되는 모습을 보이나 아직도 수이입이 크게 초과하여 그 역세(逆勢)를 벗어나기 불가능한 것은 실로 유감인즉, 앞으로 이를 방지, 만회하고자 할진대 조선 전 도의 인민에 대하여 반드시 자작 자급의 방도를 지도 장려할 이외에는 긴급한 다른 방책이 다시 없으리로다. 1개년 100만원이라는 거액의 이입을 모국으로 보내는 새끼 및 가마니와 같은 것은 그 재료가 풍부한 점과 그 임금이 저렴한 점이 실로 조선에서 가장 적당한 자작자급 물품이 되기 때문에 이 옥천군과 같이 항상 그 점에 진력해 이미 수년 전부터 가마니와 새끼의 제조를 각 농가의 부업으로 군내 일반에게 보급 장려한 결과, 생산액도 해마다 증가하여 작년도와 같은 경우에는 군외(郡外) 이출수가 약 30만매로 그 가격이 2,500원에 달했다.

현재는 그 군에서 쌀, 대두의 다음 자리를 점한 중요 물산이 되어 근자에 '옥천 가마니'라 하면 저명한 것으로 점차 각지에 주지케 되었으나, 종래는 그 검사 방법이 각 구역마다 같지 않아 통일된 기관을 가지지 못하므로 자연 조잡하게 제조하고 또 함부로 제조하는 폐단이 있어 일반의 신용을 실추할 우려가 적지 않았다. 이번에 옥천군에서는 개선의 급무함을 깨닫고 금융조합 이사 및 기타 중요한 인사가 군내 가마니 제조업자 및 곡물업자, 가마니 판매자 전부를 망라하여 옥천 입연개량조합(叺筵改良組合)을 조직하여 군청 감독하에 정확한 검사를 힘써 행하여 사업의 신용과 성가(聲價)를 확실히 함에 열심히 노력했다. 각 제조자 등도 그 개량의 유익함을 자각해 종전과 같은 조잡한 제품은, 조합을 설립한 지 일천(日淺)하지만 그 성적의 양호함이 현저하니, 실로 기대한 이상의 효과를 거두어 작금(昨今)은 검사에 합격된 가마니에 천인(天印) 또는 지인(地印)을 날(捺)하여천·지·인 3등급이 있었음, 점차로 각지에서 환영하는 까닭으로 경부, 호남 및 경의선 각 방면에서 주문하는 자 있어 그 전도가 익익(益益) 유망하더라.

매일신보, 1916년 1월 27일

16. 목포(木浦)에셔 / 영산승입조합(榮山繩叺組合) 총회

영산포승입조합(榮山浦繩叺組合) 제4기 총회를 지난 13일에 개최하고 목포, 나주 등의 조합원도 다수 출석하여 이번 회기의 영업보고, 대차대조표, 재산목록, 손해계산을 승인하고 이익금 처분은 또 원안대로 가결하고, 역원(役員)의 선거를 하고 전기(前期) 총회에서 현안이 되었던 주식회사의 조직 변경의 건은 시세의 진전에 따라 다시 연구할 필요가 있다 하므로 당국에 진정 협의하기로 하고 산회(散會)했더라.

매일신보, 1916년 7월 20일

17. 입승류(叺繩類) 이입(移入) 감(減)

가마니, 새끼, 거적의 제조는 농가의 부업으로 극히 적합한 사업인고로, 각지에서 제조전습회(製造傳習會)를 개설하고 그 제조방법을 전습하며, 혹은 생산판매조합을 조직하고 제품의 판로를 원활하게 하는 등 모두 지도하여 돕는 데 노력한 결과로 그 제조고는 해를 따라 격증했다. 최근 1개년간 제조고는 개량가마니가 364만 4,544장, 재래가마니가 640만 4,996장, 개량거적이 70만 2,942장, 재래거적이 171만 5,029장, 새끼가 1억 404만 5,419근(斤)에 달했다. 이를 그전 1개년간의 제조고에 비교하면 개량가마니가 18할 3푼, 개량거적이 24할 6푼, 재

래거적이 5할 5푼의 격증을 보였다. 그 총제조고 중 개량가마니의 8할
6푼, 개량거적의 3할 7푼, 재래가마니의 7푼, 재래거적의 6푼, 새끼의
1할 2푼은 모두 이것을 판매에 부친 것인데, 그 가격 총계는 60만원에
이르겠으니 농가의 부업으로 장래 더욱더 유망함을 증명하였더라.

그러나 미곡검사(米穀檢查)의 실시, 조제개량의 장려 등에 수반되
어 포장용 새끼·가마니와 제조용 거적의 수용(需用)이 현저하게 증가
하고, 조선 내 현재 생산고는 아직 그 수용을 채움에 부족하고, 작년에
도 그 수이입류는 오히려 가마니 721만장, 거적 25만장, 새끼 900만근
의 다수에 달하며, 가마니는 조선 생산액의 2배에 이르는 상황인 까닭
으로 이와 같은 다액의 이입품을 전부 구축함이 용이한 일이 아닌 것은
물론이라. 남 조선 각 도에서는 작년 가을 이래 사업이 완연하게 발흥
하여 승입생산판매조합(繩叺生産販賣組合)의 설립이 극히 많으며, 제
품 골라 뽑음과 함께 판매기관을 정비하고 점차 판로를 확장 중이니 이
입류의 격감을 볼 일은 먼 장래에 있지 아니하리라더라.

매일신보, 1916년 8월 16일

18. 강경(江景)에서 / 제입조합설립(製叺組合設立)

논산군(論山郡) 내 유지인사가 인민의 근검을 장려하기 위해 승입연
제조조합(繩叺筵製造組合)을 설립하고 본 군수 원은상(元殷常)씨로 조
합장을 선정한 후 강경(江景), 논산(論山), 연산(連山) 3곳에 승입검사
소(繩叺檢査所)를 설치하고 사무를 진행 중인바 가마니를 치고자 하는
지원자가 이미 2천명에 달하고 점차로 증가할 터이니 인민의 근검심
(勤儉心)을 수양함은 물론이요, 앞으로 발전의 실효가 있겠다 하더라.

▲구입조합설립(購叺組合設立) 논산 군내에 승입제조조합(繩叺製造組

합)이 설립된 후, 강경 유지인사가 그곳에서 나오는 토산 곡물은 다른 곳의 새끼와 가마니를 사용하지 않게 하기 위하여 승입연구매조합(繩叺筵購買組合)을 설립하고 가마니 짜는 사람을 한층 권려(勸勵)한다 더라.

매일신보, 1916년 10월 7일

19. 전주(全州)에서 / 승입익명조합(繩叺匿名組合) 영업개시

군산승입익명조합의 영업은 협의회의 결과 다음 12월 1일부터 개시하기로 결정했는데, 동 조합에서는 품질의 개량 통일을 도모하며 회의의 협정에 기하여 도내 군 소재지 및 요지에 지점 또는 출장소를 설치하고 검사소를 세워 엄중히 검사한 후 등급을 부여해 거래를 행하기로 준비 중이라더라.

매일신보, 1916년 12월 1일

20. 승입연(繩叺筵) 제조고(製造高)

대정 4년(1915) 11월부터 대정 5년(1916) 10월까지 1개년간에 있는 새끼·가마니·거적의 제조고를 조사한즉, 개량가마니 519만 5,872장, 재래가마니 406만 8,079장, 개량거적 91만 5,890장, 재래거적 170만 6,489장, 새끼 1,889만 1,912관이다. 이를 전년의 제조고에 비하면 개량가마니는 4할 3푼, 개량거적은 3할, 새끼는 1할 3푼의 증가를 보이고, 재래가마니는 3할 7푼, 재래거적은 1푼의 감소를 보았다더라. 그러한데 그중 판매에 부친 수량은 개량가마니 436만 2,616장, 재래가마니 28만 7,122장, 개량거적 26만 8,480장, 재래거적 8만 4,181장, 새끼 227만 2,333관이다. 즉 총제조고에 비하면 판매품의 보합은 개량가마니 8할 4푼, 재래가마니 7푼, 개량거적 2할 9푼, 재래거적 5푼, 새끼 1할 2푼이요, 개량품 제조 장려의 효과가 현저함을 보이겠다더라.

매일신보, 1917년 10월 19일

21. 사두입(四斗叺)의 효과
적재시험(積載試驗)이 극히 양호

수이출 검사미(檢査米)의 포대가 4말가마니로 한정된 것은 기왕의 기사와 같은데 과반(過般) 부산곡물시장(釜山穀物市場)에서는 4말가마니를 사용해 부산역에서 철도화물계원이 입회한 후 적재량의 시험을 행했다더라. 적재량은 석수(石數)에 5말 용량인 것보다도 다량이고, 또 운반상과 더불어 취급상에도 지극히 간이하여 철도국(鐵道局)을 위시하여 일반의 이익이 심대할 것을 확인하여 부산 상인의 다년간의 희망도 관철하고 일반도 비상히 만족하는 바가 되었더라. 지금에 그 적재량을 보면 다음과 같다더라.

1. 26톤 유개차(有蓋車)1,586입방—종래 대두 5말가마니의 적재량 309표(俵)석수 154석 5두 / 4말가마니에 넣으면 450표석수 180석 / 비고. 가로 4, 높이 5가마니 면적으로 하고 그 위에 5가마니를 두어 1열 25가마니로 18열.

2. 26톤적 무개화차(無蓋貨車)383입방—종래 대두 4말가마니의 적재량 309표석수 154석 / 4말가마니에 넣으면 440표5두 석수 178석 / 비고. 가로 4, 높이 5가마니 면적으로 하고 그 위에 3가마니와 2가마니를 두어 20가마니 18열, 5가마니는 17열로 함.

그 차액이 1. 전자: 25석 5말 증가 / 2. 후자: 23석 5말 증가

매일신보, 1917년 10월 21일

22. 승입(繩叺) 자급 상황

종래 곡물의 포장용 새끼·가마니는 주로 일본에서 공급을 받아 그 이입액이 1개년 100만원을 넘으므로 총독부 당국에서는 수년 동안 지방청으로 하여금 각지의 상황에 응하여 새끼·가마니의 생산을 장려하게 하는 중이나, 생산품의 품질과 기타의 관계로 이입품을 압도치 못하고 따라서 생산액도 억제되는 경향이 있다. 이번 봄부터 반복 부족으로 인하여 일본제품의 이입이 뜻과 같지 못하고, 가격 또한 점차로 등귀해 왔으므로 새끼·가마니의 제조는 농가의 부업으로 아연히 중요한 지위를 점함에 이르고 그중 전라남북도, 경상남북도 등에서는 생산액의 증진이 현저해 작금 새로운 곡물 포장과 같은 경우 전부 조선산이니 이 기세로서 나아가면 머지않은 장래에 전연 이입을 하지 않을 수준에 이르리라더라.

매일신보, 1917년 11월 17일

23. 승입(繩叺) 제조 장려

경기도청(京畿道廳)에 있는 관내 새끼·가마니 제조 장려의 목적으로서 본년 도내 은사금으로 보조하여 20군에 베풀어 650대의 연직기(筵織機)를 배포하였는데 그중 주요한 수원(水原), 진위(振威), 안성(安城), 고양(高陽), 장단(長湍), 강화(江華)에는 도(道)에서 기술자를 파견하여 군의 기술자와 함께 제조방법을 지도해서 그 형상의 통일을 계획하는 외에 도내 10개소에 승입조합(繩叺組合)을 일으켜 이로써 관내의 제품을 감독하고 또 판매하게 할 것이라 한다. 최근 곡물 가격의 등귀에 따라 새끼·가마니의 가격이 또한 자못 등귀를 보였으므로 농민들 중 이를 부업으로 하는 자가 점차 증가하여 수원, 강화군에서는 연내에 약 100만장의 가마니를 제조할 터요, 오산(烏山)의 소읍에서도 본년 내 약 10만장의 제품을 출하여 그 성적이 가히 볼 만한 것이 있다 하고 목하의 시세(市勢)로 하면 1반보(反步)에서 벼 30원의 수확이 있을 때 짚은 25~26원의 산출이 있다는 계산이라더라.

매일신보, 1917년 12월 21일

24. 승입(繩叺) 조합 설립

지난번부터 경기도청이 그 설립에 진력 중이던 관내 주요군 10개소에 있는 승입제조판매조합(繩叺製造販賣組合) 중 진위(振威)는 지난달 27일, 수원(水原)은 본월 7일로서 설립을 마치고 기타 8군도 곧 설립될 터인데, 각 조합은 도의 제품검사준칙에 기해 제품의 검사를 행하고 1등품은 ㉖°, 이등품은 京°, 삼등품은 京°인(印)의 검인을 날압(捺押)하여 1, 2등품은 수이출함을 얻으나 3등품은 전연히 수이출뿐 아니라 그 사용을 금지하고 만약 여하한 경우에 그것을 사용함에는 조합의 인가를 요하는 것이라 하더라.

매일신보, 1918년 1월 10일

25. 입(叺) 검사인(檢查印) 개정 / 자문사항

조선 전 도에서 생산한 가마니는 근년에 점차 증가해왔는데, 그 결과 검사인(檢查印)의 불통일로 인하여 취급하는 데 불편이 심한 고로 당업자의 한 문제가 되었던바, 충청남도에서도 그 폐해를 인(認)하고 도

내 생산조합을 향해 2월 6일까지 다음의 자문사항에 대해 취조(取調) 보고할 뜻을 이첩하여, (1) 가마니를 몇개의 등급으로 구분하는 것이 적당하다 하는가. 예컨대 갑·을·병, 일·이·삼 등. (2) 등급에 의한 용도별 여하. 예컨대 갑을은 미두검사 포장용, 병은 잡곡 및 광물 등 갑병은 무엇인가. (3) 등급마다 증인(證印)의 형장 문자 및 크기는 어떠한 것이 적당하다 하겠는가. (4) 증인은 가마니의 어느 부분에 압날(押捺)하겠는가. (5) 불합격품의 등급을 정한 경우에 그 불합격품을 판매하게 할 일의 가부.

매일신보, 1918년 2월 8일

26. 청주(淸州) 입승(叺繩) 품평회

청주군청(淸州郡廳)에서 장려하던 가마니·새끼는 해마다 대경기를 나타냄에 따라 지난 21, 22 양일간에 품평회를 청주공립보통학교 내에서 거행하고 22일 오후 3시에 포상수여식을 행했는데 회장 신(申) 군수의 식사(式辭)와 심사장 궁본(宮本) 기사의 보고가 있은 후 포상을 수여하고 장(張) 장관장헌식(張憲植)의 고사(告辭) 및 훈시, 도참사(道參事) 민영은(閔泳殷)씨의 축사와 출품자 총대 민대식(閔大植)씨의 답사가 있은 후 폐회하였는데, 내빈은 충북 각 군수, 도참사, 기타 주요 관공리와 각 회사 주간이며 신문기자 제씨의 참석이 있었으니 부업물품평회로서 이와 같은 성대함은 공전의 성황이라더라.

매일신보, 1918년 2월 24일

27. 일군(一郡)에서 미입(米叺) 백만매(百萬枚)
연기군은 됴션 데일의 가마섬 산디

조선의 농업이 발달됨을 따라서 미곡의 추수는 연년이 늘어서 평년의 추수를 1,200만석으로 치게 되었으나 이것을 담는 가마섬은 크게 부족하여 매년 수백만장씩 내지로부터 사오는 까닭에 해마다 조선에서 나가는 가마섬 값도 실로 막대한 금액이다. 쌀이 많이 나니까 가마섬의 원료되는 짚도 많고, 가마섬을 짜는 기술도 결코 어려운 것이 아니요, 농가에서 농업의 여가에 남자든지 여자든지 어른이든지 아이든지 별로 자본을 들이지 않고 용이하게 할 수 있을 뿐 아니라 그 수입도 적지 않은 부업이 된다. 각 지방의 당국에서는 농가에 대하여 가마 짜는 부업을 극력 권장하여 이 일이 크게 발전되어 이후로부터 두어해만 지나면 내지로부터 가마섬을 사들이지 않아도 넉넉히 쓰게 되며 또한 농가에 좋은 부업이 되어 농민의 주머니가 점차로 무거워지게 됨은 극히 기꺼울 일이라.

그리하여 요사이는 미곡이 많이 나는 각 지방에 가마섬 짜는 부업이 퍼지지 않은 곳이 없지만은 한 고을에서 일년에 1백만장의 생산이 나서 조선 전 도 220군에서 가마니의 산출로 제1위를 점령한 곳은 충청남도 연기군이라. 연기군에서 가마섬을 짜기 시작하기는 대정 원년(1911)부터이나, 그 당시에는 일년의 산출이 겨우 1만장에 지나지 않아 별로 산물이라고 손가락을 꼽을 가치가 없었으나 연기군은 조치원의 큰 정거장을 끼고 경부철도가 남북으로 관통하여 각 지방에 운수가 편할 뿐 아니라 가까이 남북으로 천안, 대전, 평택, 오산 등 미곡 집산하는 곳이 있어 가마니를 많이많이 만들어 팔기에는 가장 좋은 위치에 있음을 안 군 당국자는 열심히 가마섬의 제조를 농가에 장려해, 혹은 전습도 행하며 혹은 제조기도 교부하는 등 그 업의 발달에 힘을 다했다. 그 결과 가마섬의 생산은 해마다 놀랍게 늘어서 그 이듬해 대정 2년(1912)에는 2만매, 3년에는 8만매, 4년에는 10만매, 5년에는 25만매로 늘어가다가 이제는 일년의 산출이 무려 1백만매에 이르게 되었더라. 그리하여 금일에는 8천호의 농가 중 1,800호에는 모두 가마니 짜는 틀을 놓고 성대히 가마니를 짜서 조치원 신시장에 한 장(場)마다 약 7~8천매의 매매가 있고, 많은 때에는 한 장에 1만 5천매까지 나는데, 가마섬이 이렇게 많이 날수록 팔리는 성적도 점점 좋아서 그 가액이 다른 지방보다 오히려 비싸 현재 시세가 매장에 평균 15전가량이나 되는 고로 이 부업에 종사하는 농가의 수입도 매우 많아 빈한한 사람으로 가마섬을 짜서 전장을 장만하고 쾌히 기가(起家)한 사람도 적지 않다는 사실이라.

농민이 제조한 가마섬은 먼저 군청의 감독하에 설립된 가마섬개량조합으로 가져다가 자세한 검사를 받고, 1, 2, 3등의 등급 지정을 맡아서 판매하게 되었는데, 개량조합에서는 가마섬의 감사요금으로 한장에 5리씩을 받는 것이 몇푼 되지는 않을 듯하지만은 그것도 일년에 백만매면 조합의 수입이 무려 5천원이라. 그리하여 이번에 조합경비를 쓰고 나머지의 돈을 위주하여 축우, 육지면, 잠업 등의 여러 조합이 연합되어 가마섬을 주인으로 한 연기군 특산 품평회를 열고 군수 고희준(高義駿)씨가 회장으로 감독하는 아래에 경비 천여원을 들여서 신시장을 중심으로 진열회장을 만들고 3월 1일부터 3일까지 사흘 동안 개회를 하여 일반민에게 관람시켜 더욱더욱 가마섬의 산출을 증가하기로 도모했다.

장래에 더 발달이 되면 매년 넉넉히 150만장 이상을 산출하리라는

데, 지금 매년 백만장의 현상으로 보아도 한장 평균 15전의 가액으로 무려 15만원의 금전이 매년 연기군의 농가에 떨어지매, 이후에 가액이 더욱 등귀하고 산출이 더욱 증가하면 가마섬이 연기군을 이롭게 함은 실로 막대하겠으며, 한집의 수입으로 말해 숙련된 사람이면 직조기계로 혼자 40분 동안에 한개를 짜고, 수직기로는 두 사람이 50분에 한장을 짤 수가 있다 한즉, 하루 한집에서 열장씩만 짜도 1원 50전은 되는 셈인즉, 농가에서 하루 1원 50전의 부업수입이라 함은 본업보다도 몇 갑절 좋은 편이라 하겠더라.

매일신보, 1918년 3월 5일

28. 연기군(燕岐郡) 품평회

이미 보도한 바와 같이 연기군 특산품평회를 지난 1일부터 연기군 조치원(鳥致院)의 신장시(新場市)에서 개회했는데, 출품은 그 군의 신명산(新名産)이 되는바, 가마니를 위주로 하고 축우(畜牛)도 진열되었으며 육지면(陸地綿) 및 상원(桑園)도 특용품으로 가입되었더라.

▲관민일치로 협력 주최는 가마니개량조합이 주인이 되고 축산조합, 육지면재배조합, 잠업조합 등이 연합하여 군수 고희준(高義駿)씨를 품평회장으로 추대하고 (중략)

▲조치원 공전 성황 가마니 제조업은 해군(該郡) 농가의 일대 부업으로 현금 농가의 2할 5푼은 그 부업에 종사하여 연(年) 산액(産額)이 1백만매라는 조선 제1위를 점하게 된바, 가마니에 대하여 일반 농가의 주의가 심대한 까닭으로 관람자가 매일 답지하여 군내의 남자는 거의 전부가 조치원으로 회집한 듯하며, 또 각종의 여흥이 개설되어 조치원 공전의 성황을 이루었다더라.

▲입직조(叺織造)의 경기회(競技會) 3일은 최종일이요, 겸하여 수상식을 거행하는 날인 고로 관람자가 한층 많아졌으며 오전 10시부터 신장시(新場市)에서 입개량조합(叺改良組合)의 주최로 가마니 치기 경기를 열었는데 출장 경기자가 다수이며 약 40분간에 가마니 1매를 정교히 조성하는 선수도 있어 일반은 비상한 흥미로써 환영했으며 공주(公州)로부터 수상식에 임석한 상림(上林) 도장관(道長官)도 매우 칭찬을 하였더라.

▲성대(盛大)한 수상식(授賞式) (하략)

매일신보, 1918년 3월 6일

29. 승입연(繩叺筵) 생산고(生産高)

대정 5년(1916) 11월부터 대정 6년(1917) 10월까지의 1개년 동안 새끼, 가마니, 거적의 제조고(製造高)를 조사한즉, 개량가마니 971만 2,298매, 재래가마니 398만 7,305매 개량거적 132만 3,849매, 재래거적 189만 8,416매, 새끼 2,771만 5,332관이라. 이를 전년 제조에 비하면 개량가마니는 8할 7푼, 개량거적은 4할 5푼, 재래거적은 1할 1푼, 새끼는 4할 7푼의 증가를 보고 재래가마니는 2푼의 감소를 보았더라. 새끼, 거적, 가마니의 제조는 농가의 부업에 호적(好適)하나 아직 자급의 수준에 도달하지 못했으므로 각 도에서 극력 장려를 가한 결과 본년의 생산고를 전년에 비하면 각 품을 통하여 경기도는 약 14할, 충청북도는 4할, 충청남도는 11할, 전라북도는 9할, 전라남도는 4할 5푼, 경상남북도는 6할 4푼, 평안남도는 21할, 평안북도는 12할의 증가를 보여 불원에 자급의 손실을 거하리라더라. 제조총수 내 판매용에 공한 것은 개량가마니 820만 8,573매, 재래가마니 19만 6,135매, 개량거적 49만

5,056매, 재래거적 12만 6,863매, 새끼 435만 6,873관이라. 개량가마니는 총수의 8할 5푼, 개량거적은 3할 7푼, 새끼는 1할 6푼을 매각하여 농가에 취입되었고, (하략)

매일신보, 1918년 6월 4일

30. 승입생산(繩叺生産) 및 포장(包裝)에 관하여(1)

새끼 및 가마니의 생산 및 포장 하조(荷造)에 관하여 전남 승입판매조합(繩叺販賣組合) 이사 판본유장(阪本由藏)씨는 말하길, 대정 6년(1917) 9월 8일 총독부령 제62호 및 63호로「미곡대두검사규칙」을 개정하고, 종래 각 도마다 구구히 검사하던 것을 전 조선 동일 규칙하에 통일하고, 동시에 한 가마니의 용량이 5말이던 것을 4말짜리로 고쳐, 종래 결점을 개보(改補)하여 점차 그 목적을 달성하는 일은 일반 모두 아는 사실이다. 그러나 오직 조선 미두의 중요한 이수출지인 판신(阪神)지방에서 가장 비난의 초점이 되었던 포장용 새끼 및 가마니의 조악함에 기인한 난표(亂俵)의 빈출(頻出)은 현재 문제가 되고, 특히 본년 2월 1일부 신호(神戶) 미곡·비료시장으로부터 총독부 및 미두검사소에 조회(照會)가 왔다 했는데, 그 요점을 들어 기록하면

1. 가마니 원료는 짚의 고법(敲法)두드리는 방법이 조악(粗惡)하여 끊어지기 쉬운 고로 십분 차를 두드려 강인(强靭)한 자를 사용할 것.

2. 가마니의 길이를 양단(兩端)에 각 3촌(寸) 이상(거적 1매에 6촌 이상) 길게 할 것.

3. 가마니 입구는 한번 이것을 절곡(折曲)꺾어 구부림할 뿐 아니라 다시 두번을 깊게 절곡할 것. (하략)

매일신보, 1918년 6월 20일

제2장

산미증식 속에서
가마니도 증산

(1920~31)

1차대전으로 일본 경제는 크게 발전했다. 그런데 전쟁 물자의 수요 증대에 따라 쌀이 부족해지고, 일부 재벌의 쌀 매점으로 일본 내의 쌀 가격이 폭등하면서 일본 전국에서 '쌀 폭동'이 일어났다. 이에 일제는 부족한 쌀의 공급을 위해 식민지 조선에서 산미증식계획을 추진했다. 이 계획은 주로 밭을 논으로 바꾸고 새로 논을 개간하는 사업으로, 이로써 연간 약 920만섬의 쌀을 증산하여 그 가운데 7백만섬을 일본으로 가져간다는 것이었다. 물론 원했던 것만큼 시행되지는 않았지만, 쌀 생산과 함께 일본으로의 조선 쌀 이출이 급격하게 늘어났다. 1920년 175만섬(총 생산 1,270만섬)에서 1930년에는 542만섬(총생산 1,350만섬)으로, 이출이 3배로 늘어났다. 조선인의 쌀 소비량은 줄어들었고, 그 부족분은 만주에서 들여온 잡곡으로 채웠다.

일본으로 쌀이 실려나가자 자연스럽게 가마니 수요도 급증했다. 총독부는 여전히 가마니 짜기를 농가 부업으로 권장했다. 특히 산미증식사업으로 농민층이 광범하게 몰락해 소작농민화하고, 이들의 소작쟁의가 치열하게 일어나고 있었기 때문에 총독부는 농가 부업이 더 필요했다. 이에 가마니 생산을 독려하는 경진대회를 열기도 하고, 모범부락을 선정하여 가마니 생산의 효과를 선전하기도 했다. 가마니 짜는 기계를 보급하는 데도 열을 올렸다.

가마니 증산과 더불어 판매, 유통도 총독부가 관여했다. 총독부는 값싸고 질 좋은 가마니를 확보하기 위해 '가마니 검사규칙'을 시행했다. 가마니의 크기, 용도(곡물용, 비료용 등), 등급 등을 검사하고 개인 판매를 금지했다. 가마니 검사와 판매에 대한 농민층의 불만은 높아갔고, 지역에 따라서는 그 불만을 행동으로 표출하기도 했다.

31. 승입제조자(繩叺製造者)의 불평

울산 새끼·가마니 제조자 일동은 울산군 농회의 지정매수인이 매매상 부당한 사실, 즉 지정계약 위반사항이 있음을 발견하고 새끼·가마니 제조업의 발전과 제조자의 이익을 위하여 지정매수인 취소 청원을 해당 군청에 제출했다. 1개월이 지나도 어떠한 처치가 없는 고로 지난달 21일 그 제조자 중 60여명이 울산군청에 출두하여 신속한 처리를 요구했으며, 수천원어치의 새끼·가마니를 길거리에 쌓아두고 이것의 검사를 청구했으되, 지금까지 제조자의 청원을 받아들이지 아니했으므로 지난 6일 다시 제조자 60여명이 군청과 경찰서에까지 출두하여 급속한 처리를 절규했다더라.

동아일보, 1922년 2월 14일

32. 입생산검사(叺生産檢査)의 특장(特長)

전남 장성군(長城郡)에서는 가마니 제조업자들이 가마니를 제조해 장성회사(長城會社)에 매도할 시 그 회사의 검사를 받아 1, 2, 3등별로 대금을 받는 고로, 무식자나 무력자(無力子)는 종종 1등으로 제조하고도 2, 3등 대금을 받는 일이 있으므로 일반은 그 방침에 대해 불평이 많았다. 장성군수 남정학(南廷學)씨는 일반 인민의 편리를 도모키 위해 장성미곡검사소 기수(技手)들과 의논한 결과 남면(南面)에 가마니 생산검사소를 설치하고 그곳에서 1, 2, 3등의 검인이 있는 가마니는 장성회사에서도 그 등급에 따라 매수하도록 지난 3일 일반 제조자를 모아서 장시간에 걸쳐 시달했다더라.

조선일보, 1923년 10월 9일

33. 함흥부업계(咸興副業界)의 서광

우리 조선사회에 무엇이 급선무가 아니리요마는 우리의 정성과 노력으로 의식주의 안정을 얻을 만한즉, 생산력의 능률이 증가함도 그중 하나일 것은 많은 말이 필요 없을 것이다. 그에 대한 실현의 일보로 함흥이 새끼와 가마니의 생산을 장려하며, 또는 매매할 목적으로 승입주식회사(繩叺株式會社)가 김석현(金錫炫), 김병욱(金炳郁), 장도하(張道河), 김기곤(金基坤), 김석엽(金錫燁), 최관섭(崔寬燮)씨 등 14인의 다년간 숙지(宿志)로 발기되었다 하니, 이 어찌 함흥 부업에 대한 서광이 아니리오.

과거 1년간 함남의 새끼·가마니 소요 통계에 의하면, 새끼가 30여만 관이요, 가마니가 64만 7천여매이며, 이에 대한 대금은 24만 8천여원이요, 그외에도 무시(無時)로 소용되는 수량 및 대가를 합치면 이 이상의 거액이 될 것이다. 그런데 수요의 대부분은 외지로 이출되는 현상이라 한즉, 이 어찌 놀랍지 않으랴. 조선 3대 평야의 하나인 함흥평야에서 산출되는 무진장의 원료로 다수 농민의 여가를 이용해 생활의 안정을 기도할 만한 부업을 장려하며, 따라서 함흥 또는 북선(北鮮) 수요자에게 공급된다 하면 그로 인하여 전기한 배(培)의 수입이 있을지니, 이 어찌 일거양득의 좋은 사업이 아니리오. 그의 장래를 위해 조속히 창립되기를 기대한다더라.

조선일보, 1923년 12월 10일

34. 승입(繩叺)은 자족 / 이입(移入)의 필요가 없다

남선(南鮮) 방면을 여행 중이던 식산국(殖産局) 삼정(三井) 기사는 28일 밤에 귀임한바 시찰 사항에 관하여 다음과 같이 말했다.

"농촌 일반의 상황으로는 근래에 비상히 긴장미를 보였다고 하겠다. 대정 8년(1919) 이전에는 비교적 순조롭게 진전하던 농촌이 일시적 난조에 빠져 산업이 위축되는 듯하더니, 최근 농촌의 자각이 현저해 산업발달도 가시화되고 있다. 더욱이 농민의 부업인 새끼·가마니 같은 것은 조선에서 매년 2천만매부터 2천3백만매의 수요를 보게 되어, 일본으로부터 2백만매, 약 60만원의 이입을 보던 바였으나, 금년은 1매도 이입할 필요가 없게 되었다. 물론 본년의 출곡기(出穀期)가 지연된 까닭으로 새끼·가마니의 수요를 완화해 생산케 했다는 관계도 있으나, 조치원같이 산업이 비교적 후진적인 토지에서 1시(市)에 2만매를 산출하게 되고, 1호(戶)에서 2천매부터 3천매를 제조해 본업의 한해 수입 약 2백원에 비하면 그 3배, 약 6백원의 증가된 수입을 얻으며, 야간의 다듬이질 소리는 새끼·가마니를 제작하는 짚 두드리는 소리(打藁聲)로 변한 형편이다. (중략) 대체로 보아 농촌은 현저히 진흥의 기운으로 향하고 있다." 운운.

동아일보. 1924년 3월 2일

35. 승입검사규칙(繩叺檢査規則) 준비 기초(起草) 중

조선산 곡물의 이출은 명치 27년(1894)경부터 현저히 증가하여 그 포장도 볏짚 제품을 사용하게 된바, 이는 전부 일본으로부터 이입하여 명치 40년(1907) 전후에는 그 이입액이 실로 1백만원에 달한지라. 고로 이에 주목하여 풍부한 볏짚을 이용한 새끼·가마니 제조 장려의 기운이 조성되었고, 그 장려에 착수한 지역은 전라남도이니, 현재 나주지방이 그 발원지라. 도 생산품이 명치 41년(1908) 이래 해마다 진보하여 대정 3년(1914)에는 타 도(道)에까지 반출하였고, 타 도에서도 이에 생

산을 보게 되었을 뿐만 아니라 철도 연선의 다수한 미곡상은 이를 일본
으로부터 이입함이 불리하다 해 지방민에게 제조케 하는 자가 속출했
으므로 명치 40년(1907)에는 조치원 시장에까지 출회하게 된 바이라.
고로 도에 의해서는 품질의 통일 및 개량을 꾀하고 제품의 거래를 원활
케 하기 위하여 지방비에 의한 검사를 행하는 중이라.

그러나 검사등급의 표준이 도에 따라 일정치 아니하며, 또 그 조합
별로도 다소간 차이가 있고, 등급 인증도 통일되어 있지 않아서 거래의
불편이 많으므로 총독부 당국에서는 전 조선에 동일한 검사등급으로
검사의 통일을 기하고, 각각 용도에 따라 새끼·가마니의 표준을 나타
내는 동시에 품질 차이의 폐를 방지코자 새끼·가마니 검사규칙의 준칙
을 표시하여 각 도로 하여금 동일한 보조를 취하게 한다더라.

조선일보, 1924년 4월 19일

36. 입직기(叺織機) 대부 / 익산군(益山郡) 각 면에

익산 관내의 올해 가뭄으로 아사에 빠진 농민의 구제방법은 금전으
로만 구제한다면 게을러지고 안일해지는 폐단을 조장한다 하여, 근로
의 미풍을 키우는 한편 생활의 안정을 도모하기 위하여 각 면에 입직기
(叺織機) 292대를 대부함과 동시에 볏짚 30만관을 구입하여 궁민에게
배급하고 대가는 가마니 제조 후에 징수한다 하며, 이에 따라서 그 기
술을 전습시킬 필요가 있다 하여 11월 중순부터 각 면에 5일씩 가마니
치기 강습회를 개최한다고.

동아일보, 1924년 10월 9일

37. 전도유망한 승입(繩叺) 제조
농가의 부업으로는 가장 적절한 것이니

농가의 부업으로는 새끼·가마니 제조가 가장 유망하다 해 평안남도 대동군(大同郡) 고곳면(古串面), 중화군(中和郡) 당정면(唐井面), 평원군(平原郡) 서해면(西海面), 강서군(江西郡) 기양(岐陽), 용강군(龍岡郡) 등 각지에서 새끼·가마니 제조를 더욱 장려하는 중이다. 그중에 성적이 가장 양호한 곳은 대동군 남곳면(南串面)으로, 남곳면은 작년 12월에 비로소 곡물용 입직조기(叺織造機) 2백대를 면내에 배부하여 가마니 제조를 시작한 이래 오늘에 이르기까지 제조 매수가 8만여매를 돌파했고, 그 가격을 통산하면 1만 7천여원에 달해 농가의 부업으로서는 자못 경시치 못할 것이다. 남곳면민들은 이 부업에 취미를 붙여 남녀노소가 꾸준히 노동한 결과 그 같은 좋은 성적을 얻었다 하며, 또한 남곳면 입제조조합(叺製造組合)에서는 금년 내에 다시 입직기 3백대를 면내에 배부하여 한층 대대적으로 장려하리라 한다. 이는 물질 방면에 있어서는 다액의 자본금을 필요치 않을 뿐만 아니라 원료의 수집도 용이하고 부인과 아이들도 능히 만들 수 있으며 정신 방면에서도 근검역행(勤儉力行)의 미풍과 자급자족의 정신을 함양하여 전도가 더욱 유망한데, 그 수입에 대하여는 잘 활동하면 월 35~36원 이상의 수입이 있다고.

동아일보, 1924년 11월 7일

38. 가마니 검사가 혹독 / 짚(藁)도 살 수 없어 곤란한데
장광(長廣)을 늘려야 된다는 가혹

김제군(金堤郡) 빈민의 대부분은 가마니를 쳐서 김제군 승입조합

70

(繩叺組合)에 팔아 그 소득으로 외국 쌀이나 혹은 기장, 조 따위를 사다가 그것으로 겨우 연명해오는 처지인데, 이번에는 어떤 일인지 가마니를 전보다 길이와 너비를 더 넓게 쳐야 한다는 등 조합의 검사가 심히 까다로워졌을 뿐만 아니라, 해당 지역은 지난해에 극심한 가뭄을 겪은 관계로 원료인 볏짚을 구입할 곳이 만만치 않고, 또 혹 있는 것은 아주 고가인 까닭에 아무 이익이 없다 하여 무엇을 해야 좋을지 생각하나 별도리가 없고 길게 한숨만 쉴 뿐이라고.

동아일보, 1925년 1월 9일

39. 승입제조(繩叺製造) 업적

인천은 곡물출회지(穀物出廻地)이므로 새끼·가마니의 수용이 많은바, 이전에는 일본에서 이입해 사용하던 것을 전라도 방면에서 다수 산출함에 따라 이것을 방지하게 되었다. 최근에 이르러서는 가까이 부천군(富川郡)으로부터 농가 부업으로 제출하는 것이 해마다 증가함에 군 당국에서 이것을 장려한다는 조건으로 승입구매조합(繩叺購買組合)을 조직하고 일반 생산자의 제품을 강제적으로 구매조합에만 제공케 하는 동시에 소위 검사수수료를 징수하므로, 일반 생산자는 품위검사(品位檢査)에 대한 고통과 수수료에 대한 불만으로 군의 방침을 회피하려고 멀리 인천에서 밀매까지 하는 기현상이 일어났다. 최근에 이르러는 그 영향으로 인천 시내 여러곳에 제승업자(製繩業者)가 속출함에 따라 생산액도 점차 증가되는 터인데, 지난 25일 인천부협의회(仁川府協議會) 석상에서 이에 대한 장려론이 거론되어 결국 조사와 방침을 세워 생산자에게 상당한 보조와 최선의 장려를 할 것이라 한다.

동아일보, 1925년 3월 2일

40. 전북 5군연합(五郡聯合) / 입직(叺織)경기대회
   성황리에 종막

전라북도 5군 연합 제5회 입직경기회(叺織競技會)와 제2회 입생산
개량증진회(叺生産改良增進會) 및 입생산우량부락표창식(叺生産優良
部落表彰式)이 지난 12일 오전 11시부터 이리(裡里) 그라운드에서 열
렸는데, 각 군의 선수와 운집한 관중은 무려 1만여명으로 광장 주변에
모여들어 이리 초유의 성황을 이루었다. 경기는 오전과 오후 2회로 나
누어 거행되는 중 참가인원은 남자 52조, 부인 24조, 합계 76조 190명
으로서 오후 2시 반경 경기를 마치고 도 농무과장 반도(飯島)씨의 심
사에 의해 3시 반에 상품수여식을 행했다. 그 신속 교묘한 경기는 관
중으로 하여금 경탄케 한바 가장 빠른 것은 여자조로 가마니 1매를 치
는 시간이 겨우 36분에 불과했으며, 남자조는 57분가량 걸림이 보통
이었다는데 그 수상자는 아래와 같다. (수상자명단 생략)

동아일보. 1925년 10월 19일

41. 제입기(製叺機)를 매급(買給)

부천(富川)군청에서는 관내 계양(桂陽), 계남(桂南), 오정(吾丁), 부
내(釜內) 각 면의 수해 이재민을 구제키 위해 이번에 경기도 구제금 배
당액 3천여원으로 제입기(製叺機) 9백대를 매입하고 군내에서 수합
한 구제금 약 2천원으로는 원료를 매입하여 이재민에게 나눠주어 당
분간 급한 상황을 처리할 방침이라 한다. 이에 대하여 생전(生田) 서무
주임이 말하기를 본 군에서 새끼는 기왕부터 상당히 생산되었으나 가
마니는 별로 없으므로 이번에 이것을 장려하는 동시에 이재민의 생활
에 도움이 되리라 하며 또 판로로는 인천에서 매년 수용하는 가마니가

220만매라 한즉, 판로에도 염려가 없는 사업이라 이 같은 방침을 세운 것이라고.

동아일보, 1925년 10월 26일

42. 승입공판(繩叺共販) 실시

평안북도 철산군(鐵山郡)은 10여년 전부터 조선의 특산품이라 할 만한 '3말가마니'의 연생산이 약 70만장에 달하는바, 이 제품은 전부 만주 방면으로 수출되므로 해당 군청에서는 이것을 더욱 장려키 위해, 작년 11월부터 승입생산판매조합(繩叺生産販賣組合)을 조직해 본래 자유판매로 실행해오던 것을 이달부터 공동판매키로 결정하고, 원근 각지의 상인 측에 일일이 통지했다. 각 상인은 지난 9일 군청에 와서 입찰했는데 제1회로 낙찰된 상인은 본 군 차련관(車輦館) 환남서선운수조(丸南西鮮運輸組) 점주 한창주(韓昌周)씨인바, 낙찰가는 다음과 같다. 3말가마니 1등 18전 5리, 2등 15전 7리, 3등 13전.

동아일보, 1925년 11월 13일

43. 승입검사(繩叺檢查)도 일대 문제
합격된 가마니가 미곡검사원에게는 다시 불합격이 된다
손해는 미곡상(米穀商)뿐

충남 연기군(燕岐郡) 조치원(鳥致院)은 미곡과 가마니의 생산지로 일년의 생산고가 미곡은 적어도 20여만석(石)이요, 가마니는 백만매 이상에 달하여 외부 수출이 전 조선에서 제1위를 점령하게 되었다. 도와 군 당국에서는 이것을 장려키 위하여 8~9년 전부터 미곡검사소와 가마니검사소를 설치하고 미곡과 가마니를 검사하여 외부에 수출하여 양호한 성적을 얻어오던 중인데, 요사이 돌연히 미곡검사원의 검사가 불공평하다는 비난이 일어나는 동시에 가마니검사원에 대한 비난도 없지 않다. 그 비난의 내막을 들어보면 미곡상들이 미곡을 검사받을 때에는 중등(中等) 가마니를 사용하는 터인데, 그 중등 가마니의 표준은 가마니검사소의 검사인을 믿고 매매하여 사용한다. 어찌된 까닭인지 요사이에는 미곡검사원이 현미를 검사하다가 가마니가 좋지 못하다고 '불(不)'자 도장을 찍어 불합격을 시키는 까닭으로 손해는 결국 미곡상에게 미치게 되므로 조치원 미곡상계는 일대 문제 중이라 한다. 이것이 도무지 가마니검사원의 검사가 불철저한 원인인지 또는 미곡검사원이 자기의 직권을 신장하고자 하는 원인인지 알 수 없으나 결국 손해는 미곡상에게 미치게 되므로 미곡상 중 모(某)씨는 미곡검사원에게 불합격된 가마니를 모았다가 가마니검사원에게 손해를 청구한다는데 문제가 문제이므로 조치원에서는 미곡과 가마니 두 검사원에 대한 비난이 날로 높아지는 중이라 한다.

조선일보, 1925년 12월 3일

44. 승입증식(繩叺增殖) 선전 / 전북에서 활동사진으로

전라북도에서는 새끼·가마니 생산 증식을 도모하기 위해 아래의 각 항목을 활동사진으로 촬영하여 선전 보급할 계획이라는데, 촬영 종목은 (1) 가마니 검사 상황, (2) 포장, 반출 상황, (3) 농가의 가마니 제조 상황 등으로, 1반보(反步)의 생산량과 짚 세공의 이익을 비교하여 가마니 생산 부락의 상황 표준을 세우는 것으로 선전지는 전주(全州), 김제(金堤), 옥구(沃溝), 부산(釜山)인데 1월 하순쯤에 실행될 것이라더라.

매일신보, 1925년 12월 13일

45. 순천입조(順天叺組)의 일인(日人) / 농민을 총검으로 위협
가마니 값을 달라 한다고 총으로 쏘려다 경찰서로

전라남도 순천군(順天郡)에서는 농민들이 농한기를 이용하여 가마니를 짜서 팔아 근근이 호구하는바, 각 면을 통하여 수백명의 농민이 매일 평균 4~5백개의 가마니를 수출하는데, 순천읍에 있는 일본인 근등신태랑(近藤新太郎)은 가마니조합을 설치하고 순천에서 나는 가마니를 전부 구입하면서 조합비라는 명목과 저금한다는 명목으로 매번 얼마씩 내게 하므로 농민들은 불만이 대단히 많았다 한다. 그러던 중 지난 12월 31일에는 서면(西面), 해룡면(海龍面), 도사면(道沙面), 순천면(順天面) 농민 50여명의 가마니 8백여장을 최상품 24전에서 최하품 18전까지 책정해놓고 흥정만 하고 값을 내주지 않으므로 그날은 할 수 없이 모두 돌아갔다가 지난 6일부터 다시 들어가서 값을 달라고 한즉, 내일 오라고 하므로 50여명 농민들은 할 수 없이 하룻밤을 자고 그 이튿날인 7일에 다시 간즉, 문서가 정리되지 못했다고 기다리라고 하더니, 오후 5시까지 내주지 않다가 필경에는 전날 결정하였던 값을 떨어뜨리고자 우물쭈물하다가 합계를 쳐서 내어주었다 한다. 다시 계산하여 본즉 24전씩에 작정하였던 것을 17전씩밖에 아니 주었으므로 농민들은 그에게 사기당했음에 분개하여 한참 동안 승강이를 하던 중에 근등조합(近藤組合)에 있는 사무원 산전(山田)이라는 자가 칼을 들고 군중을 찌르려 하므로, 군중은 깜짝 놀라 일시 소동되어 칼을 빼앗고 달려들어 질문한즉, 산전은 다시 총을 들고 쏘려 하므로 군중은 극도로 흥분되어 그 총을 빼앗아가지고 경찰서로 몰려가 그 위험한 횡포를 고했다. 경찰은 즉시 근등과 산전을 잡아다가 유치하고 취조하는 중에, 군중은 경찰서를 겹겹이 포위하고 분노한 목소리로 사람을 총검으로 죽이려던 산전을 내어달라고 밤이 깊도록 고함을 질렀으나 순천 경찰은 법규상 할 수 없으니 내어주지는 못하겠고, 다만 요구하는 가마니 값 24전은 경찰서에서 책임지고 받아주마고 하므로 군중은 일시 해산하였다. 날 새기를 기다려서 다시 모여 산전을 처벌하는 것과 양일간 체류비를 전부 찾고 조합에 저금하였던 돈까지 모두 찾아 돌아가기로 했다고 한다.

조선일보, 1926년 1월 11일

46. 가마니 조합 창립 / 거(去) 11일 순천(順天)서

전라남도 순천에서는 기왕에 보도한 바와 같이 가마니 대금 문제로 조선인 대 일본인 간의 살풍경이 있은 후 그 농민 수십명이 지난 11일 오후 5시에 순천노동연합회관(順天勞働聯合會館)에 집합하여 이창수(李昌洙)씨의 사회하에 가마니판매소비품구매조합(販賣消費品購買組合)을 창립했다는바, 정관 통과 및 임원 선거를 마치고 김기수(金基洙)씨의 산업조합에 대한 절절한 설명이 있은 후 오후 6시에 폐회했다고. (임원명단 생략)

동아일보, 1926년 1월 15일

47. 이백여호(戶) 농민
부업을 장려코저 매호 초혜(草鞋)를 저축

선천군(宣川郡) 동면(東面) 인곡동(仁谷洞) 구장(區長) 김원균(金元均) 외 유지 제씨는 현대 조선 일반의 경제 곤란이 막심해오는 중 특히 생계가 풍족치 못한 궁벽한 농촌에 부업이 없음을 걱정하여 지난 음력 11월 15일 전기(前記)한 김 구장 인근 동네 농민 2백여명이 회집하여 매년 음력 10월부터 정월까지 4개월간 야간에 한가한 틈을 이용하여 매호(每戶) 매월 짚신 3족씩을 저축하여 장차 판매하기로 한다는바, 이후 2개월간에도 성적이 매우 양호하여 현재 저축한 짚신이 현 시가로 약 100여원에 달했다더라.

조선일보, 1926년 2월 1일

48. 대동승입조합원(大同繩叺組合員) / 공동판매 거절
공동판매가 불공평하다고 / 조합원이 자유판매를 맹약

평안남도 대동군(大同郡)에서는 승입생산조합(繩叺生産組合) 구역을 대동군 일원으로 확장하여 새끼와 가마니 생산고를 이전보다 많게 하리라 함은 이미 보도했거니와, 지난 3일은 동 조합구역을 확장한 후 처음으로 공동판매를 하는 날이었다. 이른 아침부터 조합원들이 많은 생산품을 가지고 공동구매조합 사무소인 평양부 육로리(陸路里) 오원선씨 집 앞으로 모여들기 시작하여 무려 3백명이나 되는 조합원의 약 만여원의 생산품이 쌓였는데, 평안남도청으로부터 검사원이 출동하여 새끼·가마니 검사를 하던 중에 생산자 측에서 불평을 일으키기 시작하여 일대 소동이 일어났다.

그 원인은 첫째, 장소가 협소하여 생산품을 진열하기 불편한 것과 둘째, 검사원이 등급을 불공평하게 매긴다는 것과 셋째, 가격을 지나치게 싸게 친다는 것 등이었다. 검사를 받던 도중에 일부 불평을 가진 생산자들이 동네 노동대회 사무소로 몰려가 긴급히 회의를 열고 그처럼 불공평한 공동판매에는 응할 수 없으니 이후부터는 검사만 받고 판매는 각기 자유로이 하자고 하며, 아래와 같은 맹약서를 작성하여 한학인(韓學仁) 외 29명이 각기 서명 날인하고 단단히 결속했다고 한다.

맹약서

1. 소위 평양부 육로리 구매조합사무소에는 판매하지 않기로 한다.

1. 동업자는 일치행동을 할 것.

1. 동업자 중 동 조합에 판매하는 자는 위약금으로 1전씩을 정한다.

동아일보, 1926년 2월 5일

49. 승입(繩叺) 장려 선전
승입조합연합회(繩叺組合聯合會)에서

농촌에서 부업으로 가장 필요한 새끼·가마니를 선전하고자 지난달 18일부터 군산 및 부근 각지에서 가마니 제조 장려 선전극 '여명(黎明)의 마을'이라는 활동사진을 전라북도 승입조합연합회에서 연극으로 제작한바, 최근 완성되어 지난달 23일 밤, 군산부에서 일반에 공개하여 대성황을 이루었다고 한다.

동아일보, 1926년 3월 2일

50. 특지(特志)와 자선 / 제입기(製叺機) 20대 무료배부

전남 보성군 조성면(鳥城面) 대곡리(大谷里) 이병무(李秉茂)씨는 빈한한 농촌에 부업을 장려하기 위하여 가마니틀 20여대를 구입하여 무료 배부를 할 뿐만 아니라 조성농민회(鳥城農民會)를 발기하여 소작인을 무한히 동정한다고 한다.

▲무직자를 취업하게 원조 전남 보성군 조성면 대곡리 이병무씨는 동리에 직업 없이 떠돌아다니는 자의 생활이 곤란함을 동정하여 새끼틀 열대를 주문하여 이것을 동리 자기의 빈집에 설치하고 무직자(無職者) 등으로 하여금 실업에 착수케 하여 만분의 일이라도 이것으로써 생활

곤궁을 면케 하며, 또한 어떤 물건이든지 제작을 시켜 유리 파산하는 자가 없게 하기로 결심했는데, 다시 무직자를 위하여 유리한 기관을 건설할 계획이라 한다.

동아일보, 1926년 3월 3일

51. 승입검사통일(繩叺檢査統一) 동업자(同業者) 실현운동

조선 내 새끼·가마니 생산은 농가 부업으로 매년 증가하는 경향인바, 최근 1개년 생산량은 2,500만장으로 일본 및 청도(靑島), 대련(大連) 방면에까지 수이출되고 있다. 처음에는 생산자가 편의상 가마니의 등급을 정하여 판매했으나 밀매가 속출하므로 1918년에 이출검사를 시행했다. 작년 8월부터는 생산 및 이출 검사를 병용했는데, 이 검사 방법은 총독부 소정의 미곡검사법 표준에 의해 각 도별로 검사를 시행하는 것이었다. 그러나 그 결과 등급의 차이가 심해 그중에는 9할 이상에 달하는 표준 위반으로 일반 수급이 원활하지 못해 도리어 산업장려를 저해하고 특히 생산자의 고통이 심해, 금년에는 공급 부족의 상태로 고가(高價) 신기록을 만들었다. 이 결함을 보충키 위해 전 조선을 통일한 「승입검사규칙(繩叺檢査規則)」의 실시를 요망한바, 각 도에서도 결함을 인식하고 총독부에서 이미 작년부터 조사에 착수해 지금 입안 심의 중이나 아직 그 실현이 없으므로, 전 조선의 업자는 긴급 여론을 환기하여 실시 촉진을 급히 획책한다고 한다.

동아일보, 1926년 4월 25일

52. 입검사규칙제정(叺檢査規則制定) / 이출 증가로

농가의 부업으로 총독부에서 새끼·가마니의 생산을 장려한 후 생산고가 증가하여, 가마니는 종래 일본에서 이입되어 겨우 그 수요를 충당하던 것이 작년부터 그 반대로 도리어 조선에서 일본에 이출하게 되었으므로, 이출품으로 취급하려면 품질의 통일을 기할 필요가 있어 식산국(殖産局)은 요즈음 가마니 검사규칙을 제정하게 되어 지금 기안 중이다. 전(全) 조약, 21개조의 검사규칙에 해당치 않는 자는 이출을 불허할 방침이라 하며 지금 2년간의 생산고를 보면 총 약 2,640만장이고 금액으로는 약 520만원으로 5년 전의 1,436만장에 비하면 약 2배의 성적을 나타낸 것이다.

동아일보, 1926년 6월 2일

53. 입검사규칙(叺檢査規則) / 근근(近近) 부령(府令)으로 발포

농무과에서 초안 중이던 「입검사규칙」은 근자에 완성되었으므로 시행규칙과 함께 곧 총독부령으로 발포될 터라는데, 이에 의하여 각 도의 가마니를 통일하고 특히 이출 가마니에 대해서는 엄중한 검사를 시행할 터라 한다. 다만 함경북도만은 위 규정 시행에서 제외하기로 되었는데, 이는 이 지방에서 제작되는 가마니는 원료 부족과 함께 도저히 검사를 받을 수 있는 정도에 미치지 못하는 것이 명백하기 때문이다. 그러나 이출미(移出米) 포장 가마니는 이출미 검사규칙이 적용되기 때문에 입검사규칙의 발포를 보지 않더라도 대체적으로 피해는 따르지 않는다고 한다.

동아일보, 1926년 10월 6일

54. 승입품질검사(繩叺品質檢査) 통일

새끼·가마니 품질검사 통일을 도모하기 위한 「승입검사규칙」은 이미 총독부 사무국의 손을 떠나 곧 심의실에서 심의 중인바, 늦어도 다음달 중에 만료하여 부령(府令)으로 공포하고 내년 1월 1일부터 실시하기로 내정했다. 그리고 종래 각 도에서 검사에 합격한 현미 및 대두 포장용 1등품, 백미 포장용 2등품, 그리고 잡곡용 등외품(等外品) 등 표준 가마니 3종을 이번 달 중에 총독부에 제출하고, 검사규칙 세칙에 기해 각 도를 통일한 표준을 실물과 대조해 결정하기로 했다. 총독부에 송부한 지역은 충청남북도, 경북, 전북, 황해 6도로 기타는 전부 이번 달 중에 집합될 예정이라고 한다.

동아일보, 1926년 10월 27일

55. 입가폭등(叺價暴騰) / 전(全) 조선 대부족
석총(石塚) 총독부기사 담(談)

최근 출곡기에 들어가 기후는 연일 맑은 날씨를 지속하기 때문에 미곡의 건조는 극히 순조로이 진척되어 수출이 왕성한 한편, 농가는 분주한 시기이므로 가마니 제조가 충분치 못해서 가마니의 생산과 수용이 불균형하다. 가마니가 현저히 부족한 상황에서 가마니 가격이 연일 폭등하여 26일 군산, 옥구(沃溝)에서는 가마니 1장에 38전 8리라는 전례가 없는 높은 가격을 보이고 있다. 그런가 하면 상인 측에서는 42전이라는 대폭등이 지속되면 조선 쌀 수이출상 다대한 영향을 미칠 터이므로, 총독부에서는 그 대책으로 각 도에 가마니 배급에 지장이 없도록 해달라는 뜻을 통첩했다 한다.

동아일보, 1926년 11월 28일

56. 입제부락(叺製部落) 표창 / 전북농무과(全北農務課)에서

전북 농무과 보통농사계(普通農事係)에서는 10여년 동안 가마니 치기를 장려한 결과 전북을 망라하여 통계를 내보면 생산도 적지 않을 뿐만 아니라 그에 대한 생산액도 백만여원에 달해 농가의 부업으로는 상당히 양호한 성적을 내고 있다. 그중에서도 특히 우량한 부락을 조사하여 지난 25일 오전 10시에 표창을 수여했는데 우량 부락의 상황을 보면 다음과 같다.

마을 이름	농가	가마니 치는 집	종업원	기계 대수	생산량	생산액	매호 평균수입
옥구군 미면 원룡돈리	70호	66호	264명	66대	33,000장	8,282원 25전	128원
익산군 성당면 하와리	42호	42호	126명	45대	25,074장	6,569원 32전	156원
김제군 월촌면 명덕리	69호	53호	362명	57대	36,486장	7,903원 66전	148원
전주군 조촌면 성덕리	152호	137호	415명	150대	44,695장	61,038원 33전	150원

동아일보, 1927년 1월 1일

57. 인천 입자(叺子) 수출 / 26만여원

요즈음 조선 생산품으로 현저하게 증가한 것은 짚 제품 중 가마니와 거적과 새끼이다. 이는 대정 11년(1922)부터 중국 대련(大連), 청도(靑島), 제남(濟南), 상해(上海) 방면으로 수출을 개시한 이래 해마다 증가된 것으로, 작년에는 인천을 통해 수출된 것만도 가마니 7십만 5천매, 거적 135만근, 새끼 94만 5천근으로 전체 가격은 실로 26만 8천여원에 달해 그 전년도 수출액 5만 5,617원보다 다섯배 이상 격증한 것이다. 작년에 국내 수요가 증가했음에도 불구하고 그 같은 성적을 낸 것으로 보아 장래 크게 유망할 것으로 예측된다.

동아일보, 1927년 1월 31일

58. 문제 다단(多端)한 승입(繩叺) 지정판매
판매권 쟁탈전 개시

전북 익산군(益山郡) 함열(咸悅) 지방의 가마니 지정판매는 지금까지 군 당국에서 촌정(村井) 모(謀)라는 일본인을 시켜왔다. 같은 지역에 있는 일본인 산구(山口) 모모(某某) 등 5인의 1조(組)가 그 판매권을 탈취하고자 작년 봄부터 맹렬히 운동을 시작해왔으나 지금껏 하등의 결말 없이 내려오던바, 오는 4월 가마니 지정판매인 계약 변경기를 앞둔 산구파(山口派)가 한층 불평하며 익산군 학교 조합의원을 사직하면서까지 군 당국에 대항하려 하는 터이다.

군 측에서는 일을 공정하게 하기 위해 지난 2일 강두(江頭) 군수가 산구파에 분쟁 타협안, 즉 가마니의 지정판매는 공동경영으로 하고 촌정을 그 업무담당자로 할 것, 또 가마니를 많이 사용하는 자에게 공동경영의 출자를 많이 하게 할 것 등을 제시하여 담판하려 했으나, 산구 측에서는 지난 4일 군수의 안을 부결하고 관계 각 방면에 편지를 배부하는 등 적극적으로 나오는 모양이라 한다. 이 때문에 생산자 측에까지 영향이 파급되어 갈팡질팡 적지 않은 손해를 보는 터로, 이는 오직 일본인 자기들의 이익 쟁탈전인데도 불구하고 생산자 측인 빈농가들이 손해를 입게 됨은 도저히 강 건너 불 보듯 할 문제가 아니라고 하여 물의가 분분하다고 한다.

동아일보, 1927년 2월 10일

59. 영천승입조(永川繩叺組) 분규 / 일본인이 손을 써침으로

경북 영천승입조합(永川繩叺組合)에서는 지난 13일(장날) 돌연 해당 조합원 간에 일대 분규가 일어나 시장에 큰 혼잡이 일어났다고 한다. 대정 12년(1923) 「승입취체규칙(繩叺取締規則)」 변경 때에 2등, 3등 가마니는 쌀과 콩에 사용하지 못하게 되어 창고에 있는 2, 3등 가마니 2만장이 몽땅 판로가 막혀 그대로 폐물이 되고 말았는데, 이로 인해 침체 상태에 빠진 해당 조합당국자는 그 유지책을 강구하던 중, 요행히 군 유지 이기소(李起韶)씨가 군 당국에 동정을 구하는 한편 자신이 주주가 되어 조합장의 중임을 맡고 김 모(某)라는 대주주를 얻게 되어 해당 조합에 서광이 비쳤다.

그런데도 수요에 공급이 미치지 못해 다시 위협을 받지 않을 수 없게 되자 조합장 이기소씨는 어쩔 수 없이 고민 끝에 부득이 일본인 도변(渡邊), 소촌(小林) 2인에게 간청하여 사적 계약을 체결하고, 모든 이익의 4분의 1을 결산 때 떼어주겠다는 조건하에 해당 일본인 두 사람을 자금주 형식으로 조합과 간접관계를 맺도록 했다. 이 일본인들은 조합의 이익이 다대함을 보고 조합 전체의 주권을 장악하고자 최근 조직 중인 영천물산주식회사(永川物産株式會社)와 내통하여 흡수를 계획한 모양이라 한다. 그 사실을 일반조합원들이 모두 알게 되자 자연 분규가 생겼다고 하며, 여기에는 군농회 회장대리 서무주임 부전(府田)씨도 관계되어 있다고 한다. 농회에서 구구한 잡설로 일본인 자본주 측을 옹호할 기색이 있자 해당 조합원들은 분개하여 총회를 개최하고 그 문제를 강구하는 동시에 만약 여의치 못할 때는 도(道)에까지 진정할 터라는데 일반 사회는 이 문제의 전개를 매우 주목한다고 한다.

동아일보, 1927년 2월 19일

60. 봉천승입조합(奉天繩叺組合) 해산

봉천 부근에서 산출되는 벼가 거액에 달하므로 농가에서 부업으로 새끼 또는 가마니를 제조하고 봉천 서탑(西塔)에 거주하는 동포들도 역시 이를 제조하여 일반 생산액이 거액에 달했으나 제품의 품질과 가격을 일정하게 하는 기관이 없음을 유감으로 생각하고 재작년에 승입조합을 설립했다. 그러나 뚜렷한 효과를 볼 수 없는 고로 지난 5일 오후 7시에 상부회관(相扶會館)에서 임시총회를 개최하고 존폐 여부를 토의한 결과 다수가결로 해산하게 되었다 한다.

동아일보, 1927년 3월 29일

61. 부업 자금 대부

시흥군 남면(南面)에 있는 남면진흥회(南面振興會)는 수년 전에 같은 면 유지 몇 사람의 발기로 창립된 이래 농촌진흥책에 많은 노력을 기울여오던바, 금년에도 얼마 전에 정기총회를 개최하고 임원 개선과 사업부 확장안 등을 결의한 후 농촌진흥책의 한 방책인 부업 장려에 노력하기로 했다. 이 면은 특히 새끼·가마니가 많이 생산되기로 유명한 만큼 대부분이 농한기에는 가마니 제조업으로 근근이 생계를 잇는다. 더욱이 금년 춘궁기에 가마니를 치려고 해도 원료를 매입할 자금이 없어 비상한 곤경에 처하게 됨을 구제하기 위해 새끼·가마니가 많이 생산되는 지역인 부곡(富谷), 당정(堂井) 양리(兩里) 등의 극빈자들에게 100원을 원료 매입자금으로 빌려주어 가마니 치는 일을 더욱 장려한다고 한다.

동아일보, 1927년 5월 2일

62. 옥구(沃溝) 입(叺) 증산 계획

옥구군에서는 가마니 생산, 보급, 기타 부업 장려의 편의상 관내 각 면에 가마니 생산 모범부락을 설치하기로 해, 조사에 착수한바 해당 부락에 대하여 다음과 같은 연도별 사업을 시행할 예정이라 한다.

초년도

1. 입직기대(叺織機臺) 보급 및 가마니 제조 보급 장려

2. 해당 부락에 가장 적절한 부업 조사 연구

3. 가마니 저축계 조직

4. 풍기(風紀) 개선 실행 규약 설정

2년도

1. 가마니 이외 부업 장려

2. 원료 가마니 공동 구입 배부

3. 자급비료 강화 및 강습회

4. 공동 못자리 실시

5. 이모작 보급 장려

6. 생 울타리 장려

3년도

1. 전년도의 사업 보충 지도

2. 작업복장의 개선

3. 일용품 공동 구입

4. 과세, 납세 준비 저금 이행

4년 후

전년도 사업 보충 지도

동아일보, 1927년 5월 8일

63. 개량입(改良叺) 제조고(製造高)

경성 상의(商議) 조사에 의하면 대정 14년(1925) 11월부터 대정 15년 (1926) 10월까지 만 1년간 조선 개량 가마니 제조고는 28,999,615장으로 전년 대비 9푼 8리 증가했다. 연도별로 보면 다음과 같다.

연도별 제조고(단위: 매)		도별 1년간 제조고(단위: 매)			
1922년	18,495,734	경기도	3,805,895	황해도	782,891
1923년	21,024,060	충청북도	1,551,976	평안남도	1,672,314
1924년	25,009,615	충청남도	1,797,765	평안북도	1,328,817
1925년	26,407,591	전라북도	4,368,296	강원도	281,066
1926년	28,999,715	전라남도	7,435,431	함경남도	442,715
		경상북도	2,858,720	함경북도	17,435
		경상남도	1,655,293		

동아일보, 1927년 7월 5일

64. 승입조합(繩叺組合) 분규

영천(永川)승입조합 분규는 험악하게 지속되어 조합주 일본인 측에서 지난 11일 전 조합주 이기소 측 소유인 창고 열쇠를 열고 그 안에 들어 있는 물건을 가지고 갔다 한다. 전 조합주 이씨의 말을 들으면 이런 일이 남모르게 벌써 세번째이며 경찰에 고소까지 했으나 흐지부지되고 말았으며 우리가 경영하던 승입조합도 그들에게 약탈을 당하다시피 했는데 이를 관리하는 군 당국까지 옳고 그름의 처음부터 끝까지 현 조합 일본인 측을 옹호하니 우리 조선 사람이야 살 수 있나 하며 하는 수 없이 검사국(檢查局)에 고소하리라고 한다.

조선일보, 1927년 7월 14일

65. 가마니 금지로 농촌 대공황 / 농촌부업에 큰 영향 있다고
황해도령(黃海道令)과 부업 타격

조선 농촌이 쇠퇴해감에 따라 당국에서는 그들 생활을 돕는 각종 부업을 장려하는 중에, 황해도 내에서는 각 농촌에 가마니 제조를 장려하여 매년 생산고가 12월부터 이듬해 3월까지만도 52만 4천여장에 달하므로, 그 값을 평균 20전으로 계산하면 실로 10만여원이라는 거액으로 도내 빈민들의 생활을 다소라도 보장해왔다. 얼마 전에 황해도 농무과에서 가마니 대신에 포대를 사용하라고 도령(道令)으로 각지에 발령을 내려 가마니 판로가 없어지는 동시에 일반 제조 농민들의 생활에도 큰 위협을 준다는데, 모 관청의 말에 따르면 자세히 알 수는 없으나 상인들이 포대 사용 허가를 얻은 까닭인 듯하다는데 문제가 심상치 않다고 한다.

동아일보, 1927년 8월 5일

66. 입검사규칙(叺檢査規則) 발포
생산 검사와 반출 검사 10월 1일부터 실시

23일 부령 제83호로 「승입검사규칙」이 공포되었다. 그에 의하면 가마니 검사는 생산검사와 반출검사로 나누어 곡물용가마니, 소금용가마니, 비료용가마니에 대해 하는 것으로 생산검사의 표준은 다음과 같다.

생산검사

1. 볏짚의 품질과 두드림의 정도

2, 거적의 엮음새와 날 새끼의 굵기 및 품질

3. 가마니의 꿰맨 상태와 새끼의 굵기 및 품질

4. 가마니의 크기 및 무게

생산검사를 마친 가마니에는 등급을 매기고, 반출검사는 종류와 등급이 다른 것의 혼합 유무, 짊어지기 적합 여부에 대해 시행한다.

이 영(令)은 10월 1일부터 시행된다.

동아일보, 1927년 8월 24일

67. 제입공장(製叺工場) 창설 / 실직자 구제코저

함흥군 주지면(朱地面) 지경촌(地境村)은 500여호가 모여 사는 마을인데 실업자, 무직자가 많아 그 지역 유지 유근풍씨가 동정의 눈물을 흘리며 솔선하여 일금 400원을 출자하여 가마니 제조공장을 설치했다. 재산가로서 다액의 자본금을 모집하여 직조기계와 볏짚을 구입하고, 실업한 빈민을 직공으로 모집하여 원료비만 제하고는 이익 전부를 직공들에게 분배케 하는 동시에 이 일을 영원히 계속할 수 있도록 이익금 일부를 저금하여 경영한 지 겨우 1삭에 불과한데 전도가 매우 유망하다고 한다.

동아일보, 1927년 8월 24일

68. 입검사규칙(叺檢查規則) 요지

1. 검사시행의 주체

검사는 도(道) 지방비가 행하는 것을 원칙으로 하고, 부득이한 경우에 한하여 조선총독의 승인을 받은 공공단체인 부(府), 군(郡), 도(島) 농회가 행할 수 있다.

2. 검사의 종류

가마니 검사는 생산검사와 반출검사, 두 종류로 구별되어, (가) 생산

검사는 도지사가 지정하는 군 또는 면을 단위로 하는 지역 내에서 사용할 용도로 제공하거나 기타 지역 외에 이송하고자 하는 가마니에 대해 행하는 것을 칭하며, (나) 반출검사는 생산검사를 받은 것을 도지사가 지정하는 동네 혹은 마을로부터 도외에 반출하고자 하는 가마니에 대해 행하는 것인데, 도지사가 필요하다고 인정할 때는 그 지정한 곳으로부터 도내의 다른 지역에 이송하고자 하는 가마니에 대해서도 반출검사를 할 수 있다.

3. 검사할 가마니의 종류

생산검사와 반출검사 모두 곡물용가마니, 소금용가마니, 비료용가마니에 대하여 행하는 것인데, 다시 도지사가 필요하다고 인정하는 때는 다른 가마니에 대해서도 조선총독의 승인을 받아 검사를 행할 수 있게 되었다.

4. 생산검사 표준

생산검사의 경우, 구조에 대해서는 곡물용 4말가마니, 곡물용 3말가마니 및 소금용가마니에 대하여 종승(縱繩)가마니의 세로로 짜인 새끼의 본수(本數)와 굵기, 봉승(縫繩)꿰맨 새끼 및 친승(親繩)기다란 새끼의 굵기, 구취승(口取繩)입구를 맺는 새끼의 길이, 봉목(縫目)솔기. 두 폭을 맞대고 꿰맨 줄의 수연폭(數筵幅)꿰맨 눈의 숫자와 폭 및 연장(筵長)길이, 겉과 속(表裏)의 길이 차이, 저부(低部)밑부분의 절입(折込)접어 넣은의 길이, 1매의 중량 등에 대하여 의거할 표준을 제시했다.

5. 표준 가마니

생산검사의 검사표준은 위의 구조에 준하는 것은 물론이요, 또 품질 제정의 표준으로 각 검사소에 종류별, 등급별로 표준 가마니를 비치하고 등급 결정에 도움이 되도록 했다. 표준 가마니는 지난번 각 도 가마니업자의 대표자에게 출부(出府)를 청해 실물에 대해 사정(査定)한 것을 표준으로 했다.

6. 생산검사의 등급

생산검사를 마친 가마니는 각 종류에 따라 1등, 2등 및 등외 3등급으로 나누고 합격, 불합격은 정하지 않고도 전부 도내 거래는 가능하도록 되어 있다.

7. 검사 표준

반출검사는 가마니의 포장법의 표준을 종류별로 하고 또 다른 종류, 다른 등급의 것을 혼합치 않도록 포장(짐을 꾸림)하게 되어 있다.

8. 반출검사의 구분

검사 결과 표준에 부합하는 것과 그렇지 않은 것을 구별하여 합격, 불합격의 구분을 한다. 그리고 불합격품은 도외에 반출할 수는 없다.

9. 검사증 도장

종래 생산검사는 각 도가 각각의 인장을 찍고 있었으나 새 영(令)에서는 그 인증을 모두 삼각형으로 하고 도별로 표식하기 위해 도 이름의 가나(假名) 첫 글자를 취하여 다시 카따까나(片假名), 히라가나(平假名)로 구분한다. 반출검사의 증인(證印)은 포장한 짐 표면에 동일한 양식의 도장을 찍는다. 그리고 그 경우에 각 도의 이름이 써 있는 포장지를 매듭에 달게 되어 있다.

10. 기타 사항

기타 검사 시행에 관한 규정과 벌칙이 규정되어 있다.

11. 이전의 검사품

마지막에 「입검사규칙」 발포 전에 도 지방비 또는 군농회의 생산검사를 받은 가마니 또는 반출검사를 받은 가마니는 본 영(令)의 검사에

준거한 것으로 간주한다. 단, 종전의 반출검사를 받은 가마니를 도외로
반출하는 경우에는 검사소에 신고를 해야 한다.

동아일보, 1927년 8월 26일

69. 농촌고화(農村苦話)(4):
생활의 여유 잇다는 집이 안남미(安南米)나 만주속(滿洲粟)뿐
대개는 가마니 치기와 나무장사

| 일야인(一野人)

그들은 지난 한해 동안의 모든 노고와 궁핍과 질병과 가난에 울면서
지주 및 자본가의 금고를 채워주기에 노력의 전부를 바치고 그 대신에
오늘은 이와 같이 콩나물 김치와 수수떡의 신년 연회의 향락을 받고 모
든 그 무서운 빚쟁이와 착취자로부터 5, 6일쯤의 독촉과 몰아댐을 면하
는 휴식을 얻게 되는 것이다. 그것은 과연 그들에게 너무나 광영에 넘
치는 고가의 보수라 아니할 수 없다. 그러하다, 바로 그 근처 도시에서
는 지주와 자본가들이 같은 이날에 농민 자신들의 피와 땀으로 위스키
와 고급 서양요리와 기생을 사서 참으로 굉장한 진미와 쾌락의 신년 연
회를 파하고 긴 밤놀이를 계속함과 비교하면 그들의 노예에 지나지 않
는 우리로서는 이것도 감사하다 해두는 것이 좋을 것이다.

그러나 이날 농민이 이렇게도 그들로서의 최고 절정의 휴식과 향락
에 도취하고 있을 때 우리는 이 틈을 타서 다시 이제 그들의 집에 투입
(偸入)하여 그들의 이날 생활 내용을 가만히 살펴보기로 하자. 쓰러져
가는 울타리에 사립문조차 없는 두세칸의 오막살이집은 아무것도 거칠
것 없이 텅 비다시피 했다. 우리는 그들의 방문을 열어보았다. 대개 떨
어진 갈자리 조각이나 덕석 조각을 깔아놓은 좁은 방에는 흙과 먼지가

구석마다 수북하다. 벽에서는 방금도 문을 열었다가 닫히는 바람에 흙덩어리가 들썩하고 떨어진다. 이상야릇한 고약한 냄새가 코를 찌른다.

우리는 먼저 그들의 쌀그릇을 열어보았다. 놀라지 마라. 전 동네에 몇 집을 제하고는 그 속에 이틀을 지낼 양식이 있는 집이 별로 없다. 아니다 거의 전부가 속이 텅 비었다. 양식이 조금씩 남아 있다는 집도 대개는 몇되에 차지 못하는 안남미가 아니면 만주좁쌀에 지나지 아니한 것이다. 우리는 다시 그들의 정지를 들여다보았다. 여기에서도 우리는 열에 일고여덟 집은 연료가 떨어진 것을 보게 된다. 이로써 보면 복돌이의 집에서는 초하룻날인 오늘 아침에 밥도 짓지 못했다는 아이들이 전하는 소식이 거짓말이 아닌 것을 짐작하겠다. 보리쇠와 달똥이는 오늘 아침에도 밥을 얻으러 다니던 것이 무리한 일이 아님을 알겠다.

우리는 다시 길게 한숨을 쉬고 파리똥으로 칠을 한 그들의 시렁을 들여다보았다. 그 위에는 그래도 명절이라 하여 식은 밥그릇과 약간의 음식붙이가 남아 있는 집도 있으나 대개는 콩나물김치와 고사리나물밖에는 별로 찾을 것이 없다. 그들의 장독에는 두어동이쯤의 쓴 장이 남아 있는 집이 열에 서넛, 그보다도 적게 남은 집이 열에 서넛, 그리고 그 나머지 집은 그나마도 있는 것을 볼 수 없다. 김치단지에는 무 찌꺼기만 남은 집이 많고, 된장조차 없는 집도 적지 아니하다. 우리는 다시 그들의 옷상자를 열어보았다. 그 속에는 어떤 젊은 사람의 집에서는 때로 신혼 시에 입은 것인 듯한 아낙네의 '모초'^{중국 비단}저고리를 머리때 묻은 채로 생명같이 귀중하게 아끼는 집도 있으나 그 대개는 해진 무명바지저고리와 줄거리만 남은 베치마붙이가 헌솜과 함께 싸여 있을 뿐이요 그밖에는 아무것도 볼 것이 없다. 그리고 나올 때에 우리는 덕문이와 순걸이 집에서 그 깨진 솥, 절구, 오줌항아리 같은 살림에 가차압의 딱지가 붙어 있음을 발견했다. 그것은 놀부 김주사에게 짊어진 5년 전 연대채무의 이자로, 잔액을 갚지 못하고 이달 저달 미루면서 채권자를 기만한 괘씸한 놈이 당연히 받을 벌이라 한다.

이로써 우리는 아무도 모르는 가운데 동네 사람들의 살림을 모조리 조사하여 알았다. 기쁨과 환희의 새해 첫날임에도 불구하고 우리는 더운 눈물을 뿌리며 나오지 않을 수 없었다. 우리는 이에 의해 농민의 향락과 휴식의 최고 형식이라는 것이 그 얼마나 참담하고 가련한 것인가를 대략 알게 되었다. 그리고 또 그러한 것으로서의 향락과 휴식이나마 그것은 얼마나 파멸과 공허로 된 생활 내용을 토대로 한 것인지도 알게 되었다. 그러나 이것은 그나마도 순간이다. 그들에 대한 이러한 '모라토리움'은 5~6일만 지나면 곧 취소된다. 그들은 이제 다시 무서운 빚쟁이의 독촉의 화살을 받으면서 피착취의 고역에 나가지 않으면 안 된다. 그들의 피착취 노동의 첫 고역은 가마니 치기, 새끼 꼬기, 나무 팔이, 논거름 내기, 보리밭 갈기 등으로부터 서서히 시작된다.

가마니 치기와 새끼 꼬기는 모두 당국의 부업장려에 의해 근래에 처음으로 발생된 농촌부업의 중요한 것이다. 이것은 아직 산간의 벽지에서는 별로 보기 어려운 평야지방이나 도시 근처의 농촌에서 많이 행하는 가내노동이니 그 생산은 일본 민족의 식량을 위해 해마다 수출되는 5~6백만석의 미곡을 포장함에 없어서는 아니 되는 것으로, 당국자가 가장 뜻을 가지고 장려하는 것이다.

가마니를 치는 데는 볏짚이 흔한 지방에서는 과히 그렇지 않지만 그것이 귀한 곳에서는 이에 적당한 원료를 얻기 위하여 우리 농민들은 한달에 6리가 넘는 1~2원의 고리대금을 간신히 얻어가지고 20리 내지 30리의 먼 시골을 쏘다니지 않을 수 없다. 이리하여 겨우 구해온 원료는, 가령 그 집이 부부와 14~15세의 딸을 가진 세사람이 사는 가정이라 한다면 아내는 이것을 팔이 빠지게 두드려서 부들부들하게 만들고 썩은 짚을 가려내고 하여 작업을 준비하고 그 남편과 딸은 가마니틀 앞에 앉아서 이것을 치기 시작한다. 딸은 기다란 바늘대에 짚을 낱낱이 꿰어서 늘어 놓인 날 사이로 그것을 슬렁슬렁 지르면 그 아버지는 이것을 바디로 소리가 나게 쿵쿵 내리친다. 하루에 몇천번인지, 몇만번인지 모르게 이렇게 지르고 또 이렇게 구르고 하여 그 이튿날 읍내 장에 열리는 가마니조합 판매에 어기지 않으려고 밤이 깊도록 작업을 계속한다. 이리하여 두 사람의 숙련자로서 아침부터 밤까지 꼬박 친 것이라 하면 하루에 12~13장을 치는 소녀는 "아이고 팔 아파" 하는 소리와 함께 피로를 이기지 못하여 그만 짚더미 속에 쓰러지게 된다. 그의 오른팔에는 멍울이 서고 힘줄이 당긴다고 한다. 그러나 그 부모는 그 사랑하는 딸의 팔을 만져줄 새도 없이 다시 이것을 새끼로써 꿰매고 접고 해 꾸미기에 분주하다. 이것을 끝내고 나면 흔히 닭 우는 소리를 듣게 된다. 그 남편은 이튿날 아침에 밥을 재촉하여 먹은 뒤에 이것을 짊어지고 20리 길이나 되는 읍내 장을 향해 달음질을 친다.

동아일보, 1927년 10월 25일

70. 승입검사(繩叺檢査)에 또 불평 / 김천 지방에서

김천 미두검사소(米豆檢査所)의 미두검사 불공평으로 곡물상 측에서 분개하여 대책을 강구 중이라 함은 누차 보도한 바이어니와 이에 따라 승입검사에도 불공평함이 허다하므로 곡물상은 더욱 불평이 심하다 한다. 그 자세한 말을 듣건대, 새끼·가마니는 농가의 가장 중요한 부업으로 김천군 내에서 산출되는 것이 매년 13만여원에 달해 군내 전인구의 8할을 점하는 농민생활에 막대한 도움을 주는 것인바, 이것을 판매할 때에는 군농회 기술원의 검사를 받아 합격이 된 후에 승입조합에서 매수하여 곡물상에게 매도하는 것이다. 곡물상이 이와 같이 수수료까지 제공하고 검사를 받은 새끼·가마니를 사용했음에도 불구하고 미곡검사 때에는 새끼·가마니를 불합격이라 하여 다시 사용하지도 못하도록 새끼·가마니를 잘라버리는 일이 허다하다. 곡물상 측에서는 농회나 미두검사소가 동일한 권리하에 있는 기관으로서 농회에서도 상당한 기술원이 검사한 것을 미두검사소에서는 불합격으로 검사하는 것은 그 모순됨을 비난치 않을 수 없으며, 미두검사소의 검사가 확실하다면 농회 기술원의 검사는 허위로 볼 수밖에 없고 농회 기술원의 검사가 확실하다면 미두검사소의 검사가 허위일 것이다. 그러면 쌍방 중 하나는 검사할 자격이 없는 기술자를 채용하여 가난한 농민에게 다대한 손해를 끼치게 함은 당국의 과실이라 하여 대책을 강구 중이며, 이 문제가 비록 적은 듯하나 전 군의 8할을 점하는 농민에게는 큰 문제이므로 동아일보 김천지국에서도 이 문제를 철저히 조사하여 사회에 공개하려고 착수 중이라 한다.

동아일보, 1927년 11월 16일

71. 승입검사(繩叺檢查) 문제 / 쌍방의 주장은 여차(如此)

김천군 농회에서 합격으로 검사한 새끼·가마니를 미두검사소에서는 불합격으로 검사하여 일반 곡물상에게 막대한 손해를 입히게 하므로 일반의 비난이 자자하다 함은 이미 보도한 바이다. 동아일보 김천지국에서는 각 관계 당국에 검사의 모순됨을 질문하는 동시에 여러 방면으로 철저히 조사했는데, 이에 의하면 미두검사소에서 불합격으로 한 새끼·가마니 중에는 농회의 검사를 받지 않은 것도 섞여 있었으나 대부분이 농회의 검사에 합격된 것으로 그 수효가 수백건에 달한다고 한다. 곡물상조합의 중요 간부에 따르면 미두검사소에서 그와 같이 가혹한 검사를 행한 원인에 대해서는 앞의 곡물상들이 도·군 당국에 진정까지 해 검사원 1인이 교체되었으므로, 이에 감정을 품고 보복적인 수단으로 곡물상들에게 손해를 끼치기 위해 미곡과 새끼·가마니 검사를 가혹하게 한다고 추측한다는바, 이에 대하여 농회장과 미두검사소장은 다음과 같이 말했다.

농회를 무시 어디까지 반항

위의 사실에 대하여 김천군 농회장인 전대(田代) 군수는 기자에게 "농회에서 한번 검사한 것이면 미두검사소에서는 의례히 통과시키는 것이 당연한 일이거늘 그와 같이 불합격으로 검사하는 것은 농회를 무시하는 행동으로 볼 수밖에 없다. 만일 새끼·가마니 관련 제도라든지 제조방법을 개량하게 되면 검사소와 농회 간에 원만히 타협해 일반 생산자에게 충분히 선전한 후에, 만일 불합격될 품질이 있으면 농회에서 비록 검사한 것이라도 검사소에서 불합격으로 검사하는 것은 부득이한 일이겠지만 지금까지 타협도 없이 돌연히 그와 같이 한 것은 그 이유를 알 수 없은즉 농회에서도 철저히 조사하여 근본적으로 이 문제를 해결하겠다"라고 말했다 한다.

동아일보, 1927년 11월 21일

72. 입(叺) 판매 문제

경남 창원군 북면(北面) 입생산지정검사소(叺生産指定檢査所)에서는 지난 20일 해당 면 입생산조합 대 진동 지정매수인 김상범씨 사이에 장시간 분쟁이 있었다 한다. 그 내용을 듣건대, 진동면(鎭東面), 진북면(鎭北面), 진전면(鎭田面)에서 생산하는 가마니는 진동 지정매수인인 김상범씨가 매수하게 되어 있는바 앞의 세 면 중 가장 생산이 많은 진북면에서는 면내 생산을 망라하여 입생산조합을 조직, 지정매수인에게 매매하지 않고 입생산조합에서 매수하여 가마니회사의 관계자인 마산의 일본인 오사끼모씨에게 판로를 교섭하여 지정매수인이 받는 수수료를 생산조합에서 취득하자는 주장이다. 지정매수인인 김상범씨는, 생산조합에서는 생산만 할 따름이고 매수할 권리는 없다, 따라서 일본인에게 판로를 교섭하기보다 기왕에 지정매수인으로 지정된 조선인에게 판로를 구함이 좋지 않겠느냐 하여 결국 경찰관에게 문제의 해결을 얻고자 했으나 생산조합장이 출타 중이어서 지금까지 분쟁 중이라고 한다.

동아일보, 1927년 11월 23일

73. 제입업자(製叺業者) 연서(連署)하야 군(郡) 당국에 진정 지정판매제를 폐지하라고 / 조합 설치코저 탄원

동래군의 가마니 제조업은 농촌의 유일한 부업으로 나날이 쇠해가는 농촌경제를 다소간이라도 완화할까 하여 군 당국에서도 적극적으로 지도 후원했거니와 농촌의 농민들도 둘도 없는 활로로 생각해 각 촌민의 가마니 제조업이 날로 발달해 근일에는 이를 전업, 부업으로 하지 않는 마을이 거의 없을 정도가 되었다. 그러나 원래 이익이 박한 것으로, 숙달된 사람이 제품을 판매한다고 해도 하루 수입이 원료대를 제하면 50~60전을 초과하지 않는 형편이다. 그런데 소위 승입주식회사라는 것이 도 당국의 양해하에 설립된 후에는 생산자의 자유판매를 금지하는 동시에 지정판매권 소유라는 명목하에 시가에 비해 1개당 약 7~8전씩 이득을 취하고 매점판매케 되므로 결국 소득은 직조인의 손을 떠나 승입주식회사의 수중에 떨어지게 된다. 이렇게 되고 보면 모처럼 장려된 가마니 치는 부업도 일개 회사의 이익에 희생될 뿐이요 생산자는 다만 헛되이 수고만 할 뿐이니 지정판매제를 폐지함과 동시에 생산자의 자유판매에 맡기든지 아니면 생산인조합 설치를 허가해달라는 뜻으로 양태한(梁泰漢) 등 90여명이 날인해 수일 전 진정서를 군 당국에 제출했다는바 군 당국에서도 이에 양해한 바가 있어 도 당국과 협의해 조속히 선후책을 강구할 것이라 한다.

동아일보, 1928년 3월 4일

74. 사천승입조(泗川繩叺組) 대회준비위원 / 경찰이 검속

경남 사천승입조합 검사원 박덕길(朴德吉)의 죄악을 사천 각 단체 연합으로 성토하려 한다 함은 수차 보도하였다. 그밖에 조합원 저축금액에 대하여도 철저한 조사 보고를 하기 위해 이번 달 15일에 생산자대회를 개최키로 준비위원들은 모든 준비를 해오던 중, 이번 달 3일에 해당 지역 경찰서로부터 돌연히 준비위원장 노한호(魯漢鎬)씨를 호출하여 저금통장을 차압하고 생산자 아닌 자가 생산자대회에 관계한다는 애매한 조건으로 검속하고 인(囚)하여 대활동을 한다더라.

조선일보, 1928년 3월 8일

75. 삼백여 승입(繩叺) 생산자 검사원 토죄(討罪)로 대회
저축금 만여원 대부 문제 경찰의 금지로 필경 해산

경남 사천군 5개 면을 망라하여 조직된 승입조합원(繩叺組合員)들은 이번 달 5일에 생산자대회를 열고 500여명이 모여 중대한 토의를 하고자 준비위원 측에서 열렬히 노력한다 함은 누차 보도했다. 준비위원이 노력한 결과로 대회 당일에 조합원 300여명이 물밀듯이 모이는 중, 경찰서로부터 집회를 해산하라는 선언이 있었으나 문제의 내막이 경찰에서 심히 간섭할 조건이 아니라는 항의와 원성이 분분했다. 그 내막인즉 승입조합 검사원 박덕길(朴德吉)의 저축금 1만여원의 의혹에 대해 생산자들이 철저히 알고자 하여 그와 같이 모였으나 경찰의 방해와 금지가 심하여 해산당하게 되었다 한다. 각 단체에서는 해산과 금지에 대해 경찰당국과 교섭하고자 했으나 만일 간섭하면 절대 용서치 않는다는 조건 때문에 단체로서는 할 수 없이 해산을 당하고 말았다고 한다.

조선일보, 1928년 3월 13일

76. 매시(每市)마다 승입(繩叺) 1매 저축
정운봉(鄭雲鳳)군의 공로

진위군(振威郡) 서면(西面) 도두리(棹頭里)는 70여호의 가난한 마을로 수시로 느끼는 민들의 생활난을 깨달은 정군은 대정 13년(1924)에 승입저축조합(繩叺貯蓄組合)을 도두리에 창립하고 조합원으로부터 매 장날마다 가마니 1장씩을 조합에 저축하게 해왔다. 소화 2년(1928) 1월에 그동안 저축된 전액 중에서 농업자금 20원씩을 각 조합원에게 분급하여 많은 효과를 보고 잔금은 조합 기본금으로 새끼·가마니의 재료 등을 구입하여 대여를 장려한 결과 그 성적이 양호하여 현재는 수백원의 융통을 보게 되었다 한다. 군 당국에서도 이를 표창하기 위하여 금 10원을 상여했다는데 정군은 이외에도 흥농조합(興農組合) 등을 설립하여 농사개량 등 실로 농촌사업에 공헌이 적지 않다고 한다.

동아일보, 1928년 9월 28일

77. 한해(旱害) 구제로 승입(繩叺) 제조 장려
선임저하(船賃低下)를 교섭

총독부에서는 가뭄 구제의 한 방책으로 전 조선에 새끼·가마니를 적극적으로 장려하고 일본에도 이출하여 대대적으로 조선 새끼·가마니의 판로를 확장하기로 되었던바, 이것을 위해 극력 생산비를 내려 가격의 저렴을 기할 필요가 있어 철도 운임에 있어서는 관·사 철도 모두 특정운임을 실시하고 있다. 그러나 해운은 철도에 비하여 매우 고가이므로 새끼·가마니 업자는 물론 당국도 조선우선회사(朝郵)와 같은 운임 저하에 관하여 교섭을 진행 중인데 선회사(船會社)도 대체로 총독부 방침에 의해 상당액의 할인을 하게 될 것이라 한다.

조선일보, 1928년 9월 29일

78. 보교아동(普校兒童)에 입직법(叺織法) 교수(教授)
안성(安城) 각 보교(普校)

안성군 내 각 공립보통학교에서는 가뭄 대책으로 5학년 이상 생도들에게 가마니 제직법을 가르치기로 하고 극빈한 생도들에 한해 입직기를 대부하여 학과 여가에 가마니 치기에 종사하게 하고 그 생산 가마니를 판매하여 수업료 납입이나 학용품 구입 등에 장애가 없게 하기 위해, 학교와 면연합품평회(面聯合品評會)에 사용하기로 계획되었던 안성군 학교비 800원으로 입직기를 구입해 각 공립보통학교에 배부하기로 했다 한다.

동아일보, 1928년 10월 9일

79. 승입(繩叺) 증산으로 판로 개척에 두통
동경(東京) 대판(大阪)에 출장 알선

가뭄 구제로 각 도에서 일제히 새끼·가마니의 부업 장려를 실시한 결과 비료가마니의 생산고는 450만장에 달할 모양이다. 이의 판로에 관해서는 그중 200만장은 대체로 조선질소비료회사(朝鮮窒素肥料會社)에 매각될 듯하나 나머지 250만장의 새로운 판로에 대해서는, 해당 업자 몇명과 총독부 삼정(三井) 기사와 산본(山本) 기사가 수일간 연일 식산국장실에서 협의한 결과 일본 방면의 수요는 최근 왕성하나 실제에 있어 아직 어떠한 관계가 없으므로 곧 동경, 대판 방면에 출장하여 수요자 측과 절충하기로 했다고 한다.

조선일보, 1928년 12월 1일

80. 이재민(罹災民) 구제코저 입직기(叺織機) 무대(無代) 배급
궁농(窮農) 천팔백호에

안성군 내에 가뭄이 막심하여 농민의 가난함은 형언할 수 없이 참담하므로 안성군청에서 각종 방법으로 구제책을 강구 중이라 함은 이미 보도한 바 있다. 이번에 안성군 농회에서는 군내 가뭄 이재민 중에 가장 빈곤에 빠졌으나 친족 또는 이웃집의 구제를 전혀 받을 수 없어 파산하고 고향을 떠나게 되는 비운을 면할 수 없는 궁농 1,800호에 대해 생활에 일조가 되게 하고자 도 지방비의 보조를 받아 입직기 1,800대(시가 약 9,000원)를 구입하여 궁민에게 무상으로 대부한다. 한편 볏짚이 없어 가마니 원료 수급상 곤란함을 구제하기 위해 안성군 농회에서 자금 3,000원을 융통하여 볏짚을 공급하고 독려원(督勵員) 8명, 지도원 30명을 임명하여 군내에서 가뭄이 가장 심한 원곡(元谷) 등 아홉 면의 가마니 제작을 대대적으로 장려해 가뭄 구제가 되게 하는 동시에 가마니 직업을 농가의 부업으로 상당한 지위에 있게 하여 농가의 수익을 증가시키는 대사업이 되게 할 것이라고 말했다.

동아일보, 1928년 12월 11일

81. 진교(辰橋) 일대의 입(叺) 산출 격감 / 일반 의논 분분

경남 진교는 하동의 제2 농상업지로, 호구 수가 900여호에 상업가 호수가 150호, 농업 호수가 600여호인바, 원래 빈한한 면으로서 농가 중 400여호는 거적 제조를 부업 삼아 근근이 생활을 해왔다. 금년도에는 가뭄으로 인하여 수확이 3분의 1 감소되었는데 무리하게 예정된 소작료를 지주에게 완납하고 나면 소작인의 수입은 10분의 2, 3에 불과하므로 생활할 도리가 없다. 겸하여 가마니 값도 전년보다 내렸을 뿐만 아니라 가마니 검사도 당지 등외(等外)가 하동의 1등과 차이가 없고 사천군 곤양(昆陽), 진교 간의 거리가 2리 이내인데 각 등급별 가격이 1매에 대하여 1전의 차가 있으므로 원료가를 제하면 이익이 없어 생산량이 전년보다 3분의 2가 축소되었다. 지방 상인의 수요가 부족하므로 경남승입주식회사(慶南繩叺株式會社) 진교 취급점과 지방 상인 간의 불평이 있고, 생산자는 면 당국에 진정을 하여 인심이 흉흉하며 경남승입주식회사도 단순한 영리의 목적이 아니요, 부업을 장려하는 기관인 즉 타도산을 수입하여 고가로 방매하지 말고 지방산을 고가로 매매하는 것이 좋지 않겠느냐며 또 검사원도 한 군내에서는 평균적으로 검사하는 것이 좋지 않은가 하고 일반인들은 말했다.

동아일보, 1928년 12월 17일

82. 입(叺) 공동판매 실시 / 경기도 농무과(農務課)에서

경기도의 가마니 생산은 여러해 동안 장려한 결과 해마다 그 생산액이 증가해왔다. 이번에 다시 종래 장려한 곡물용, 소금용가마니 외에 새로이 비료용가마니를 더하기로 했고 유안용(硫安用)가마니는 수원 및 진위군(振威郡)에서, 대두철박용(大豆撤粕用)가마니는 김포군에서 집단 생산하게 하기로 했다. 장래에는 이들 지방의 특산물이 되도록 다음과 같이 생산 장려를 함과 함께 새로이 수급관계를 원활하게 하기 위하여 가마니의 공동판매제도의 개정을 다음과 같이 결정했다 한다.

1. 지명 경쟁입찰제

군(郡)의회가 지명한 업자로 하여금 각 등급품 1장의 가격을 경쟁입찰하게 한 것의 판매기간을 수급상황에 의하여 15일간 등 적당한 일수로 매취(買取)케 하는 것.

2. 격차입찰제

지명 입찰자로 하여금 경쟁입찰에 의한 최근 공동판매소 가격과 기타 가격과의 격차를 경쟁입찰케 하여 판매기간을 1개년으로 정하는 것.

3. 지정판매제

군농회에서 매수인을 지정하여 타 제도에 의한 최기(最寄) 공동판매소의 가격을 기준으로 하여 가격을 협정하고 판매기간을 1개년으로 하여 판매케 하는 것.

조선일보, 1929년 1월 11일

83. 나주군(羅州郡) 하(下)—승입(繩叺) 생산자의 진정
매월 6회의 가마니검사를 두번만 하게 되어 손해막심, 탄원서를 군에 제출

전라남도 나주군 동강면 주민들의 연서로 지난 1월 10일 나주군 당국에 탄원서를 제출했다 한다. 그 자세한 내용을 탐문한 바에 의하면, 동강면은 주민이 8,000명이고 주로 농업을 하며 부업으로 새끼·가마니를 제조하여 그날그날 살아갈뿐더러 교통이 불편한 면이어서 새끼·가마니 제조자들은 새끼·가마니 매매하기에 큰 고통을 항상 받아오던 중, 재작년 겨울부터 면민(面民)의 운동으로 동강면 내에 가마니 검사장을 설치하고, 매월 6회에 나누어 제조된 가마니를 검사하고 즉시 현장에서 매매하기 시작하여 비로소 면민이 다소 풍족한 생활을 하게 되었다. 따라서 납세 등에 있어서도 다른 면에 비하여 수치를 당하지 않을 만큼 기일 안에 완납해왔었는데, 당국에서는 무엇을 생각했는지 돌연히 작년 4월경부터 월 6회에 나누어 검사하던 것을 월 2회로 개정했다. 개정 후부터는 일반 면민의 생활이 그전처럼 극도로 빈곤해지므로 면민 일동은 수차 당국에 진정을 했으나 묵묵부답으로 지금까지 하등의 회답이 없으므로 할 수 없이 새끼·가마니 생산자들은 다시 월 6회 검사하게 해달라고 연서로 탄원서를 군 당국에 제출했다고 한다.

조선일보, 1929년 1월 15일

84. 동휴가(冬休暇) 이용 입직(叺織) 강습회

명천공립보통학교에서는 이번 동기 휴가를 이용하여 지난 18일부터 10일간 학교 교실에서 가마니 치기 강습회를 개최하고 5, 6학년 학생들에게 강습시키는바 선생은 지방에서 가마니 치기에 많이 종사한 사람을 초대하여 매일 오전 10시부터 오후 3시까지 교수하는데 생도들은 매일 열심히 강습한다고 한다.

동아일보, 1929년 1월 24일

85. 경품 부제입(附製叺)

시흥군 남면(南面) 일대가 수년 전부터 일반이 가마니 제작에 착안해온 결과 현재는 군내 각 면 중 제일 우수한 성적을 가지고 있다. 얼마 전에 남면 유지 조준완씨 외 몇 사람이 가마니 제작을 좀더 대대적으로 또 규칙적으로 다수 생산하는 동시에 생산자에 대한 이익을 보장하자는 취지로 삼성조합(三星組合)을 조직한 후 그동안 생산자에게 많은 편리와 지도를 해오던 중, 지난 연말에 일반 가마니 생산자에게 위안을 줄 뿐 아니라 가마니 제작을 더욱 격려하고자 다음과 같이 경품을 주기로 했다 한다.

1. 경품권을 음력 이번 달 22일, 27일 양 장날에 가마니 5매씩 판매한 자에게 1판(版)씩 기증한다.

2. 등급은 1등 1인, 2등 2인, 3등 3인, 4등 4인, 5등 5인으로 한다.

동아일보, 1929년 2월 2일

86. 검사 가혹으로 제입(製叺) 농가 불평
안성군 이재극빈자(罹災極貧者)들이 명실불부(名實不副)한 구제 입직(叺織)

경기도 안성군청에서는 군내 가뭄 이재민 중 극단적으로 궁핍에 빠져 도저히 생활할 수 없는 농민 1,800여호에 대하여 군수 신현태씨의 극력 주선으로 입직기 1,800대를 지방비로 무상배급하고 가마니 원료인 볏짚 구입대금을 무이자로 융통하여 가뭄 구제를 하는 동시에, 장래 농가에 완전한 부업이 되게 할 방침으로 가마니 치기를 극력 장려하고 있다. 전기한 빈농 이외에도 가뭄으로 해를 입은 농민에게는 면비로 입직기 대금을 보조하고 가마니 치기 지도원, 감독원 등을 각 면에 배치하여 가마니 치기를 적극적으로 장려하며 다시 군내 각 보통학교에 입직기를 배급해 생도에게 학과 여가에 가마니 치기를 장려하게 하여 그 수입으로써 학자의 일조가 되게 하는 동시에 근로사상을 배양하게 한다 함은 기보한 바이다.

각 농가에서 일제히 가마니 치기를 시작한 지 수개월이 경과한 오늘날에는 가마니 생산액이 급증하여 장날마다 나오는 가마니가 거액에 달했다는데 당국자가 모처럼 권장한 가마니 치기는 농가의 일대 불평을 일으키게 되어 가뭄 구제는 명실불부의 비난을 면치 못하게 되었다고 한다. 그 내용을 탐문하건대 군농회에서 가마니 구매인을 지정하는 동시에 구매가격까지 지정하여 미곡가마니검사소의 검사를 거친 가마니에 한해 지정 구매인이 이를 구매하여 다시 이를 군내 수요처에 판매하거나 군외(주로 인천에)로 이출하게 한다는바, 가마니 생산자의 불평의 요점은 1. 가마니의 검사가 엄혹한 것, 2. 가격이 저렴한 것, 3. 대금 지불이 느린 것, 4. 저렴한 가마니에 대해 검사료와 수수료(농회에서 징수하는 공동판매 알선 수수료) 등 공제하는 것이 많다는 것, 5. 가마니 검사원 및 가마니 구매인의 가마니 생산자 취급이 친절치 않은 것 등이라 한다.

1. 검사 엄혹에 대하여는 경기도 관내보다 충청남도 관내가 원만하다 하여 안성군 미양면·공도면·서운면 등지에서는 가마니 생산자가 충남 천안군 관내인 성탄역에 가서 가마니의 검사를 받는 예가 많은

데 이는 검사 규칙 위반이라 하여 처벌받으므로 생산자는 관청의 눈을 피하여 몰래 하게 된다 한다. 2. 가마니의 가격은 수용이 많은 시기에는 그렇지 않겠다 하나 현재의 시세로는 1등 가마니에 대하여 인천 17전, 수원 16전 1리, 평택 16전 1리, 안성 14전 6리로 40리 떨어진 평택보다 1전 5리의 차가 있고 1등 가마니의 제작은 숙달한 사람이 아니면 될 수 없는데 겸하여 검사가 너무 혹독해 도저히 1등에 합격되지 못하고 2등 12전 2리, 3등 8전, 등외 4전으로 되어, 가마니 제작 원료인 볏짚이 15파(把) 1속(束)에 60전 내지 70전 되는데, 상등 가마니이면 17장, 하등 가마니이면 20장을 제작하는 계산으로 제작 능률로 보면 수직기 1대 2인조로 1일간 최저 1장, 최고 7장을 생산한다는바, 원료비와 가마니 값을 비교하면 도저히 수지가 맞지 않을 뿐 아니라 노임은 찾을 길이 없다 한다. 3. 가마니 구매인은 제한이 있는데 생산자는 무제한으로 장날마다 운집하여 검사전표를 가지고 구매인에게 대금을 청구하면 불과 기십전 내지 약 1,000원의 대금은 날이 저문 뒤까지 끌고 지불치 아니하여 마을 밖에서 출시한 사람은 막심한 곤란을 당한다 한다. 4. 검사료는 1매 4리, 공동판매 알선수수료는 1매 2리인데, 가뭄 이재민이 생산한 가마니에 한하여 수수료를 면제하나 4전 가격에 가마니 1매에 검사료, 수수료 등 6리를 공제하면 3전 4리가 남게 되니 생산자의 수입은 말이 못된다 한다. 5. 관리는 귀하고 백성은 천하다고 보는 나쁜 관습이 지금도 타파되지 아니한 까닭인지 관민 간 또는 읍내인, 촌인 간에 항상 불친절이니 멸시니 하는 문제가 생기는 형편인데, 가마니 생산자는 전부 순후한 농민이므로 검사소, 구매인이 불친절하게 대하는 문제가 일어난다고 한다.

가마니 치기는 농가의 막중한 부업으로 특히 가뭄 구제를 목적으로 하는 가마니 치기 장려인즉 한층 농가에 편의를 도모하도록 일반이 희망한다는데 안성군수 신현태씨는 "가격 저렴은 시세가 그런즉 어찌할 수 없고, 검사도 공평히 하나 충남이 완만하다는 것은 도 방침에 따라 차이가 있는 것이요, 가마니 치기를 정성껏 하면 1등 합격이 되어 수익이 될 것이다. 대가 지불 지연은 제1회 공동판매 장날에 7,000여장이 출시되어 일시 곤란을 겪었으나 이후에는 그런 일이 없을 것이요, 불친절 운운은 오해이다" 운운하였다.

동아일보, 1929년 2월 13일

87. 가마니 판매제에 당국 처사 비난
　　종래대로 하지 않는다고 일반생산자 대분개

황해도 봉산군(鳳山郡), 재녕군 일원을 생산구역으로 정하고 그 구역 내에서 생산되는 가마니는 전량 군 당국에서 입찰을 시켜 지정판매인으로 하여금 표준가격에 의해 매수를 하던 터이다. 그런데 금년도에 와서는 그 내막이 괴상하게 되어 재녕군 내의 생산품은 개인에게로 낙찰되고 봉산군 내의 생산품은 지난달 말일경에 종래의 입찰법을 없애고 사리원 강전(岡田)여관 구석방에 누구누구가 모여 앉아서 조선식산주식회사(朝鮮殖産株式會社)를 지정판매자로 계약을 체결한 사건에 대하여 어느 점으로 보든지 당국자들의 일처리가 의아하지 않을 수가 없다. 생산자인 농가에는 장차 어떠한 영향이 미칠는지 알지 못하여 일반은 매우 주목하는 중이라 한다.

봉산 군수의 말을 들으면 그것은 본래 입찰의 성질이 없는 것이고. 봉산구역으로 말하면 이미 지정판매인으로 되어 있던 사람들이 피차에 싸움을 할 뿐만 아니라 황해도 내무부장의 내부 지시가 있고 따라서 그 회사로 하여금 통일을 시키려는 것이요, 재녕군에 입찰을 시키는 것은 그 사정은 잘 모르나 조선식산주식회사도 입찰을 하려고 가기는 갔으나 시간미급으로 입찰을 못한 모양이라고 말했다.

관계자 모씨 담화 "별항사건에 대하여 모씨의 말을 들으면 무엇보다도 군 당국자들의 행정방법이 모호하지요. 재녕군에서는 일반에게 입찰을 시켜서 불평이 없도록 처리하는데도 불구하고 한 관할 내에 있는 봉산군에 한해서만 조선식산주식회사에 그 매수권을 주라고 할리야 만무하지 않습니까? 그래서 앞뒤 일을 종합해본다면 그들의 행동 일체가 퍽 의심스럽다고 아니 볼 수가 없지요. 전보다 7리를 인상시켰다고는 하나 결국 매매 시의 가격을 보기 전에는 생산자에게 안심은 못 될 것입니다."

동아일보, 1929년 6월 4일

88. 입(叺) 지정판매에 주민 측 반대
일본인회사에 이익 주고저 3단(團) 회합 진정 준비

황해도 봉산군(鳳山郡) 내에서 생산되는 가마니를 종래와 같이 입찰을 시키지 않고 군산 지방에 있는 조선식산주식회사를 지정판매자로 군 당국이 서약을 체결했다 함은 이미 보도한 바이어니와, 그 소식을 들은 사리원곡물상조합(沙里院穀物商組合)과 상공협회(商工協會), 실업협회(實業協會) 등 세 단체에서는 군 당국의 처사가 매우 괴상타 하여 질문하기 위해 협의 중이라 한다. 그 이유는 군민 개인이나 단체에서 그 판매업을 능히 할 만한 자신이 있음에도 불구하고 먼 곳에 있는 회사의 이익을 보게 하는 것은 군내 경제를 파멸시키는 동시에 사리원 시민의 생활을 위협시킨다는 것인바, 만일 그 서약을 지금이라도 철회

시키지 않을 경우에는 도 당국과 총독부에까지 진정할 결심이라 한다.

동아일보, 1929년 6월 7일

89. 입(叺) 지정판매 대책 군민(郡民) 대회 개최
당국에 진정도 효과가 없어서 봉산구내(鳳山區內) 생산불용(生産不用)

황해도 사리원곡물상조합 대표 김국준과 상공협회 대표 장룡진, 안민헌, 실업협회 대표 전중류장 등 여러 사람은 가마니 지정판매에 대한 문제로 지난 11일, 황해도 당국에 그 뜻을 진정하고 질문한 결과, 이미 지정판매자로 지정된 것은 해약할 수가 없다 하며 생산자들이 검사를 마친 가마니는 누가 사든지 관계없다는 답변하에 그것을 도의 방침으로 통일시킬 생각이라 했다. 그 회사(지정판매자)의 허물이 있기 전에는 도 당국의 위신상 해약치 못하겠다는 말을 들은 대표 4명은 하는 수 없이 돌아와서 군민대회를 열기로 하는 동시에 봉산 구내 생산품은 절대로 쓰지 않고 북율면(北栗面) 생산품만 쓰기로 했다는바, 전후 사실에 비추어 모두가 모호하기 짝이 없는 도 당국의 태도는 자못 주목거리라 한다.

동아일보, 1929년 6월 17일

90. 불공정한 검사제도에 공정가격까지 인하
남포곡물검사소의 횡포한 처사 승(繩) 생산자는 불매동맹

진남포 부내(府內)와 용강군(龍崗郡)내 오신(吾新), 양곡(陽谷), 대대(大代), 삼화면(三和面) 등 지역에서 새끼를 꼬아 팔아서 간신히 그날그날 생활을 지속해가는 빈민들로 조직된 진남포승생산판매조합원(鎭南浦繩生産販賣組合員)들은 이즈음 진남포 곡물검사소에서 행하는 새끼 검사가 불공정할 뿐만 아니라 새끼 공정가격을 무리하게 인하한다고 해 적지 않은 불만을 가지고 비난하는 한편, 조합원들은 결속해 새끼 불매동맹(不賣同盟)을 단행했다 한다. 이제 그 내용을 들은즉, 종전에는 새끼를 자유로 꼬아 생산함과 같이 그 판매 또한 검사만 받고는 자유로 했었는데 지난 봄에 진남포부에서 새끼 생산 개량을 도모하는 동시에 생산자의 공동이익을 증진시킨다는 미명 아래 아무것도 모르는 새끼 생산자들을 권유하여 앞서와 같은 조합을 조직한 후부터는 '조합원이 생산한 새끼는 전부 구매조합에 매도할 것'이라는 무리한 규약을 제정해서 그 조문을 방패로 하여 생산품 전부를 일본인 자본가로 설립된 구매조합에만 한하여 팔게 하고 다른 곳에는 절대로 팔지 못하게 했다 한다. 게다가 진남포 곡물검사소에서 소위 공정가격이라는 것을 정해가지고 그 가격 이상은 절대로 더 받지 못하게 하는 까닭에 아무리 값을 올려보려고 해도 올릴 수가 없으며 또한 다른 곳에 상당한 값으로 팔 곳이 있어 구매조합에 팔지 않겠다고 하면 이미 검사했던 것도 검사를 취소하는 등, 실로 말 못할 행동을 하므로 새끼 생산자들은 그것을 참고 견디다 못해 마침내는 그와 같은 최후수단으로 불매운동을 일으킨 것이라고 한다.

동아일보, 1929년 8월 14일

91. 일본인에 안 판다고 승(繩) 검사까지 거절
진남포 새끼 불납동맹문제 / 부(府)의 처사가 주목처

진남포 지방에 있는 빈민으로 조직된 진남포승생산판매조합원(鎭南浦繩生産販賣組合員)들은 같은 지역 곡물검사소의 공평치 못한 새끼 검사 시행과 또 새끼 공정가격의 무리한 인하에 분개하여 굳게 결속한 후, 마침내 생산한 새끼의 불매동맹(不賣同盟)을 단행했다 함은 이미 보도한 바와 같다. 그 사건이 발생한 지 벌써 10여일이나 지났건만 아직도 하등의 해결을 얻지 못하고 분규에 분규만 거듭하여 사태는 시시각각으로 더욱 험악해져갈 뿐이라 한다. 지난 21일에도 새끼 생산자들이 새끼 검사를 받기 위해 각각 새끼를 가지고 검사장소로 지정되어 있는 비석리(碑石里) 조면공장 앞 광장으로 갔는데 검사원들은 여전히 그들이 정한 소위 공정가격으로 구매조합(일본인 자본가로 설립된 조합)에 팔기를 강요하며 그들의 명령을 듣지 않는다고 새끼 검사까지 거절하는 횡포를 감행했다 한다. 이에 격분한 새끼 생산자들은 즉시 진남포 경찰서로 달려가 검사소의 무리한 처사를 말하고 문제의 해결을 간청해보았으나 사건의 내용이 경찰에서 취급할 것이 아니라 부에서 할 일이니 부 당국자를 찾아가 사건의 조정을 청구하라 하므로 그들은 다시 부윤(府尹)을 만나보려고 진남포 부청으로 갔던바 그때는 이미 집무시간이 지난 오후 1시 반경이라 부윤은 물론 계원(係員)들까지도 모두 퇴청하고 있지 않아 목적을 이루지 못하고 돌아갔다 한다. 이 소문을 들은 사람들은 검사와 매매는 전혀 다른 별개의 문제인데도 불구하고 곡물검사소에서 새끼 매매에까지 가혹한 간섭을 감행하는 것은 분명히 월권하는 행동이라 해 극구 비난하는 동시에 그와 같은 괴행의 이면에 무슨 알 수 없는 사실이 잔재해 있지나 않은지 자못 의아하게 생각했다고 한다.

동아일보, 1929년 8월 23일

92. 판로 없어서 입(叺) 생산자 곤란
유일의 생도가 끊어질 지경 고성(固城) 빈농에 대타격

경남 고성군 당국에서는 가마니 제조 장려가 상당히 되어 이에 종사하는 농민이 수년 전부터 격증하는 반면, 판로에 대해서는 고려한 바가 부족했던 관계로 한동안 생산자 측의 비난이 적지 않았다. 그후 부산에 경남입주식회사(慶南叺株式會社)가 창립되어, 도내에서 생산되는 가마니는 책임지고 인수한다고 선전하며 검사장에서 직접 매수하고, 사사로운 판매를 못하게 하면서 가마니에 독점세력을 가지게 되어 가격에 다소의 불만이 있어도 생산자 측에서는 이를 말하지 못해오던 바였다. 그런데 이 회사에서 얼마 전부터 대금을 2주일이 되도록 지불하지 아니하여 그것으로 근근이 생명을 이어나가는 수많은 생산자 측에서 적지 않은 고통을 받았는데, 지금도 1주일씩이나 늦게 지불하므로 생산자 대부분이 가마니를 잘 만들지 않게 되어 전에는 고성읍내 검사소에만 장날 하루에 3천여장씩 생산되던 것이 3백장 미만으로 줄어버렸다고 한다.

대단히 미안 / 회사도 곤란 / 고성 대리점 주임 담

별항에서 보도한 가마니 문제로 방문한 기자에게 경남입주식회사 고성 대리점 주임 이갑용이 말문을 열었다. "대금을 곧 지불해주지 못하는 것은 회사에서 돈을 보내지 않는 관계인데 한동안은 이 미불액이 1,000여원까지 달한 때가 있어서 생산자에게 미안하기 비할 바가 없습니다. 오늘도 그 미불액이 400여원이나 되는데 이대로 판로가 없으면 회사의 존속조차도 문제가 됩니다."

유일한 생업 / 생산자 모씨 담

별항에 보도한 가마니 문제에 대하여 생산자 측 모씨는 낭패한 어조로 "당국에서나 다른 사람들은 우리가 가마니 치는 것을 농가의 부업으로 알고 있으나 실상은 그렇지 않고 살아나갈 길이 없는 관계로 이것을 쳐서 얼마 남지 않는 이익이나마 모진 목숨 끊어버리지 못해 근근이 연명하는 유일한 우리의 생업인데, 지금과 같이 사줄 사람들이 없어져서 검사를 마치면 종일 지고 돌아다니다가 하는 수 없이 바로 돈도 받지 못하는 회사에 져다 주고 갑니다. 늘 이 모양이라면 수백명 사람 살길이 문제입니다"라고 말했다.

동아일보, 1929년 10월 31일

93. 농한기에 부업열 왕성
새끼 꼬기와 돼지 치기로 매월 생산액이 1천5백원,
시흥 군자면민(君子面民)의 근면

시흥군 군자면 거모리(去毛里) 금호개(錦湖浦)라는 마을은 57호나 되는 적지 않은 곳으로 집집마다 제승기(製繩機) 한대씩을 구입하여 전 동이 농한기를 이용하여 밤낮을 불구하고 새끼 꼬기에 전력을 다할 뿐만 아니라 양돈까지 전 동이 다 하게 되어 부업 모범촌으로 이름이 높다 한다. 동네가 그와 같이 부업촌이 된 동기는 수년 전부터 박봉진이라는 농민이 양돈을 규모 있게 하여 매년 상당한 이익을 얻게 되는 한편 제승기 한대를 매입하여 농한기인 겨울이 되면 새끼를 많이 꼬아가지고 인천에 가서 상당한 값을 받는 것을 동네 사람들이 보고 작년 겨울부터 한사람 두사람 차차 새끼 기계를 구입하기 시작하더니 금년 가을에 와서는 인천으로부터 상인이 그곳까지 출장을 와서 선금을 주어가며 새끼를 사가게 되고 상당한 이익도 있으므로 전 농민이 일제히 그와 같이 계승에 전력하게 되었다 한다. 그 동네에서 한달 동안에 새끼로만 산출되는 금액이 1,500여원이나 되므로 50여 주민 중에 자작농가 2~3명을 제외하고는 전부 소작농인 빈궁자이던 그들의 생활이 금년부터는 새끼 꼬기로 인하여 상당히 윤택해진다 하며 그 마을 주민 대부분은 예수교 신자라 한다.

조선일보, 1929년 12월 16일

94. 승입(繩叺) 매매계약 / 조선질소(朝鮮窒素)와

총독부 식산국(殖産局) 알선으로 금년 중에 가마니 400만장, 새끼 70만관을 조선질소비료회사와 매매계약을 하게 되었는데 다음은 각 도, 군, 농회가 생산자와의 사이에 서서 납입을 주선하는 것으로 생산자의 수취는 가마니 1장에 14전이다. 그리고 가마니는 강원도를 제외한 전 조선 각 도로, 새끼는 경기, 강원, 함남 등 각 도로 생산품을 충당하기로 된바 회사 측은 거래의 구구를 피하고 될 수 있으면 새끼·가마니회사 등 출현에 의한 큰 거래를 종용하는 터라 한다.

조선일보, 1930년 1월 20일

95. 조합원 손해되는 조합을 해산하자
남의 이익 보여줄 필요없다 / 승조합(繩組合) 총회의 파란

진남포승생산판매조합(鎭南浦繩生産販賣組合)에서는 지난 3일 오전 11시 반에 제2회 정기총회를 동 부청(府廳) 누상(樓上)에서 개최하고 길전(吉田) 서무주임의 사회로 그 조합원의 생산 새끼를 전부 매수하기로 되어 있다는 소위 구매조합 측의 입회하에 회의를 진행하게 되었다. 그런데 돌연 판매조합원 가운데에서 "우리 새끼 생산자의 이익을 위해 모처럼 조직된 승생산판매조합은 그 근본목적을 망각하고 저

구매조합(일본인 자본가로 조직)의 폭리를 위해 기를 쓰고 있는 기관이 되었으니 우리는 이 자리에서 조합을 해산하자"라는 이가 있자 뒤를 이어 일반 조합원들도 이구동성으로 "그렇다. 우리는 조합을 조직한 이래로 이익보다는 손해를 보게 되었을 뿐만 아니라 밥을 굶게 되었다. 조합을 해산함이 옳다"라고 부르짖게 되어 장내는 심상치 않은 파란이 야기됐다. 사회자가 어쨌든 이번은 조합장 개선을 행할 총회이니 조합을 해산한다 하더라도 우선 조합장이나 선거한 후 행하자 하매 조합원들은 이미 해산하는 마당에 조합장 선거가 무슨 소용이 있는가 하고 반대하여 장시간 물 끓듯 하다가 오후 2시 반경에야 간신히 조합원 측의 양보로 조합장 선거를 행하게 되었다.

동아일보, 1930년 3월 7일

96. 입(叺) 판매 수수료 / 철폐를 절규

영광군(靈光郡) 농회 제5회 총회가 지난 25일 오전 11시부터 동군 회의실에서 개최되고 당국자의 예산안 설명이 있은 후 질문에 들어간 바 동군에 한해서만 제정되어 있는 가마니 공동판매에 대해 강경한 질문이 속출하여 기세를 올렸다. 첫 질문자는 전기(前記) 가마니 공동판매에서 가마니 1장에 일률로 5리씩을 징수함에 대해 "상상하기도 어려운 세민(細民)의 현실에는 5리의 돈도 여간한 것이 아니다. 보통 농업비는 적게 계상하고 이러한 수수료만 많이 받는 것은 당국이 인정에 너무 암매한 탓이 아니냐. 단연 수수료를 철폐하라!" "수수료 제정 당시 의원들이 그 비싼 것에 일제히 반대했으나 당국은 그것으로 재원을 만들어 우천(雨天)검사장을 만들겠다는 답변으로 양해를 얻은 것인데 이제까지 검사장은 만들지 않고 수수료만 의연히 받고 있으니 이 무슨 불

법이냐" 하는 등 자못 강경한 질문으로 당국을 공박했다. 당국 측에서
는 당시의 책임자가 없다는 등, 여러분의 의견을 참고하여 개선책을 강
구하겠다는 등 모호한 답변으로 이를 미봉하고 결국 원안을 통과시키
고 동일 오후 3시경에 폐회했다.

동아일보, 1930년 4월 1일

97. 민풍진흥회(民風振興會) 조직 후 금촌와가(金村瓦家)로 일변
짚신과 가마니를 쳐서 회원 집을 와가로 고쳐
영흥군(永興郡) 갈전리(葛田里)의 미풍

영흥군 순녕면(順寧面) 갈전리민(葛田里民) 일동은 대정 5년(1916)
에 민풍진흥회를 조직하고 매년 농한기 4개월을 이용하여 회원 2인
이 매개월 짚신 100족씩 삼고 또는 회원 공동으로 조합을 정하여 가마
니를 직조하여 짚신과 가마니를 판매한 대금을 저축하여 이로써 매년
순차로 회비의 주택을 기와로 덮어 평소의 초막 부락의 즐비화륜(櫛
比華潤)함에 대하여는 일견 경탄치 아니하는 사람이 없다. 대정 11년
(1922)에는 본 도 지사 이규완(李圭完)씨가 이 촌락에 순시하여 회원
일동을 소집하고 칭찬하여 상을 준 일이 있는바 동회(同會)는 현하 저
축한 금액도 많다 한다.

매일신보, 1930년 4월 27일

98. 제입경기회(製叺競技會) 시(時) 모범부인을 표창
가부를 도와 가마니를 쳐 내조
횡성농회(橫城農會) 의상차(衣裳次) 증여

지난 16일 횡성군(橫城郡) 농회 주최 가마니 경기회에 출진한 49조

중에 동군 갑천면(甲川面) 중금리(中金里) 최종대(崔宗大)의 부인 전씨(19)와 김응렬(金應烈)의 부인 김씨(26)는 평소 부도(婦道)에 극진함은 물론이고 가세 극빈함에 추호도 원망하고 탄식하는 기색이 없이 각기 가부(家夫)와 같이 근면 노력하여 일반의 모범 독농가(篤農家)로 명성이 자자하던바 특히 일반 경기회에 남편을 따라 출진하여 섬섬옥수로 활동이 민활했음에 일반의 칭찬이 자자했으며 동군에서는 특히 각각 상차(裳次) 한건씩으로 표창을 했다. 전김(全金) 양(兩) 여사는 심절히 소감된 바 있어 이 일로써 필히 가계를 흥진하겠다고 결심했다 한다.

매일신보, 1930년 4월 29일

99. 목도보교(牧渡普校)에서 솔선하여 가마니 치기 전습
근로정신 함양의 선도

괴산군(槐山郡) 목도보통학교에서는 수일 전부터 4~6학년 학생들에게 가마니 치기 전습을 하는데 이는 가마니 치기 관습이 비교적 빈약한 그 일대의 관습을 개선하여 농촌부업을 장려하기 위해 학교가 솔선하여 예정된 학업을 마친 다음 1시간 반 내지 2시간 동안 선생, 생도 할 것 없이 열심히 제조하여 성적이 날로 높아진다고 하더라.

매일신보, 1930년 5월 20일

100. 입연합회(叺聯合會) 해체 / 매출 경쟁 방지

비료가마니의 생산과잉으로 처분 문제가 발생하고 일본 가마니의 가격은 최근 조선으로부터 120만매가 이출하여 매우 위협을 받아 가격을 인하했고, 조선 내에 있는 회사인 식산회사(殖産會社)와 연합회(聯

合會)의 경쟁적인 판매로 나날이 가격 하락이 조장되어 서로 불이익이 됨에 따라 영구히 손해가 발생할 위험이 있어 당국의 장려 취지에 영향을 미치므로 총독부 관계자 입회하에 지난 6, 7일 양일 총독부 제3회의실에서 식산회사 대표와 연합회 대표 등이 여러날에 걸쳐 간담했다. 그 결과 지금까지 대항적으로 일본에서 매입함은 조선 내의 비료가마니 가격을 하락하게 하고 따라서 생산하는 농민을 불안에 이끄는 고로 두 회사의 태도를 고치고 종래의 연합회를 해체하여 새로이 식산회사로부터 조선승입협회(朝鮮繩叺協會)를 설립하기로 협정했으니 이로써 내부의 경쟁을 방지하는 동시에 이후 일본 판로를 보다 확장하게 되었다.

매일신보, 1930년 6월 10일

101. 모범농촌순례 / 이 마을 자랑거리 가지가지의 부업들
양잠, 양돈, 직입(織叺), 양계 / 장전리(長箭里)를 찾아

| 최학송(崔鶴松) 기(記)

조선 농촌의 부업으로 가장 중요한 것은 양잠 (養蠶), 축산(畜産), 가마니 짜기(織叺)라고 할 것입니다. 농촌의 흥망성쇠는 본업인 농업은 더 말할 것도 없지만 부업이 있고 없음에 큰 관계가

개량식 돼지우리와 부녀들의 가마니 짜는 광경

있으니 장전리의 부업만 보더라도 그것을 넉넉히 알 수 있습니다.

(중략) 이밖에 임업으로 상당한 수입을 예상하고 있으나 아직 실적은

크지 않습니다. 그런데 이 마을 부업 중에서 가장 중요한 자리를 차지한 것은 가마니 짜기이니 이것은 짚과 틀만 가지고 앉으면 남녀를 막론하고 짤 수 있는 비교적 손쉬운 부업이요, 또 수입도 톡톡히 되는 것입니다. 이 마을에서 짜내는 한달 동안의 가마니 값은 평균 260~270원에 달한다 합니다. 83호의 인구 391인에게 따지면 한 사람에게 70전 평균은 되는 것입니다. 이것은 한달 동안 한 사람의 생활비가 4원 내외에서 더 되지 않는 그들에게 크나큰 수입이니 실로 그들 생활비의 6분의 1에 당하는 수입이 되는 것입니다. (하략)

매일신보, 1930년 8월 21일

102. 모범농촌순례 / 일확천금은 망상
경가파산(傾家破産)을 당할 뿐 / 일치단결하여 가마니 제조
미룡리(米龍里)를 찾아

| 김을한(金乙漢) 기(記)

'미룡리의 가마니냐? 가마니의 미룡리냐?'라는 소리를 들은 만큼 이 마을의 특징은 가마니 제조에 있다 합니다. 그래서 어느 집이고 한번 미룡리의 농가에 발을 들여놓으면 남녀노유(男女老幼)가 다같이 가마니 제조에 열중하고 있음을 반드시 볼 수 있으리라 합니다. 그러면 대체 무엇이 이 마을로 하여금 그같이 가마니의 제조열을 팽창하게 했겠습니까? 이에 기자는 그의 이유가 되며 따라서 재생(再生)한 미룡리의 부활 원인이 될 만한 가지가지의 건설미담(建設美談)을 들었습니다.

전위분자(前衛分子)의 13인계(十三人稧)를 조직한 김상덕(金想德) 씨는 다시 마을의 주부들을 설파하여 오리계(五厘稧)의 조직을 계획하고 그 밑천을 얻고자 당시 전라북도에서 개최 중인 수산전습소(授産

傳習所)에서 가마니 제조 강습생을 모집함을 기회로 단독으로 전주(全州)에 가서 강습을 받은 후 즉시 고향에 돌아와서 가마니 제조의 전습회를 개최도 하고 또 마을의 중견청년을 옥구군(沃溝郡)

미룡리의 농가 부녀들이 가마니를 제조하는 광경

임파전습소(臨波傳習所)에 특파하기도 하여 여러가지 방법으로 전 마을에 가마니의 제조열을 보급 또 장려했다 합니다.

그래서 가마니 제조로부터 얻은바 수입의 일부를 축적하게 해서 한 집에 1원 75전씩을 첫번에 출자하게 한 것을 비롯하여 그후 십년을 하루같이 매일 1호 5리씩의 강제저금 규약을 설치하고자 그 자신이 계장이 된 후 모든 책임을 지고 그 돈을 이식(利殖)한 결과 허다한 난관을 돌파한 후 지난 대정 8년(1919)에는 그 돈이 무려 1,900여원에 달하여 1,815평의 밭과 2,800여원의 현금을 소유하여 1호 평균 800여원의 재산을 전 마을이 공유하게 되었다 합니다.

그래서 전 마을에서 제조하는 가마니의 생산액이 1년에 무려 3만 5,000여매에 달하여 그 수입이 8천여원(1호 평균수입 38원)이나 된다 하니 아무리 전 조선에 모범농촌이 많다 해도 가마니의 수입으로는 아마 이 마을을 능가할 곳이 드물 것 같습니다. '미룡리의 가마니냐? 가마니의 미룡리냐?'라는 말도 대개 이에 원인된 것이라고 생각합니다.

그외에도 미룡리에는 산업계(産業契)라는 것이 있어서 각 호의 주부가 일주일에 가마니 하나씩을 거출하여 그것을 판돈으로써 촌락의 공동저금을 만들어 계원의 환란을 구제한다는 자치기관까지 있어 우리 일은 우리가 한다는 자조와 독립의 정신을 고조하고 있습니다.

그러나 그보다도 가장 미룡리의 특장이라 할 것은 학교 졸업생들의 근로정신이니 일반의 폐풍으로 학교교육을 받은 학생들은 노동을 천히 여기고 농사에 종사함을 불긍하는 현하의 조선에 있어서 이 미룡리만은 학교를 졸업한 학생들이 무위도식은 수치라 하여 기꺼이 가마니를 짜고 밭을 갈기를 보통 농부들보다도 오히려 더 부지런히 한다는 것입니다. 학생들의 근로정신! 소위 고등유민(高等遊民)이 많다는 현하 조선에 있어서는 무엇보다도 반갑고 고마운 말이 아닌가 합니다.

끝으로 미룡리 산업계 조직의 취지서를 소개해보겠습니다.

취지서

인생이 세상에 처하여 일신일가(一身一家)를 다스림이나 일국을 다스림이나 모두 금전의 영향을 받지 않음이 없다. 고로 각각 그 업에 나아가 근면장려한데도 오히려 항상 부족의 탄식을 면키 어려우니 종국에는 구복(口腹)의 노예가 되어 단기(短期) 일생을 비탄하게 보내기가 십상팔구로다. 아아! (중략) 이에 우리들은 그에 대한 예비의 책을 미리 강구해야 할 것이다. 그러니 투기적 사업을 영위하여 일확천금을 몽상함은 오히려 가세를 기울이고 파산을 촉진할 뿐이고 그의 성공자는 천(千)에 일인(一人)도 없다 할지니 문제의 요결은 평소에 생활의 용비(冗費)를 절약하고 권면에 권면을 더하여 수입의 증가를 도모함에 있도다. 고로 우리들은 매월 매주에 가마니 한장씩을 5개년간 계속 저금할 방책을 확정함이 긴요할 줄로 생각하며 보통 저금방법은 우편저금, 은행저금 등이 있으나 그 방법은 이윤이 박한데다가 실제 저금자의 본의를 만족시켜주지 못하는 점이 많으므로 이에 우리 동지는 일치단결하여 산업계를 창설하노라.

매일신보, 1930년 9월 2일

103. 입(叺)의 수요 / 대만(臺灣)도 환영

농촌의 부업으로 가마니는 전 조선 각지에서 왕성히 제조되어 현재 자급자족을 초과하여 생산과잉에 빠져 자연 가격도 하락해 부진 상태이다. 당국은 이에 타개책으로 조선산 가마니의 판로 확장을 계획 중인데 최근에 이르러 일본으로부터 비료용으로 대량 주문이 쇄도하고 대만도 현미용 부대(玄米袋)로 환영하는 상태이다.

매일신보, 1930년 11월 25일

104. 검사 불공평으로 제입자(製叺者) 궐기
등급을 공평히 아니해서 / 상주 검사소에 비난

경북 상주(尙州)에서는 매년 가마니 생산고가 전 군 합해 40만장 이상에 달하는바 대다수 농촌 빈민계급은 이것으로 유일한 생업을 삼는 터이다. 그런데 최근 수개월간은 검사가 턱없이 가혹할 뿐만 아니라 검사원의 횡포가 말할 수 없이 심해 생산자가 하등의 잘못이 없는데도 불구하고 악담 욕설은 고사하고 심지어 등급사정하는 자표(字標)로 사람의 옷 입은 등에다가 함부로 탁탁 찍어서 인권을 유린한 사실이 한두 번이 아니라 한다. 이에 수천의 생산자들은 크게 분개하여 등급사정 등 기타 여러가지 비행을 열거하여 감독 당국자에게 항의하고자 준비 중이라 한다.

부정 검사원 절대로 배척 / 생산자 모씨 담

우리는 극빈한 세민계급으로서 다른 좋은 직업은 구할 수 없고 이익

124

도 별로 없는 가마니를 쳐서 그 대가만으로 생계를 도모하는 자가 대다수입니다. 그러므로 온 집안 식구가 성심성의를 다하여 능력 미치는 데까지 잘 치므로 가마니 품질은 아주 좋게 됩니다. 온종일 잘 만들어야 5~6장밖에 못 만드는데 일등이라고 하면 한장에 15~16전 하고 2등 하면 엄청나게 떨어져서 한장에 8~9전밖에 되지 않으므로 검사원도 어디까지든지 공평정대하게 등급을 사정해줌이 정당할 것인데, 상주 검사원 홍(洪)모는 생산자가 조금이라도 불만의 빛을 보이면 함부로 욕설을 퍼부으며 당연히 1등 갈 것이라도 등외 혹은 부(不)자를 내려서 막대한 손해를 보이고 그나마 대금도 주지 않고 가마니를 빼앗고 온종일 곤욕을 보이다가 보냅니다. 사는 사람도 단 한 사람에게 특권을 주어서 다른 곳에는 팔지 못하게 하니 이래가지고 살 놈이 어디 있겠습니까. 그러므로 우리는 굳게 단결하여 산업장려정신에 배치되는 그 부정 검사원을 퇴치하고 말겠습니다.

동아일보, 1931년 1월 12일

105. 입(叺) 지정판매에 생산자 낭패
사지 않아서 생산자 곤란 / 이백여명이 군(郡)에 쇄도

지난 9, 10일 양일간 봉산군(鳳山郡) 내 가마니 생산자들인 농촌농민 약 250명이 봉산군청에 쇄도하여 가마니를 지정판매인이 사지 않는 까닭에 자기들은 먹을 양식도 못 사고 손해만 당한다고 야단을 하는 고로 군 당국에서는 즉시 지정판매인을 불러 여러가지 방침을 정하여 주선했으나 결국은 자금 문제로 사지 못하는 까닭에 계약금 1,000원을 몰수하는 것으로 계약은 곧 해제되고 2~3일씩 묵고 있던 농민 250여명은 경관들에게 해산을 당한 후 사리원 시내 각 무역상들에게 헐가로 자유판매를 하고 돌아갔다 한다. 일이 그와 같이 된 원인은 자본주였던 안전모(安田某)가 돌연히 자금을 융통하여 주지 않는 까닭에 지난 8일 시장에 가져온 가마니 1만 2천여장을 사지 못하여 그와 같이 생산자와 지정판매인이 큰 손해를 당한 것이라는데 안영상(安永尚) 군 서무주임의 말을 들으면 "지정판매인 장룡진씨를 위하여 여러가지로 이틀간이나 알선의 기회를 주었으나 자신이 그만두겠다고 하는 데는 계약조문대로 계약금을 몰수치 않을 수가 없지요"라고 한다.

동아일보, 1931년 1월 16일

106. 극빈 소작인에게 입직기(叺織機) 대부
살아갈 수 없다는 이백여명 미림(美林) 작인(作人) 진정 후보(後報)

미림수리조합(美林水利組合) 소작인들이 금년도의 수세는 연납하도록, 금후로는 수세와 지세 등을 지주가 부담할 것 등 4개 조건을 들어서 도 당국에 진정했다 함은 지난 보도와 같다. 도 당국으로서는 "수세 연납은 허락할 수 없고 기타 지주와의 문제는 고려 후 선처할 방침을 강구하겠다. 그러나 당장 먹을 것이 없다는 문제에 있어서는 부업을 장려해 생활난을 타개시킴이 양책이라 하나 이 소작인 중 극빈자를 250명 쯤으로 쳐서 가마니 치는 기계 250대를 대부하겠노라" 성명해 돌려보내기는 했으나 가마니 치는 부업이 과연 가난한 소작인들의 생활을 타개하는 데 얼마만한 효과가 있겠느냐 하는 것은 소작인 간에 의론이 분분해서 다시금 지주에게 또 어떠한 요구가 있을지 주목된다고 한다.

동아일보, 1931년 1월 17일

107 농가 최대의 부업 승입연(繩叺筵) 제조고
개량입(改良叺) 4천3백여만장, 개량연(改良筵) 2백90만장
총독부의 조사

조선 농가 유일의 부업인 새끼, 가마니, 거적 제조고(製造高)에 대하여 총독부의 조사에 의하면 1930년 11월부터 1931년 10월에 이르기까지 1년 동안에 새끼, 가마니, 거적의 제조고는 다음과 같다.

	개량가마니	개량거적	재래거적	새끼
1931년	43,459,406매	2,947,061매	2,106,731매	55,468,393관
1930년 비교 증가량	6,671,867매	240,387매	59,687매	2,796,807관
평균가격	4,345,940원	147,300원	2,106,700원	약 3,100원

동아일보, 1931년 1월 30일

108. 서정(西井) 가마니 검사원 횡포 수백 생산자 소동
검사 자박이로 함부로 사람 치다가 수백명이 격분하야
역습하려 함으로 검사 도중에 도주

지난 9일 오후 1시 30분경에 경부선 서정리(西井里) 가마니시장에서는 가마니 검사원과 생산자 사이에 일대 격투가 일어나 수백 군중이 대혼잡을 이루었다 한다. 이제 그 자세한 말을 들은즉 그때는 때마침 음력 연말을 앞둔 장날이므로 일반 빈약한 농촌에서는 가마니 몇장을 쳐가지고 시장에 나와 얼마 되지 않는 것이나마 사가지고 돌아가서 과세(過歲)를 하리라고 하였던 것이나 불경기는 날이 갈수록 빈민층에 더욱 심히 미치게 되어 하루에 4~5장밖에 칠 수 없는 가마니를 1등에 9전 5리, 2등에 7전 5리, 3등에 5전 5리를 받고 말게 되었다. 그러던 중 진위군(振威郡) 송탄면(松炭面) 신장리(新場里) 생산자 이(李)모씨가 가마니 47장을 검사할 때 수원지소(水原支所)에서 응원 온 구보(久保)라는 검사원이 덮어놓고 검사기에 2등, 3등 자박만 가지고 다니며 함부로 찍으므로 이씨가 그 가마니의 결점을 질문하였던바 말이 서투니 조선 사람에게 물어보라 하므로 이씨는 검사원 중 정모(丁某)라는 사람에게 앞의 사실을 질문하였다. 그러던 중 정모 검사원이 이씨를 자박으로 때리므로 이를 본 수백 군중이 격앙하여 대소동을 일으키고 정모를 습격하려 하며 충돌의 기세가 강화되자 정모 검사원은 벌써 도망을 하고 그와 같은 대혼잡을 이루었다는데 서정리 경찰관 주재소원의 진압으로 일시 검사를 중지하였다가 다시 계속했다고 한다.

조선일보, 1931년 2월 11일

109. 비료 입승(叺繩)의 일본 매입 백만장 / 대체로는 호평판 입산(立山) 총독부 기사(技師) 담(談)

조선 비료가마니를 일본에 매입할 계획에 대해서 총독부에서는 입산 기사, 승입협회(繩叺協會)에서는 판본(坂本) 회장 양씨가 약 3주간에 걸쳐 대판(大阪), 동경(東京), 북륙(北陸), 구주(九州) 방면에 출장한바 2일경에 귀임하였는데 입산 기사는 다음과 같이 말했다.

"이번은 주로 비료가마니의 선전을 목적으로 대일본인조(大日本人造), 주우비료(住友肥料), 일본질소(日本窒素), 신도인조(紳島人造), 전화제국인조(電化帝國人造), 풍년제유(豊年製油), 다목(多木) 기타 대회사 공장을 방문하여 조선산 제품 선전에 크게 노력하였는데 대체로 보아서는 평판이 좋았다. 그러나 목하 일본의 농림이 불황하여 각 부(府), 현(縣)이 공히 구제적인 사업으로 가마니의 생산 장려를 행함과 동시에 사용 장려를 행하고 있는 결과로 될 수 있는 대로 일본 제품을 사용하기 때문에 조선 제품의 매입이 자못 곤란하다. 그러나 사용의 이익되는 점을 극력으로 설명한 결과 우선 100만장의 매입 계약이 성립되었다. 그리고 대일본인조, 주우비료, 전화, 다목, 풍년제유 등 회사들은 송출을 의뢰했고 다른 제 회사들도 시험적으로 송출해주기를 서로 약속했다. 풍년제유회사에서는 5월부터 40~50만장의 매매계약이 성립된고로 지금부터 생산지에 대하여 각각 주문을 받을 예정이다."

동아일보, 1931년 3월 6일

110. 입검사규칙(叺檢査規則) 개정 / 검사의 등급을

현행 가마니 검사규칙은 검사등급을 합격, 불합격의 2종으로 하고 합격품은 주로 조뢰회사(朝牢會社)에 납입, 판매하고, 불합격품은 일본 및 만주에 판매하는바 검사등급 중 불합격품이라는 명칭이 좋지 못하여 천(天)·지(地)·인(人) 3등급의 검사 종류로 개정하였는데 부령(府令)으로 발표할 것이라고 한다.

동아일보, 1931년 3월 10일

111. 종래기(從來機)보다 능률 3배의 입직기(叺織機)를 발명
값싸고 혼자서 짤 수 있어 / 조희철(曺喜哲)씨의 발명

조선 농촌부업으로서는 가장 적당하다는 가마니가 오래전부터 각 농촌에서 상당히 산출되고 있으나 지금까지 쓰는 기계는 불완전하여 반드시 두 사람이라야만 가마니를 칠 수 있으므로 이에 적당한 기계가 발명되지 못함을 일반은 유감으로 생각 중이었다. 노량진 조희철(曺喜哲)씨가 이에 느낀 바 있어 5~6년 전부터 연구에 착수한 이래, 많은 고심을 한 결과 다행히 얼마 전에 완성되어 신안특허원을 제출했다 한다.

이 기계의 특징은 첫째로 조선 농촌경제에 적당하도록 가격이 극히 싸서 1대에 불과 7~8원 이내이고 구조가 간단하고 견고할 뿐만 아니라 노유(老幼) 부녀자라도 혼자서 능히 치게 되었다는데 가마니 제조 능률은 특히 바디의 바늘대에 교묘한 장치가 되어 있어서 재래에 쓰던 기계의 3배 이상 능률을 낸다 한다. 이와 같은 기계를 발명한 조씨는 노청학원장(鷺靑學院長)을 역임하고 본보 시흥지국장을 역임하고 동아제면소(東亞製麵所), 동아양봉원(東亞養蜂院), 동아장유양조소(東亞醬油釀造所) 등과 농촌 개척에 노력했고 또한 현재 중앙기보(中央奇報)를 경영하고 있는 중이다.

동아일보, 1931년 3월 14일

112. 초등교(初等校) 학생의 입직경기회(叺織競技會)
지사(知事) 이하 관민 다수 참석 / 함주군(咸州郡) 농회 주최

함흥군 농회 주최로 도내 각 공·사립초등학교 졸업생 및 재학생 가마니 치기 경기대회는 예정과 같이 30일 오후부터 여자공보교(女子公普校) 서쪽 함경승입주식회사(咸鏡繩叺株式會社) 창고 터에서 마수(麻水) 지사, 내무부장, 참여관 등의 참석하에 개최된바, 참가선수는 졸업생 18조, 재학생 12조로 자못 성황을 이루었다. 경기가 끝나자 황목(荒木) 심사장의 엄정한 심사로 즉일 기술 우수자에게 상품을 수여했는데, 이에 따라서 함주군 승입회사(繩叺會社)에서는 부상을 수여해 이 업계에 대한 권장을 충분히 표현했다. 그런데 그날 1등 당선자가 가마니 1매 치는 데에는 졸업생 54분이 걸렸고, 4등은 1시간 18분, 재학생 1등은 1시간 7분, 4등은 2시간 23분이 걸렸으며 이 경기회가 조선에 있어 효시가 된 만큼 일반에서 초등학교 실업교육에 대한 기대가 더욱 많아질 것으로 전망된다.

매일신보, 1931년 4월 1일

113. 생활전선에서 분투하는 10세 이하의 유년군(幼年軍)
정평 가마니 짜기 대회에 나온 유년군
1등은 겨우 여덟살 된 어린 계집아이 / 눈물 나는 최근의 농촌상

남 같으면 어머니 품에서 어리광 부릴 7~8세의 어린 몸으로 생활전 선에 나서서 악전고투하는, 듣기만 해도 기막히는 유년군이 날로 늘어 가는 현상이니 그 실례로 지난 2일 함경남도 정평군(定平郡) 문산면 (文山面) 기산리(技山里)에서 열린 가마니 치기 경기대회에 출장한 선 수 25조(1조에 두명씩) 중에는 12세 이하의 유년이 9명이 있었다. 이같 이 비록 유년일망정 그들의 손은 벌써 기계와 같이 숙련되어 그날 1등 에 당선된 사람은 한을모(韓乙某)라는 겨우 8세 된 소녀와 한영필(韓 永弼)이라는 오누이라고 한다. 춘궁을 당한 영세농민들은 벌써 전부터 식량이 끊어져 당장 먹고 살 길이 없어 일대 문제라 함은 세인이 다 아 는 바이거니와 이 같은 곤경에 빠진 영세농민 중 남녀 간 성인들은 그 래도 모진 목숨을 이어가려고 들과 산으로 나아가고 노인들만이 집에 남아서 하루 종일 가마니를 치느라고 가진 애를 쓴다.

동아일보, 1931년 4월 11일

114. 입(叺) 백만장 주문으로 부업에 활기
떨어졌든 가격도 올라가 / 강화군 농회의 알선

강화도의 농촌 부업에서 첫째로 꼽혀오던 가마니는 경기부진의 파 동으로 판로가 전면 두절되어 일반 농가에서는 이중삼중의 고통을 받아왔다. 강화군 당국에서도 작지 않은 이 문제를 해결하고자 노력한 결과 요즈음 일본질소주식회사와 조선비료주식회사로부터 비료가마니 100만장을 주문받게 되었다 한다. 가격에 있어서도 전보다 월등히 올라 합격품 1장에 7전, 불합격품 갑종(甲種) 1장에 종전보다 2전 3~4리가 올라서 6전 4리 4모 되는 동시에 을조(乙組)도 1장에 종전보다 2전 3리 4모가 올라 5전 4리 4모로 되었다. 강화군 농회에서는 주문을 받은 즉시로 각 면에 통첩을 발부하여 종업자들에게 제작하게 했다는데 이후에는 일반 농촌경제의 불안도 다소 완화되리라 하여 농촌 부업에 활기를 더하고 있다.

동아일보, 1931년 4월 29일

115. 농무당국(農務當局) 예의장려(銳意獎勵)
조선농촌의 중요 부업 / 가마니를 힘써 만들라
비약적 발전의 호기가 도래
기계를 안 쓰는 것이 정교한 까닭으로 각지 수요자의 주문 쇄도

가마니 제조가 조선 농가에 있어 주요한 부업의 하나임은 누구나 다 아는 바이다. 이것은 농한기에 쉬는 틈을 타서 잉여노력을 이용하여 제조하는 것으로 작년 1년 중에만 해도 전 조선에 있어 가마니 생산 총액이 곡물용 2,200만매, 비료용 800만매 총계 3,000만매에 달하여, 그 수입이 무려 300여만원이라는 적지 않은 금액에 달하였겠다. 그리하여 총독부 농무과 이하 각 도 농무당국에서는 각지 농촌에 극력으로 이를 장려해오는 중이요, 또 일반 농가들에서도 이에 상당한 노력을 하여 농촌 경제에 적지 않은 도움이 되어왔다. 그런데 최근에 이르러는 생산과잉과 그 일면으로 수요자가 많지 못하여 판로가 별로 없어지고 더욱이 각종 물가의 저락으로 인해 가마니의 판매가격까지 폭락하는 현상이 나타났으므로 가마니 제조업계에 일종 어두운 그림자가 낮게 깔려 있어 당국자 사이에서도 적지 않은 우려를 해왔다. 그러한 중에 최근 대판(大阪), 동경(東京), 구주(九州) 등 일본 각지로부터 조선승입협회(朝鮮繩叺協會)를 통하여 조선산 비료용가마니 약 300만매의 주문이 왔으므로 동 협회에서는 곧 총독부 농무과에 이를 말하여 농무과에서도 본래 판로가 없어 고심하던 터에 이것은 가장 좋은 기회라 하여 각 도에 이를 통지하고 비료용가마니 제조를 극력으로 장려하여 그 주문에 응하기로 했다.

본래 가마니 가운데는 곡물용과 비료용 두가지가 있어 그 시세는 곡물용은 한개에 판매 가격이 15전 내외요 비료용은 11전 내지 12전이었는데, 이 비료용은 함주(咸州)의 조선질소회사를 유일한 수요자로 하여 이래 제조해왔다. 그러나 여기에는 합격조건이 상당히 엄격하여 제조자들 사이에서도 적지 않은 고통을 느껴왔다. 이번에 내지에서 주문 온 것은 합격조건도 별로 어렵지 않고 가마니 한개에 450 '몸메(もんめ)무게 단위, 돈' 내지 550 '몸메'로만 만들어놓으면 불합격될 염려가 없이 그대로 팔리는 것이다. 그러나 그 가격이 이전보다 몹시 저락되어 생산자에게서 사들이는 가격이 한개에 6전 5리 평균으로 되었으므로 일반농가에서는 그 이익이 많지 못함에 불만을 가지고 잘 제조하지 않아 금년 중에 조선 각 도에서 비료용으로 제조된 가마니 총수는 겨우 30만매에 불과하였다. 이것은 작년 한해 생산총액 800만매에 비하면 엄청나게 감소되었으므로 농무당국에서는 각지 농촌에 열심히 이를 권유하는 중이다.

농무당국자의 말하는 바를 들으면 가마니 한개에 6전 5리를 받는다

해도 이것은 잉여노력을 이용하는 것이므로 한개에 원료가액 3전으로 본다 해도 3전 5리의 이익은 넉넉히 있는 것이다. 그러하여 부인과 아이 등 4~5인의 가족이 이를 제조한다 하면 하루에 6~7매는 충분히 제조할 수가 있을 것이므로 가격이 폭락되었다 하여도 하루 20전의 순이익은 있을 것이다. 여기에 만약 노임까지를 가산한다 하면 셈이 되지 않는 것으로 농무당국에서는 노임은 별문제로 하고 노는 입에 염불이라는 격으로 그 제조를 장려하는 것인데 일본에서 주문받은 중에 지금까지 약 30만매는 응하고 그 나머지 270만매는 아직도 남아 있으므로 금후 4~5일 내에 그 제조를 전부 완료하도록 하게 하고자 목하 각 도에서는 이에 전력을 다하는 중이라 한다. 그리고 일본에서 특히 조선산 가마니를 대량 주문한 것은 조선에서는 아직도 가마니 제조에 기계를 많이 사용하지 않고 대개는 손으로 이를 제조하므로 그 품질이 매우 정밀하게 되어 내구력이 있으므로 조선산 가마니가 각지에 이름이 높게 되어 그와 같이 주문이 쇄도하는 것이라 한다.

매일신보, 1931년 5월 6일

116. 승입(繩叺)의 통제로 회사를 조직

조선승입협회에서는 4월 26일, 조선의 새끼·가마니 통제에 관한 전조선동업자대회(全朝鮮同業者大會)를 열고 이 대회에서 승입통제기성회(繩叺統制期成會)를 조직하고 이래 각지에 대하여 동의를 구하던바, 조인이 끝났으므로 동 기성회에서는 구체안을 작성하여 현재 총독부에 조선의 새끼·가마니 통제의 진정을 제출하고 양해를 구했다. 그 내용은 자본금 100만원의 주식회사를 조직하여 각 도 동업자가 발기인이 되고 전 조선 통일 기관을 확립하는 것이며 또 그 세목은 점차 협정을 진행케 되었다.

동아일보, 1931년 5월 14일

117. 입검사(叺檢査) 개정 / 다음 달부터 실시

21일 총독부령(總督府令) 94호로「가마니검사규칙」이 개정되어 8월 10일부터 실시케 된바 개정의 요점은 종래 가마니 검사는 합격, 불합격의 2등급으로 나누어 합격품은 조선 내의 수요에 불합격품은 일본 비료용에 썼으나 불합격이라는 말이 좋지 못하므로 이번에 이것을 천(天), 지(地), 인(人) 세 등급으로 구별케 되었고, 따라서 검사표준 기타 2, 3을 정한 것이다.

동아일보, 1931년 7월 22일

118. 입(叺) 검사제 변경으로 생산자에 타격 불소(不少)
팔러 왔다 도로 짊어지고 갔다

전남 장성군(長城郡)은 가마니 생산에서 우수한 성적을 가지게 되어 동 군 황룡시장(黃龍市場)과 삼계면(森溪面) 사창시장(社倉市場) 두 시장의 장날이면 하루에 가마니 약 8만여장이 매매된다 한다. 지난 1일부터 전 조선에서 생산품을 당국의 방침으로 전부 개혁하기로 했다는데(가마니를 그 전같이 제조하되 털이 있으므로 쌀에 털이 섞이면 쌀의 성적이 불량하므로 털 없이 깔끔하게 하는 것) 황룡 장날인 지난 6일에 가마니 생산자 수십명이 장성역으로 40여리를 가마니 한짐씩을 짊어지고 와서 팔려고 한즉 그 전에 1등에 적당한 것들을 돌연히 검사제를 변경하여 등급외를 맞게 되므로 차라리 도로 짊어지고 가서 나무를 할지언정 손해 보고 팔 수는 없다고 하며 돌아가면서 가마니 검사제 변경을 비난했다고 한다. 검사원은 이에 대해 "9월 1일부터 가마니 검사제를 변경하라는 상부의 공문이 와서 장날이면 변경에 대한 설명을 충분히 했으나 실행일이 지나도록 고치지 아니하기에 당국의 명령을 듣지 않을 수 없어 생산이 많을 때보다 생산이 적을 때에 일차 시험을 하려고 일단 단행했는데 참으로 안타깝습니다"라고 대답했다고 한다.

동아일보, 1931년 9월 11일

119. 월사(月謝)를 준비코저 수업 여가 입직(叺織)
학부형들도 이를 찬조해 / 안성(安城) 각 보교(普校)서 장려

농촌이 갈수록 피폐하여 매월 70전의 수업료를 내지 못하고 학용품까지 살 수 없게 되어 보통학교를 퇴학한 학생이 늘어가는 형편이므로 안성 여러 보통학교에서는 학생들이 공부하는 여가를 이용하여 가마니, 바구니, 새끼 등 짚 세공품을 만들어 수업료를 준비한다는데, 서운공립보통학교(瑞雲公普) 같은 학교에서는 매우 좋은 성적을 낼 뿐만 아니라 학생들로 하여금 근로정신을 기르는 데 크게 도움이 된다 하여 각 학교에서 극력으로 장려하고 있다. 지난 여름방학 동안에는 각 보통학교에서 학생 169명이 자진하여 친 가마니가 1,024장에 달했고, 근래에는 보통학교 출신 학부모들도 다소의 학비를 벌게 되는 일에 매우 기뻐하며 가마니의 원료인 볏짚을 스스로 300관, 600관씩 기부하였고, 일죽(一竹)보통학교에서도 직원들이 원료를 담당하여 장려하는 등 각 학교에서는 수업시간이 지나면 가마니 치기에 분망하다고 한다.

동아일보, 1931년 10월 11일

120. 백여 생산자가 군청에 쇄도 / 가마니 값을 갑자기 내려
장성군농회(長城郡農會)의 처사

전남 장성군청에는 지난 7일 오후 3시경에 지게를 진 사람 100여명이 쇄도하여 아우성을 치며 일시에 큰 사변을 일으킬 듯이 법석을 하며 8일까지도 계속하여 돈을 달라고 한 사실이 있다. 그 자세한 내용을 듣건대 장성에서 가마니 생산은 인근에 비하여 엄청난 호성적을 얻어 군농회는 이 시기를 놓쳐서는 안 된다고 하여 농회원들의 철저한 반대에도 불구하고 금년 봄부터 공동판매를 개시했다 한다. 5일 만에 한번씩 입찰하여 시세를 정하고 판매에 응케 하던 터인데 지난 7일 시세가 27전 3리에 매입하게 되매 생산자들은 시세가 좀 높고 볏짚을 흥정할 때에 밤잠을 못 자고 날을 새워가며 가마니를 쳐서 팔러 온 것이라 당일 오전까지는 매수인 측에서도 전표에 27전 3리씩을 기록해준 것이니 말 없이 지불할 것이라 생각했는데, 오후가 되어서야 지금 시세가 내려서 가마니 값이 떨어졌으니 매수할 수 없다 도로 가져가라 하므로 당초에 사지 않는다고 했다면 모를까 전표까지 써주고 물건은 받아놓고서 도로 가져가라 하고, 두겠으면 24전 7리씩 받으라고 하므로 군농회의 태도에 대하여 매우 분노해 마지않아 기어코 값을 받아 가려고 그러는 것이라 한다.

동아일보, 1931년 12월 11일

121. 재만동포(在滿同胞) 구제로 입직(叺織)에 착수
화호공보(禾湖公普) 교생의 미거(美擧)

정읍군(井邑郡) 화호공립보통학교에서는 근래 농촌의 피폐로 학비에 곤란을 겪는 생도가 많음을 염려하는 한편, 실업교육의 필요성을 절실히 인식하여 일찍부터 4~5학년 학생에 한해 실업시간과 방과후 시간을 이용하여 가마니 치기를 해왔다. 지난 14일부터 20일까지 일주일 간은 참혹함이 전해지는 만주 동포를 위해 가마니를 성심껏 제작하여 구제의연금을 조성했다는바 20일은 일요일임에도 불구하고 교정에서 가마니를 쳐서 실로 150장의 좋은 성적을 냈다고 한다. 이 소식이 전해지자 일대에는 칭송이 자자하다고 한다.

매일신보, 1931년 12월 23일

122. 나주보교생(羅州普校生)은 입제(叺製)로 학비 보충
동기(冬期)를 이용하야 교장 이하 지도 입직기(叺織機) 20대를 구입

심각한 불경기로 인하여 농촌의 피폐는 새삼스럽게 말할 것도 없거니와 각 학교의 수업료 미납자 수는 날을 거듭하여 격증하는 상황에 나주보통학교에서는 겨울 휴가를 이용하여 수업료 납부에 곤란을 느끼는 5~6학년 생도들에게 가마니 제조를 장려하여 가마니 직기 20대를 구입, 매일 노력한다는데 교장 이하 교사 전원이 매일 출석하여 지도에 분망 중이라 한다.

매일신보, 1931년 12월 30일

제3장

농촌진흥을 위한
'갱생' 가마니
(1932~36)

1920년대 말 발생한 경제공황으로 쌀값이 폭락하고, 조선 농민들의 몰락도 가속화되었다. 일제는 공황을 타개하기 위해 군국주의체제를 강화하고 만주사변(1931)을 일으켰다. 식민지 조선에서는 체제 안정을 위해 「조선소작조정령」 「조선농지령」 등을 제정하여 지주의 수탈을 막으면서 소작농민층의 안정과 자작농화를 꾀했다. 이런 정책과 더불어 춘궁(春窮) 퇴치, 차금(借金) 퇴치 등을 골자로 하는 농촌진흥운동을 펼쳤다(1932).

가마니 짜기는 농촌진흥운동의 핵심 사안이었다. 농민층의 생활 안정, 자력갱생을 위해서는 더 많은 농가 부업이 필요했고, 가장 중요한 방안이 가마니 짜기였던 것이다. 특히 만주사변 이후 일제가 만주까지 경제적으로 지배하게 되면서 만주에서 필요한 가마니마저 조선에서 공급해야 했다.

이 시기의 가마니 생산에서 특히 주목할 점은 보통학교 고학년 학생들까지 가마니 생산에 동원된 점이다. 1920년대에도 이러한 현상이 조금씩 나타났지만, 농촌진흥운동 시기에 들어서 아동 노동 수탈은 거의 전국적인 현상이 되었다. 학생들을 위한 강습회도 빈번하게 열렸다. 학교에 낼 월사금(月謝金, 수업료)을 마련하기 위해 가마니 생산을 추진하는 학교도 있었다. 이런 강습은 '근로정신의 함양'이라는 미명 아래 추진되었다.

123. 제입(製叺)으로 유명한 아산(牙山) 걸매촌(傑梅村)
가마니촌이라는 별명 지어 / 백여호가 월 만여매씩

충청남도 아산군 인주면(仁州面) 걸매촌은 백여호나 되는 적지 않은 마을이나 동민(洞民)들이 열심히 가마니를 치는지라 근방에서는 가마니촌이라는 별명으로 부르게 되었다. 이 걸매촌이야말로 누가 장려나 지도하는 사람도 없건마는 자발적으로 집집마다 7~8세 된 어린아이부터 60~70 된 노인들과 부녀자들까지 누구도 놀지 않고 불철주야 가마니를 쳐서 매월 매호에 적어도 100여장씩 친다고 하며, 또 동민 일반의 결심이 내년 파종기까지는 절대로 가마니를 쉬지 않고 계속하여 칠 결심이라는데 다른 동네에 마땅히 모범이 될 일이다.

동아일보, 1932년 1월 8일

124. 승입검사장(繩叺檢査場)에 오십명이 노숙 / 검사받지 못하여

가마니 생산지로 남조선에서 제1위를 점령한 경북 칠곡군(漆谷郡) 약목(若木) 부근은 농촌경제 공황이 심각해짐에 따라 점차 생산자가 증가해 장날마다 생산자들이 검사를 받기 위해 새벽부터 검사장에 폭주하게 되었다. 최근에는 양력 정초 관계로 하루 검사를 받지 못하여 지난 장날에는 오후 4시부터 각 생산자들이 생산품을 운반하여 검사장에 산같이 쌓아놓고 거적자리를 깔고 오십여 군중이 노숙하는 광경은 농촌 파멸의 한 전면(全面)을 관측할 수 있는 장면이라 할 것이다.

조선일보, 1932년 1월 9일

125. 협심회(協心會) 조직 제입(製叺)에 주력
안악(安岳) 류성리(柳城里)

황해도 안악읍 류성리는 매우 빈촌으로 농업 이외에는 하등 생계가 없던바 1931년부터 가마니틀을 매입하여 공연히 노는 청년들의 소일거리로 했다 한다. 그러나 전심으로 하지 못한 관계로 특별한 이익에 소득도 없어 가마니틀이 불과 2~3대에 지나지 못했다. 안악읍 유지 청년 이계일(李啓一)군이 이에 착안하여 돈이 없어 그것도 못 사는 사람에게는 2인이 합하여 사게 하고, 5~6인이 합하여 1대를 사게도 하고, 그도 못하면 이군이 빚을 내어 기계를 사다 주기도 하여 지금은 20여대가 넘어 한달에 1,000매 이상 생산하게 되어 류성리 30여호의 생계를 도와주었다. 그러나 그것만으로는 만족치 않아 지난 5일 마을에 가마니 생산자를 전부 모아 협심회라는 단체를 만들어 생산에 얼마씩 회에 들여놓게 하여 회의 기초를 만들었다고 한다.

동아일보, 1932년 1월 11일

126. 사리원(沙里院) 시화(時話) / 입(叺) 검사료 문제
| 사리원 일기자(一記者)

사리원에서는 농촌이 빈궁해가는 한 원인은 부업이 없는 까닭이라 하여 그를 구제하는 의미로 농촌을 순회하며 가마니 제조를 장려하기 위해 제조기까지 대여했다. 한편 빈궁에 빠진 농민의 입장에서도 그나마 호구책을 세우려면 부업을 본업화할 필요가 있었으므로 자연히 농민들의 생산 수량이 연 20만장에 달했다.

그러나 가마니 생산자의 원성은 날마다 높아가고 있는데 그 이유를 들어보면 지난 7일 사리원 장날에 가마니 시세는 전보시세(電報時勢)

1등 가마니 1장에 14전 5리, 2등 가마니 1장에 11전 7리, 3등 가마니 1장에 9전으로, 각 등급 1장마다 1전씩을 감하여 매매되었다. 즉 사리원 시세는 당국에서 그 생산 가마니를 그날 시장에서 등급을 사정(査定)해준다는 이유로 가마니 1장마다 검사료로 1전씩을 징수하여 5리는 도 지방비로 보충하고 5리는 군 농회비(農會費)로 보충한다는 명목의 세금이었다. 그리하여 봉산군(鳳山郡) 내 영세농민의 손에서 생산되는 가마니 연 20만장에서 당국에 가는 세금이 약 2,000원이나 되는 것이다. 그 세액으로 보면 그리 크지 않은 것 같으나 본래가 궁민을 구제하는 방침으로 부업을 장려한 금일에 가마니 1장에 10여전으로부터 8~9전까지 받아가지고 5~6인의 식구가 그날의 생활을 지속 연명하는 궁상임에도 불구하고 당국이 극히 적은 8~9전짜리 가마니 1장에까지 1전씩의 세금을 징수한다는 것은 다른 세금에 비해서는 너무도 심한 가세(苛稅)가혹한 세금가 아니고 무엇인가? 그 비례를 본다면 가마니 1장 가격에 대하여 1할 미만부터 2할 이상을 징수하는 셈이니 그를 균일하게 타산해본다면 평균 1할 징수의 세금이 된다는 것이다. 그런 고로 농촌을 구제하고 부업을 장려한다는 본래의 선의를 버리고 1푼금을 만금으로 여기는 그들 생활에서 가마니 1장마다 1전의 세금을 징수한다는 것은 본의를 떠나는 세금이란 것보다, 현재 그들 생활 상태에 비해서는 악세금이 되는 것이니 당국은 고려, 폐지하기를 바란다.

동아일보, 1932년 1월 15일

127. 학교(鶴橋) 엄다(嚴多) 입(呎) 생산 지정매매 반대
경쟁 입찰 가격 동일 요구 / 군(郡) 당국에 진정 제출

지난 7일 전라남도 함평군(咸平郡) 학교, 엄다 양면(兩面)의 가마니 생산자 200여명이 연서하여 군 당국에 진정서를 제출했다. 이제 그 자세한 내용을 들어보면 학교역 앞에 있는 입매입조합(叺買入組合)에서 1월 하순경에 불상사가 있어 군 당국에서는 가마니 매수 판매를 취소시키고, 학교면에 거주하는 모모 일본인들에게 지정매수를 허락했던 바 전남 영산포(榮山浦) 시세에 비해 1전씩 싸게 매수한다고 하여 생산자들이 그것에 반대하며 경쟁 입찰제도로 해주지 않으려면 영산포 시세와 똑같이라도 매수하게 해달라고 진정했다고 한다.

동아일보, 1932년 4월 14일

128. 근로자립심 함양 수업료 미변(未辨) 아동에게
입직기계(叺織機械)를 배부 / 생활의 도(道)를 유년시대부터 주입
대전군(大田郡)의 신교육 방침

농촌의 참상은 초등교육계에 여실히 반영되어 모 지방에서는 생도 모집에 취학할 아동이 정원의 5할도 못 된다는 한심한 소식을 전한 바 있다. 현재 취학 아동들에게는 수업료 체납이 학무당국의 최대 문제인 것이 사실인데, 대전군에서는 농촌 보통학교에 대하여 수업료를 내기 곤란한 자는 가마니틀을 배부하여 가마니를 치게 하는 동시에, 아울러 근로정신을 함양하여 장래 건실한 농민으로 자라기에 적절한 교육방침을 수립하도록 각 학교에 통첩을 보냈다고 한다.

매일신보, 1932년 6월 12일

129. 세농민(細農民)의 유일한 부업 승입(繩叺) 검사료 철폐
1입(叺) 7전짜리에 검사료 7리 / 전북농우회(全北農友會)에서 절규

전라북도의 각 농장 지주층을 망라 조직한 전북농우회의 회의가 지난 14일 이리(裡里) 동척(東拓) 누상(樓上)에서 40여명의 지주와 도 간부들의 입회하에 열렸다. 동(同) 석상에서는 때가 때인 만큼 농촌 구제책을 위하여 각 군 농촌 세민들의 유일한 생명선인 새끼·가마니 판매에서 종래 취해오던 검사수수료를 철폐하여 그만큼 생산자인 세농민에게 이윤을 줌이 가하다는 의논이 제출된 것은 실로 주목할 가치가 있다 한다.

이 검사수수료 철폐론은 이제야 그들이 말한 것이 아니라 일찍부터 생산자 측에서 불평으로 떠들어오던 것으로서 가령 가마니 1등 1장에 19전, 2등 9전, 3등 7전에 불과한 현재 시세에 검사수수료는 1장에 약 7리를 떼이게 되는바 농촌에 특별한 직업이 없고 오직 부업으로 장려돼온 것이 가마니뿐인데 온 가족이 종일 노력해도 6~7장을 더 치지 못하는데다가 원료는 빚을 내어 치게 되므로 이자까지 붙는 터에 이것저것 다 떼이고 보면 생산자에게는 하등 돌아갈 것이 없는 것이 분명하다. 빈약한 그들을 착취함과 같은 태도는 정책상으로 보아도 불가하다고 하여 그 실정을 아는 식자계급들은 여론을 환기하여 당국으로 하여금 반성을 촉구할 필요가 있다고 한다.

동아일보, 1932년 7월 21일

130. 연산(年産) 입(叺) 이백만장 수입이 14만원
집집마다 가마니 짜기에 대분망 / 강화(江華) 농민 부업 수익

순전히 농촌 부업으로 산출되는 가마니는 작년도까지 연생산 100만 매의 돌파를 보지 못하던 것이 금년도에 들어서는 약 200만매를 돌파하게 되어 농촌경제에 큰 도움을 주고 있는 강화 가마니는 종업호수(從業戶數) 5천여호에 종업인원 1만 5천명의 손으로 산출되는 곡물

용, 소금용, 비료용 등으로 인천전매지국(仁川專賣支局)을 위시하여
5대 회사와의 영년매매를 계약하여 집집마다 가마니 짜는 부업을 한다
고 한다. 가격은 평균 7전으로 친다고 하면 200만장의 환산액이 실로
14만원의 거액에 달하는바 종래 소먹이, 땔나무 등을 해오던 농가에서
는 짚 한오라기도 헛되이 버리지 않을 뿐만 아니라 정미소 등에서 다량
으로 나오는 섬피섬은 가마니가 일본에서 들어오기 전에 예부터 우리나라에서 쓴 곡식 담는
그릇임. 섬도 역시 볏짚으로 엮었으므로 섬피란 즉 볏짚을 말하는 것임를 싸게 사들여 이것
을 원료로 하므로 원료 값을 생산액의 절반으로 친다고 해도 매년 가마
니를 쳐서 순전히 얻는 농가의 이익이 7만원 내외인바 날이 갈수록 주
문이 증가할 모양으로 연생산 200만매의 가마니 생산 부족을 느끼고
있는 중이라 한다.

동아일보, 1932년 10월 4일

131. 중도퇴학 방지로 입직기(叺織機) 구입 배부
4학년 이상에는 조직(組織)케 하기로 충남도 지방비 보조

충청남도 당국에서는 도내 보통학교 학생들이 수업료 체납으로 인
하여 중도 퇴학자가 점차 다대수에 달함에 따라 학교 경영의 적절안을
강구 중인바 제1차로 지방비 보조로 가마니 직기를 구입, 배부하여 보
통학교 4학년 학생 이상은 직조케 할 계획으로 목하 조사 중이라 한다.

매일신보, 1932년 11월 8일

132. 생활안정 얻은 가마니 박사 가마니 안 짜는 집과 통혼 안 해
농촌의 모범가정

익산군(益山郡) 황등면(黃登面) 죽촌리(竹村里) 박시준(朴時俊)군

은 원래 가계가 빈한한데, 식구가 많고 집도 없어 뜨내기 생활을 하다가 지난 10년 전에 전기 주소로 들어와 남의 집을 빌려 우선 거주를 하며 닥쳐오는 생활고를 헤쳐나갈 방책을 구하나 자본이 없어 상업을 못하고 땅이 없어 농사도 못하여 곤궁하던 중 우연히 가마니 치기를 시작한 것이 본업으로 되어 열심히 종사했다. 그 결과 금일에는 집도 장만하고 땅도 매입했으며 5형제 중 3명은 결혼까지 시켰다는바 혼인을 할 때는 남다른 조건이 있었으니 반드시 가마니 치는 집이 아니면 통혼을 하지 않는 가규(家規)가 제정되어 있다 한다. 전 가족 7인이 일치합력하여 1년간 제직한 가마니는 2,500매의 다수에 달한바 전부 일등품으로 바로 풀어 팔지 않고 저장하여 두었다가 연중 최고시기를 보아 방매하여 일시에 다액의 금전을 수입하는 등 남다른 계획이 많으므로 일반은 가마니박사라고 하여 흠모를 마지않는다 한다.

매일신보, 1932년 12월 4일

133. 입직(叺織)으로 학자(學資) 보충 퇴학생 점차 복교(復校)
임천보교(林川普校)의 묘안

부여성(夫餘城)에서는 불경기의 소란이 천진난만한 보통학교 생도들에게까지도 영향을 주어 그 여파는 배움에 굶주린 아동들에게 퇴학을 속출시키는 비참한 현상을 냄에 이를 방지하고자 대책을 강구 중이었다. 지난 9월경에 묘안을 발견하여 우선 임천면(林川面) 공립보통학교 직원들의 동의를 얻어 10월 1일부터 5, 6학년 생도들에게 가마니틀 15대와 11대를 각기 분배한 후 매일 평균 1시간씩 학과를 폐지하고 쌀가마니와 비료가마니 제작을 가르친바 성적이 양호하여 12월 15일까지 26원이라는 큰 금액에 도달하여 빈곤한 학생은 이 중에서 수업료를 지출 중이라 한다. 지난 4월경에는 전교생 중 퇴학생이 40여명에 달했는데 가마니 제작 이후에는 퇴학생이 생기기는커녕 오히려 전에 퇴학한 학생이 20여명이나 복학하여 학교와 군 당국자들은 물론이거니와 일반 사회에서도 '퇴학 방지, 실업 장려까지도 된다'고 칭찬이 자자하다고 한다.

매일신보, 1932년 12월 20일

134. 300여명 농민이 강릉군청(江陵郡廳)에 쇄도
입검사(叺檢査) 문제로 4개 조건 제출 / 요구의 대부분 용인

1월 17일 오후 3시경, 가마니를 팔러 온 농민 3백여명이 검사원의 태도가 불순한 것을 발단으로 군청에 쇄도해 일시는 흥분된 농민들의 일이라 불상사가 일어날 듯한 긴장한 공기가 군청 내외에 떠돌고 있었던바, 경관의 제지로 별일은 나지 않았는데 이제 사건 내용을 조사한 바에 의하면, 농민들의 중요한 요구조건이라는 것은

1. 가마니 검사원을 면직시킬 것,

2. 가마니 값을 올릴 것,

3. 저금을 폐지할 것,

4. 3등 합격품을 알선할 것

등인바, 이제 그 제안의 이유를 농민 측에서 들으면, 제1항 검사원 면직 요구는 현임자(現任者)는 태만하고 또 불친절하고 농민을 무시한다는 것이고, 제2항 가마니 값을 올리는 문제는 현재 1등 합격품에 입체금(立替金)선불해준 대금 10전, 2등 합격품에 9전, 3등 합격품에 5전 입체를 군농회가 해주고 있는바, 이것으로는 가족의 호구가 되지 않으니 적어도 각 등에 2할씩의 증액을 요구한 것이고, 제3항은 가마니 1장에 1전

씩의 강제 저금을 시키고 있는바, 이것이 불과 1전이지만 원체 적은 매상이고 하니 그중에서 이것을 제함은 생활에 위협이 되니 폐하라는 것이고, 제4항 현재는 3등 합격품을 매매하되, 앞으로는 매매가 될 것 같지 않으니 판로를 구해달라는 조건이다.

전기 4가지의 요구 조건에 대해 군수는, "제1항 가마니 검사원은 조선총독부에서 직접 임명한 것이니 농민의 의향을 전달해주겠고, 제2항 가마니 값을 올려달라는 것은 시세를 무시하고서 현재의 시세 이상을 주고서 매매할 수는 없다. 제3항 저금 폐지에 대해서는 요구대로 하겠고, 제4항 3등 합격품 매매에 대해서는 구입 희망자를 물색해 될 수 있는 대로 팔리도록 힘쓰겠다"라고 해 결국 농민의 요구는 전부 군 당국자가 승인하기에 이르렀는바, 불친절하고 태만하다는 조건으로 면직의 요구를 당하게 된 검사원은 방문한 기자에게 금후에는 주의하겠다고 말했다.

조선일보, 1933년 1월 20일

135. 영산포(榮山浦) 입검사소(叺檢查所)에 오백여 군중 습격
고함지르며 초자창(硝子窓) 파괴 / 경찰대 진무(鎭撫)로 해산

지난 8일 영산포 검사소에 가마니 검사를 받으려고 모여든 군중 5백여 명은 오후 2시 반경 돌연히 함성을 지르며 사무소를 습격했으므로 일시는 형세가 대단히 험악하였으나 급보를 듣고 달려온 10여 명 경찰대의 필사적인 노력으로 무사히 진정되고 그 소동의 선동자로 인정되는 박병섭(朴炳燮), 김덕홍(金德洪) 등은 경찰에 검거되었다고 한다. 이와 같이 많은 군중이 소동하게 된 이유는, 원래 그 검사소는 항상 천여 명의 생산자가 검사를 받으려고 모이는 곳이므로 마치 정거장 개찰구 모양으로 오는 대로 뒤에 가 늘어서서 검사받기를 기다린다고 한다. 그런데 이날도 아침부터 모여든 가마니 생산자들이 순서대로 늘어섰는데 검사관은 무슨 생각을 했는지 차례로 검사해오던 순서를 제쳐두고 다른 곳에 가서 검사를 했으므로 일반은 그 온당치 않은 행위에 분개해 그와 같이 소동했다고 한다.

동아일보, 1933년 2월 11일

136. 목천공립보통학교(木川公立普通學校)에서 학비 자변(自辦)을 실시
도변(渡邊) 교장 지도하에 농작, 입직(叺織)을 실행해

천안군 목천공립보통학교에서는 전 생도 280여명에게 근로교육과 농촌 중견인물 조성을 목적으로 교장 이하 전 직원이 열심히 시범 지도해 그 성적이 우량한바 근로교육으로는 교장이 총 지도원이 되어 논 1반보(反步)를 4학년 이상 전 생도에게 경작케 하고 3학년 이하 전 생도에게는 1반보의 밭에다 소채 재배의 실습을 시키는 한편, 가마니 직기 20대를 학교에 비치하고 방과 후 전 생도로 하여금 작업에 종사케 해 비상히 양호한 성적을 거두었다. 특히 월사금 납부가 불가능한 빈곤 아동 십여명을 위해서는 논 1반보를 경작케 하는 한편 학교에 비치한 가마니틀을 아동 가정에 대여해 가정 총 노력으로 가마니를 짜게 해 그 수입으로 월사금을 납입하게 했다 한다.

매일신보, 1933년 2월 14일

137. 삼릉(三菱)과 비료입(肥料叺) 자금적으로 원조

삼릉상사(三菱商事) 비료가마니 통제 진출에 대해 삼릉상사 경성지점 당국은 말하되, "비료가마니의 통제는 조선승입협회가 직접 담당하고 삼맥은 자금적 원조로 이미 부분적 실시를 행했다. 즉 협정을 통해 가맹회사에 자금을 공급한 곳도 있다. 계약은 협회 가맹회사 연대(連帶)의 형식으로 조인할 터인데, 대체로 조인을 종료하였다. 회사에 의해 수속상 아직 조인하지 못한 곳도 있다. 조선승입협회의 각종 계약은 모두 통첩계약(通牒契約)이니 조만간에 조인을 완료할 것으로 보이며 가마니는 곡물용을 합해 연생산 5백만원에 달하고 부업생산품으로는 왕좌를 점해 태반이 주업 또는 부업의 한계를 정하기가 어려워 추수기에는 가마니가 바로 투입되는 폐해도 있다. 곧 예년 농번기인 수확기에 가마니가 앙등(昂騰)하여 농가는 수확의 적기를 살펴보지 않고 가마니를 제조하여 생산기 이외의 수요가 쇄도하여 가마니가 급등하므로 수요자는 곤란하다. 건조 불량의 볏짚을 사용해 미질(米質)을 해하니 곡물용가마니는 그 토지에서 생산하고 그곳에서 수요하는 것이 많으며 중간단계에 개입해 통제를 행함이 곤란하나 통제조절 담당관이 개재(介在)하여 농한기에 이를 생산하고 쌀의 이출계절에 팔게 되면 수요·공급 양자가 모두 편리하겠다."

매일신보, 1933년 2월 17일

138. 입(叺) 대금 인하 문제 / 감독 당국의 반성을 촉구

| 울산 일기자(一記者)

농촌진흥 문제가 고조되는 이때 지방 소농계급의 유일한 부업인 가마니 대금이 울산지방에서는 엄청나게 하락해 과거 1등품에 18전 하던 것이 6전을 감해 12전이 되고, 2등품이 10전 5리, 3등품이 7전 2리가 되었다. 이 하락의 원인은 당국과 지정 매팔인(賣捌人)판매인의 말을 들으면 생산과다라 한다. 개인의 이익 외에 하등 생각이 없다. 매팔인은 대

중의 희생을 생각지 않고 감언이설로 당국을 꾀어 가마니대금을 인하케 함은 별문제로 하고 소위 농산어촌의 갱생을 도모한다는 위정자로서 세정을 이와 같이 하고 농민으로 하여금 일개 상인을 위해 봉사케 함은, 그 심사가 어디에 있는지.

1장의 원료가 적어도 5전은 될 것이고 여하한 능수(能手)라도 1일에 3~4장 이상은 제작치 못할 것이다. 1인이 1일 최고 4장을 제작한다 하자. 1등품으로 해 원료비로 5전을 제하면 1장에 7전, 4장에 28전이 될 것이니 1일 28전의 노임으로 생활할 수 있을까. 이것은 1등품으로 정하고 있으나 만일 소위 검사원의 눈에 틀려 제품이 3등품으로 된다면 1장에 불과 7전 2리이니 여기에서 5전을 감하면 2전 2리, 1일에 노임이 8전 8리가 아닌가. 지정 매팔인이 1장당 6전씩의 순이익(단가 인하로만의 이익)을 본다면 언양 장날만 해도 장날마다 만매 이상의 가마니가 나오니 울산군 전체는 1개월에 20만매는 될 터이다. 그 이익이 1,200원인데 그로 인한 촌락, 소농계급의 손실은 어떠한가.

거만의 자금으로 상업하는 소위 지정 매팔인에게는 천수백원은 금액에 있어서 적다 할지 모르나 1전, 2전으로도 곤란한 소농계급에게 천수백원은 거금이 아닐까. 위정 당국이 농촌지도니 교풍회(矯風會)니 하며 여하히 강조해도 이러한 점에 착안하지 않는다면 그 노력도 헛수고에 그치고 말 것이다. 원컨대 일개 매팔인의 말을 믿지 말고 대중인 소농계급을 위해 속히 이 가마니 대금을 예전으로 복귀케 하라. 가마니 1장 대금 18전이 결코 고가가 아니다. 물가가 계속 상승하는 금일 유독 농촌의 산물인 이 대금만이 하락해야 될 이유가 어디 있는가. 만일 생산과다라 하면 가마니 제품이 많아 정미업자들이 가마니를 불매해 그 판로가 없는 것인가? 그것이 아니라면 전혀 어떤 일개 지정 매팔인의 간교한 수단에 위정당국이 농락됨에 불과하니 이 점은 두번 세번 생각해서 소농계급의 고혈을 착취하려는 중간 상인의 부도덕을 조장시키는 결과를 내지 않게 하라.

동아일보, 1933년 2월 28일

139. 제입자(製叺者) 시민 / 지정매매 반대 경쟁 입찰 제도를 요구 군 당국에 진정서 제출

작년 4월 7일에 전남 함평군 학교(鶴橋), 엄다(嚴多) 두 면의 가마니 생산자 2백여명이 지정매매를 반대하고 경쟁입찰 가격통일 요구로 본 군 당국에 진정서를 제출했다 함은 이미 보도하였다. 지난 2월 27일에는 생산자와 시민 70여명이 협력 연서(連署)해 동면에 거주하는 생산자 대표 한창호(韓昌鎬), 시민 대표 김사숙(金士淑) 두 사람을 군 당국에 파송하는 동시에 또다시 진정서를 제출했다 한다. 진정한 내용은 대략 다음과 같다 하며, 이에 대해 김(金) 서무주임과 진정대표 모씨는 왕방(往訪)한 기자에게 아래와 같이 말했다.

도(道)에 또 진정 / 진정대표 모씨 담

"학교 매입조합이 신구파(新舊派)로 분열된 이후 생산자나 시민들은 경제적으로 다대한 타격을 받아왔습니다. 그러기에 이번에 또다시 아래와 같은 진정서를 군 당국에 제출했는데 만약 군에서 경쟁입찰 판매제를 실시해주지 않으면 또 도 당국에 진정하겠습니다."

동아일보, 1933년 3월 7일

140. 입승통제권(叺繩統制權) 획득차 양대(兩大) 재벌에서 알력
삼정(三井)과 삼릉(三菱)에서 맹렬히 경쟁 / 농가 부업에 대영향

가마니 치는 일과 새끼 꼬는 일은 조선 농가의 중요한 부업으로 연 산액 평균이 가마니가 4,500~4,600만매에 금액이 4백여만원에 달하고 새끼가 3,500만관에 약 280만원, 도합 7백만원에 달한다. 장차 대만에 서 쌀 담는 가마니로까지 쓰게 되면 연산액 1천만원에 달할 형세에 있 으므로 여기에까지 삼정(三井)미쯔이과 삼릉(三菱)미쯔비시 두 재벌이 눈 을 뜨게 되어 삼릉회사 측이 판매 통제를 목적으로 조선승입협회와 계 약하려고 하자 삼정 측에서는 자기 계통인 전북승입회사(全北繩叺會 社)를 시켜 그 통제계약 체결에 반대케 해 조선승입협회를 끼고 두 재 벌의 경쟁이 날로 심해지고 있다 한다.

동아일보, 1933년 3월 9일

141. 〔사설〕부업 생산 통제의 필요
재벌의 농단을 거척(拒斥)하라

1. 농가 수지의 적자보전에는 두가지 길이 열려 있으니 즉 부업의 길 이 아니면 부채의 길밖에 없다는 것이다. 농가의 처지는 실로 이같이 궁박한 지경이므로 그들의 부업이 취미나 오락적인 것이 아니요, 주림 과 헐벗음을 벗어나려는 엄숙한 노동 수단인 것은 췌언(贅言)을 불요 (不要)하는 바이다. 그리하여 땅이나 쪼아먹고 살 줄 알던 농민들도 주 린 나머지 부업을 찾게 되었고 그 끈을 붙잡기에 온갖 애를 쓰게 되었 으니 그들에게 부업의 길을 열어주고 그 부업의 이득을 확보해주어야 할 것은 산업정책상으로라기보다 차라리 인도주의적 사회정책상으로 절대 필요한 시간을 다투는 급무라 할 것이다.

2. 그러나 기형적 산업혁명기에 처한 금일 조선에 있어서 수공업으로 다시 돌아올 수 있는 어느 한가지의 주제가 발견될 수 있을 것인가. 즉 기계생산의 대량, 우미, 염가 등 여러가지 속성을 수공업의 그 무엇이 이겨갈 수 있을 것인가. 만일 이에서 발견될 것이 있다면 이윤의 부족으로 기계화할 필요가 없었던 기계생산의 관심권 외의 것일 테니 그것의 이(利)가 박할 것은 물론이다. 일례를 들면, 조선 농가 부업품의 대종인 가마니와 새끼 같은 것도 그것이 비록 반 기계화된 것이라고 하지만 역시 수공업 부류에 속하는 것으로서 박리한 부업품이다. 이 가마니와 새끼는 거기에 원료대와 저렴한 노동임금을 합산해 시장에 나오는 것이므로 그것을 기계화할 필요도 없고 큰 자본을 던져 공장을 세울 필요도 없는 것이다. 이러한 성질의 것이 농가 부업품의 대종이 되어 있는 이 현상을 보면, 다시금 농민 생활이 궁박한 이유를 엿볼 수 있다. 그러나 이것에라도 저리자금를 돌리고 판로를 열어서 그 공임을 확실성 있게만 보장해준다면 빈궁한 농가의 부수입으로서는 큰 도움이 될 것도 분명한 일이다.

3. 이에 대해 종래 각 지방 당국이 항상 이것의 장려를 힘써온 것만은 사실이나, 일반적으로 보면 그 취의를 장려함에 그쳤고 실제로 저자(低資)를 조달한다든지 유리한 판로를 개척해준다든지 하는 점에는 심히 등한했다고 볼 수밖에 없다. 현재 조선승입협회 또는 조합은 황해, 평남, 함북을 제외한 10도에 다 설립되어 있으되, 그 자력과 판매활동이 부족한 것을 본 삼정, 삼릉 등 재벌이 최근 승입협회와의 통제계약을 맺어 그 특수 이익을 농단코자 하는 바이니 이러한 현상을 본다 할지라도 부업품에 대한 국가적 통제가 부족한 것을 알 수 있는 것이 아닐까. 삼릉이 승입협회 측과 통제계약을 맺고자 하는 것은 대부금 금리

와 판매 수수료로 가마니 1장에 평균 치면 2리 1모 정도의 중간이익을 탐하고자 하는 것인즉, 원래 박리한 가마니 제조업에는 여간 중대한 일이 아니다. 여하히 해서라도 이윤 증식에 계산만 맞으면 들이덤비고 마는 것이 재벌이니 재벌의 악착함을 비난한다는 것보다도 부업을 장려하는 처지에 있는 국가 자신의 통제적 기능이 부족해 그것이 다른 것에 전이되고 또 그것이 악용되고 말 우려가 있는데도 불구하고 방관적 태도를 취함과 같은 것이 다툼을 자초하는 점이 아닐까 한다.

통계에 의하면 조선의 가마니 산액은 연 4,500~4,600만매에, 금액이 4백여만원이요, 새끼 산액은 연 3,500만관에 280만원에 달하는 바이니 이 또한 빈궁한 농가 수입으로는 적지 않은 것이며 금후 대만 마대 대용으로 조선 가마니가 이출된다면 연액 1천만원을 넘을 것인즉 조선 가마니의 앞날은 상당히 유망한 것이라 하겠다. 때는 이미 궁춘이라 이때 저자를 빈농에게 배분해 그 생산을 실제적으로 장려하며 그 집산을 가장 편의케 하고 그 판로를 널리 개척해 그 이익을 얻도록 함이 얼마나 시의에 적합한 일일까. 빨리 부업 장려의 실적을 올리기를 바라는 바이다.

동아일보, 1933년 3월 11일

142. 만주행의 조선 가마니
운임 고률(高率)로 인해 일본품(日本品)에 압도

조선 농가 부업에서 중요한 가마니는 만주에 많이 팔리고 최근에는 신경(新京) 이북까지 진출하는 형세로 전도가 유망하더니 일본산 가마니가 더 많이 진출해 전 만주에서 소용되는 총 수량의 6할을 차지했으며, 반면에 조선품은 점차 감소되는 현상이다. 이는 일본산은 기선의 운임이 저렴해 판신(阪神)지방에서 대련(大連) 경유 봉천(奉天) 착품(着品)이 1장에 2전 1리인데 조선은 철도운임이 높아 조치원 안동현(安東縣)이 1장에 3전 5리 2모, 대구에서 3전 7리 4모, 영등포에서 3전 8리라는 고가인 까닭이다. 도저히 일본품에 대항할 수 없으므로 조선승입협회에서는 총독부 농촌국에 대해 철도운임 감하(減下)를 교섭하도록 진정했다.

동아일보, 1933년 4월 15일

143. 조선입(朝鮮叺)이 대만(臺灣) 진출
마대(麻袋) 폐지로

대만총독부(臺灣總督府)에서는 대만미(灣米) 포장용 마대를 조선과 같이 가마니로 변경하기로 하여 작년 대만총독부로부터 계원이 조선에 도래(渡來)해 조선산 가마니의 수급관계 기타를 조사하고 귀거(歸去)했다. 대만 볏짚의 품질이 거칠어 새끼·가마니 제조에 부적하니 대만에서 가마니를 사용한다면 조선으로부터 수입하지 않을 수 없다. 또 조선총독부에서 조선 가마니의 대만 진출에 노력하므로 이에 가마니 포장을 실시하게 되면 우선 조선에서 사람을 파견해 묶는 방법부터 지도할 필요가 있고, 대만에서 새끼·가마니의 실수량, 운임, 가격과 대만 진출에 필요한 사정을 상세히 조사, 협의하기 위해 조선승입협회장 판본(阪本)씨가 오늘 내일 중에 대만을 방문하기로 되었다. 조선으로서는 대만 전부의 수요를 채울 만한 생산능력이 있으므로 제2기 쌀부터 실시될 모양으로 조선 부업계에 기대가 크다고 한다.

동아일보, 1933년 5월 11일

144. 풍년제유(豊年製油) 내지(內地) 공장 조선입(朝鮮叺) 구입 계획

승입협회의 판본(阪本) 회장은 대만미 가마니 포장을 교섭하고자 대만에 출장 예정이었으나 급히 예정을 바꾸어 17일 동경에 출장하기로 결정했다. 그 중요업무는 풍년제유 명미(明媚), 청수(靑水) 양 공장에서 조선 가마니 사용을 희망하므로 이를 매입하고자 함이다. 풍년제유 대련(大連) 공장에서는 기왕부터 조선 가마니를 사용해왔으나 일본 공장은 아직 사용치 않았는데 최근 일본 공장도 조선산 가마니에 착안하게 된 것이다.

매일신보, 1933년 5월 18일

145. 평택(平澤) 입(叺) 검사원 / 판매인을 구타
등급 낮다고 불평한다고 / 생산자의 비난 자자

지난 23일 평택 장날에 진위군 송탄면(松炭面) 칠괴리(七塊里)에 사는 한원석(韓元錫, 27)이라는 청년이 자기가 친 가마니 74매를 가지고 검사를 받으려고 할 때 검사원 이덕영(李悳永)에게 37매를 검사받고 나머지 37매는 기수 고용인인 좌좌(佐佐)에게 받게 되었는바 앞의 검사원에게 마친 가마니 중에는 상(上)을 맞은 것이 많았는데 다음 기수 고용인에게서 맞은 것은 전부가 중(中)이었으므로 한원석이 기수 고용인에게 불평을 하자 기수 고용인이 한원석을 무수히 구타했다고 한다.

동아일보, 1933년 5월 27일

146. 옥천(沃川) 가마니 검사 등급 낮고 불친절
생산자는 대전검사소로

충북 옥천군 내의 가마니는 군산미곡검사 옥천출장소에서 검사를 받아 공동판매를 하는바, 검사원의 불친절은 물론 검사 등급이 너무나 가혹하므로 옥천면 구역 중에서도 제일 생산이 많은 세산, 삼청, 가풍 등지에서는 대전검사소로 소에다 싣고 가서 판매하는 자가 장날이면 40~50명씩 된다고 한다. 옥천에서 2등으로 검사되는 것이 대전에서는 1등에 합격되므로 이해관계가 다대하다고 한다.

동아일보, 1933년 6월 8일

147. 제입(製叺) 장려로 인해 농민에게 이중 타격
퇴비에 쓸 볏짚을 전부 써버려 / 지주는 소작권을 이동

옥구군(沃溝郡)에서는 연내 가마니를 장려하는 한편 퇴비까지 장려해왔는데 이로 인해 일반 농가에서는 이중의 고통을 피할 수 없게 되었다고 한다. 들은 바에 의하면 군내 일반 궁민에게는 가마니 치는 일이 유일한 생활근거여서 퇴비에 사용할 원료인 볏짚을 전부 가마니 치는 데 사용하고 말았다는데 금년부터는 퇴비를 준비치 아니한 사람은 논 한마지기도 얻어볼 수 없을 뿐만 아니라 지주로부터 소작권까지 이동당할 것이라 한다. 그리하여 빈민 구제사업으로 가마니를 장려한다는 혜택이 도리어 오늘의 이와 같은 현상을 빚어내게 되었다 해 일반 농가에서는 군 당국의 유리한 처치가 있기를 갈망한다고 한다.

동아일보, 1933년 6월 18일

148. 방학에도 불휴(不休) / 제입(製叺)에 열중
약간의 학비라도 보조하고자 / 기특한 갈산공보생(葛山公普生)들

이 무더운 날, 더욱이 방학임에도 학습의 여가를 이용해 가마니를 열심히 치는 농촌의 어린 생도들이 있다. 충남 홍성군 갈산(葛山)공립보통학교 생도 상촌리(上村里) 어린이들은 여름방학이 되자 학습시간 여가를 이용해 한곳에 모여 찌는 듯한 더위에도 불구하고 가마니를 열심히 친다는데, 방학이 끝난 다음 그 가마니를 팔아 적으나마 학자에 보충코자 함이라 한다. 14세 어린이들이 땀을 흘려가며 가마니를 치는 모습은 보는 사람으로 하여금 감탄을 금치 못하게 한다고 한다.

동아일보, 1933년 7월 23일

149. 조선 가마니 대만(臺灣) 진출 현저
대판매회사안(大販賣會社案) 대두

대만총독부에서 대만미 포장에 종래의 마대를 피하고 조선산 가마니를 사용하기로 결정했다는 보도는 막대한 새끼·가마니 생산 능력을 가지고 있는 조선에 근래의 쾌보였다. 그러나 그후 반년간 하등 구체화되지 않으므로 일부 관계자 사이에 우려가 있었다. 조선 가마니의 대만 진출은 조선 농촌에 연액 백만원에 가까운 수입을 줄 것으로 농촌경제 갱생운동을 위해서도 심히 유망시되고 대만 자신도 고가인 마대보다 저가인 가마니가 도리어 유리한 것은 물론이므로 조선·대만 양 당국에서도 가마니 사용 방침은 결정되었으나 대만에서 마대를 한손에 쥐고 있는 모 재벌의 간섭으로 지금까지 실현되지 않는 모양이라고 한다. 그러나 모 재벌로서도 대만 농민의 이익을 유린하면서까지 하자는 의지는 아닌 것이 명료해졌으므로 조선 가마니의 대만 진출은 조만간 실현될 것이라고 예상된다. 그 진출 통제에 대해 자본금 6백만원 내외의 새끼·가마니 판매회사 등이 일부에서 거론되고 있다. 즉 조선 내의 새끼·가마니 통제는, 각 도 및 중앙 승입협회(繩叺協會)에서 비료가마니를 완전히 통제하고 있고 곡물용은 현재 각 도가 각기 달라 대만 진출을 기회로 전 조선적 대(大) 판매회사 하나를 창설해 비료용과 곡물용을 함께 통제하자는 것으로 대만이 결정만 하면 실현은 가능하다고 관측된다.

동아일보, 1933년 10월 27일

150. 농가제입(農家製叺) 판매에 이중검사료 부담
생산검사료와 반출검사료로 부업 장려상(上) 대문제

농한기를 이용해 농가의 유일한 부업이라 하고 당국자가 크게 장려하는 가마니 치기는 금년에도 그 철이 닥쳐왔는데, 이 가마니 판매에 있어 종래 비난의 적이 되어오던 생산검사료, 반출검사료의 두가지 세금에 대해 다시금 비난의 소리가 높게 되었다 한다. 가마니 1장에 13전을 평균 가격으로 잡고 여기에 생산검사 수수료로 5리, 반출검사 수수료로 5리 그리고 농회 판매수수료로 3리, 이렇게 합계 1전 3리를 떼어내는 것인데 그중 반출수수료 같은 것은 당연히 상인의 부담으로 돌아갈 것을 빈궁한 농민이 지불하는 것이라 한다. 하루 종일 죽을 애를 써야 석장밖에 짜지 못한다는데 이에 원료 1장에 5전씩 제하고 겨우 24전의 이익이 있을지 말지 한 것을 앞의 세가지 수수료로 4전을 떼어낸다는 것은 실로 적지 않은 부담이 되는 것이라 한다. 농회 판매수수료와 같은 것은 부득이한 것이라고 가정하더라도 생산검사 수수료와 반출검사 수수료 두가지는 더구나 궁민구제의 부업 장려로 당국에서 극력 장려하는 것인데 당연히 폐지해야 된다는 소리가 높다고 한다.

동아일보, 1933년 12월 6일

151. 제입(製叺) 검사 가혹으로 생산자의 피해 막대
2만매 판매가 불과 1, 2백매 / 매일 수입 불과 100여전(錢)

전남 나주군에서는 가마니 직조가 농촌의 유일한 직업으로 추기(秋期)를 지나서는 농민의 9할 이상이 가마니를 쳐서 생활을 지속한다고 한다. 그런데 영산포검사소(榮山浦檢査所) 검사 관할인 동강면(洞江面) 새끼·가마니 판매장에서는 수개월 동안 검사가 매우 심해 예년 동기(同期)에는 2만매를 승하하던 가마니 판매가 요새는 겨우 1, 2백장 밖에 판매가 안 되므로 이것은 농민의 사활문제라 해 검사 당국에 대한 불평이 많다고 한다.

모 생산자 담

"가마니를 치는데 새끼까지 꼰다면 두 사람이 첫 새벽부터 밤중까지 부지런히 해야 3장을 치게 됩니다. 1등 검사로 통과된다면 한장에 15~16전이니 3장에 45~48전이 됩니다. 그중에서 볏짚 값 20전을 제하면 두 사람의 하루 수입이 25~28전입니다. 이를 함평(咸平), 학교(鶴橋) 검사장으로 가지고 가면 1등 주는 것이 동강면(洞江面)에서는 의례히 등외(等外)로 검사를 주는데 가격은 반감해 실비도 못 되니 거리가 멀고 사이에 영산강이 끼어 비용이 많이 나고 불편도 막대하지만 공동으로 비용을 내서 배에 싣고 학교로 갑니다."

동아일보, 1933년 12월 23일

152. 곡용입(穀用叺) 통제 / 총독부 계획

총독부 농산과에서는 무통제 상태에 있는 곡물용가마니의 통제를 계획 중이다. 비료가마니는 벌써 완전히 통제되어 있으나 곡물용가마니는 조선 내의 수요뿐이므로 금일까지 하등 통제를 하지 않았으나 금후 대만에 진출하게 되면 심히 불편을 느끼게 되고 농가 부업의 대종인 가마니 가격이 늘 변동하는 것은 농가경제 갱생의 전도로 보아 좋지 못하며 또 일보 나아가 전 조선적으로 통제를 행해 배급의 원만과 가격의 안정을 보려는 것이다. 그 구체적인 방법은 아직 결정되지 않아 1934년 신사업의 하나로 목하 연구 중이라 한다.

동아일보. 1934년 1월 7일

153. 비료입(肥料叺) 장려 / 농회에서 추첨(抽籤) 부(附)

함경남도 농회에서는 농가의 농한기를 이용, 비료가마니를 많이 치게 하기 위해 15일부터 한달 동안 함주(咸州), 정평(定平), 안변(安邊), 신흥(新興) 각 군 관내에서 장날마다 가마니 10장을 파는데 복인권(福引券)을 1장씩 주고 복인권 5장에 대해 한번씩 제비를 뽑는다는바 그 상품은 1등에 소 1마리, 2등에 광목 1필, 3등에 식기 1조, 4등에 수저 1쌍, 5등에 수건 1장이라 하는데 1등이 20본, 2등이 45본, 3등이 90본, 4등이 270본, 5등이 540본이라 한다. 문천(文川), 고원(高原), 영흥(永興) 군내에서는 가마니 10장에 상품권 1장씩 주고 2장 가진 자에 수건 1장을 주고 4장 가진 자에게 수저 1쌍씩을 준다고 한다.

동아일보. 1934년 2월 13일

154. 입가(叺價) 저렴과 세민(細民) 곤란
지정판매제도를 고쳐라

| 고창 일기자(一記者)

농가 부업의 대종인 가마니가 가격 폭락과 검사 엄중으로 인해 가마니도 못 짜겠다는 비명이 각처에서 일어나는 이때에 특히 고창군(高敞

164

郡)은 이중으로 위협을 받게 되는 중대 원인이 있다. 이웃 군인 장성(長城), 법성(法聖), 줄포(茁浦), 정읍(井邑)에 비교해 언제나 가마니 1장 값이 2, 3전 차가 있으므로 타 군으로 판매하러 가면 엄벌한다 해 헐한 값이라도 본부에서 판매하라 강명(强命)하니 온 집안 식구가 불면불휴(不眠不休)하며 먼지를 무릅쓰고 노력한 결정인 가마니를 판매함에는 5리의 이(利)를 위해 10리 가기를 사양치 않는 처지에 있음에도 불구하고 값비싼 인접지 타 군으로도 못 가고 본 군 지정판매소에서 싸게 팔기 때문에 한 집에 40~50전의 손해를 보게 된다 한다.

부업의 발달이 피폐한 농촌에 큰 도움이 되는 것은 길게 말할 것 없거니와 원료의 용이함이나 기술의 간단함이나 노유(老幼)까지도 조력할 수 있는 점으로나 가마니 치는 것이 농가 부업으로 적당치 않음이 아니나 최근 들은 바에 의하면, 가마니의 대량 생산지인 장성군은 고창에 비교해 1장에 3, 4전이 비싸되 생산자들은 가마니 값 저렴과 검사 과중으로 가마니틀을 정지하는 사람이 속출한다고 한다. 현재 고창군 지정판매의 판매 가격을 들으면, 1장에 대해 1등 10전 8리, 2등 7전 7리, 3등이 4전 6리라고 하며 1등은 검사가 전보다 까다로워 숙련한 사람 외에는 통과되기가 어렵고 3등에 4전 6리라는 것은 실로 원료대에 불과하다 해도 과언이 아닌즉, 생산자의 곤란이 타 군보다 한층 심혹한 것은 명약관화이다.

군 당국에서 여러가지로 농촌의 가마니 치기를 장려함에 있어서 왜 오직 고창군만 언제든지 가격이 저렴할까, 또 무엇 때문에 생산은 장려하면서 값 많이 받는 타 군으로는 못 가게 하는지 불가사의로 볼 수밖에 없다. 문제의 원인은 지정판매가 되기 때문에 매수인은 어느 정도까지 가격을 임의로 올리고 내리되 생산자는 가격에 대해 주장할 권리가 없이 기왕 쳐 가지고 온 것이니 헐값에라도 팔 수밖에 없다는 것뿐이다. 판매 제도를 개정치 않으면 생산자의 고통은 말할 것도 없거니와 아무리 군 당국에서 가마니 치기를 장려한다 해도 실적이 나타나기 어려울 것이다.

동아일보, 1934년 2월 18일

155. 장단(長端) 입경기회(叺競技會) / 소년조(少年組)가 우승

경기도 장단공립농잠실수학교(長端公立農蠶實修學校)에서 진남공보교(津南公普校)와 연합주최로 부업 장려를 목표로 장단 가마니 경기회를 군농회 후원하에 지난 6일 진남공보 교정에서 개최했는데, 당일 참가 인원은 23조로 1등은 소년조가 획득해 일반관중을 놀라게 했다 한다. 경기의 소요시간은 가마니 날을 꼬아 전부 쳐서 꾸미기까지 1시간 30분이 걸렸다는데 그 민첩한 동작은 수백 관중을 놀라게 했다 한다.

동아일보, 1934년 3월 13일

156. 제승회사(製繩會社)의 여공 파업

개성부 지정(池町) 정두섭(鄭斗燮)이 경영하는 개성제승공장(開城製繩工場) 여공 23명은 6일부터 노동시간 단축과 임금 대우 개선을 요망하며 파업했다. 이 공장의 노동시간은 오전 8시부터 오후 9시까지 13시간으로 하루 임금은 30전이다. 개성 경찰서에서는 쌍방의 주장을 듣고 조정에 노력하고 있으나 여공들 배후에 누군가가 책동하고 있는 것이 아닌가 하고 조사 중이라 한다.

조선일보, 1934년 3월 20일

157. 제입(製叺) 수익금으로 학자 보조
남편의 고보학비(高普學費)에 섬섬옥수를 제공
월 평균 2백매 쳐서 현모양처의 모범

예산군(禮山郡) 오가면(吾可面) 원천리(元泉里) 조보원(趙寶元)씨 부인 오씨(25)는 생활이 유족(裕足)하나 부인근로는 생활 안정책의 제일이라 해 그 남편 조씨의 학자금을 보급키 위해 매월 평균 2백장의 가마니 제조를 5년간 계속해 수익금으로 공주고등보통학교를 졸업하게 하였으니 일반 부인의 모범이 되므로 지방 인사들의 칭송이 자자하다고 한다.

매일신보, 1934년 3월 30일

158. 대만(台灣) 수출 표준입(標準叺)을 김포군(金浦郡)서 제작
이를 전선(全鮮) 각지에 배부하여 견본이 되게 한다

대만 가마니의 표준 가마니(견본 가마니) 1천여장을 제조해 전 조선에 배부하는 동시에 13만 5천장의 생산이 할당되어 만장(萬丈)의 기염을 토하는 김포군, 대만에서는 종래에 대만미 포장에 마대를 사용하던바 금년도부터는 가마니를 사용하게 되어 금년 5월 제1기 쌀 포장용으로 전 조선을 통해 60만매를 구입하게 되었다. 김포군에서는 당국의 지도에 의해 대만의 표준 가마니 1천여장을 제조해 전 조선에 배부하는 동시에 4월 20일부터 5월 말일까지 40일간 경기도 할당 매수 28만매 중 약 절반이나 되는 13만 5천장을 면(面)별로 배당해 생산하리라 한다.

매일신보, 1934년 4월 24일

159. 대만(臺灣)에 성가(聲價) 떨친 경북의 가마니
풍년제유회사(豊年製油會社)로부터 전후 55만매의 주문

경북산(慶北産)의 가마니는 품질이 우량하여 대만, 대련(大連) 등 각지에서 주문이 쇄도해 생산 부족으로 요구에 응치 못하는 터이다. 대련 풍년제유회사에서 과잉 비료용가마니 35만매를 1매 8전에 계약하고는 이번에 새롭게 다른 곳의 품질보다 양호하고 가격도 적당하다고 다시 20만매의 주문이 있었다는데 경북도 농회에서는 농가 부업장려상 희소식으로 만열(滿悅)해 있는 터이다.

매일신보, 1934년 5월 8일

160. 입(叺)의 통제방침과 1도(道) 1회사 주의
전선적(全鮮的)으로 통제가 제일 필요 / 수이출도 강력화

가마니 통제는 비료가마니의 조선승입협회와 곡물용가마니를 목표로 하는 조선곡용입협회가 대립해 전 조선을 종단 양분하는 경향이 있다. 총독부에서는 그 폐해를 없애고자 한 도마다 곡물용, 비료용가마니의 독점인수회사를 설립하고 또 전 조선적 통일기관을 설립할 방침을 정하고 목하 준비 중이다.

예로부터 경남 이외 함남, 평북 두 도가 1도 1회사주의로 구체화했고 전남도 한 회사에 곡물용, 비료용 전 가마니를 인수케 하기로 결정했으며 경기도는 목하 한 회사로 통일하고자 협의 중이다. 평남, 경북도 근간 1도 1회사를 실현할 터이고 나머지 전북, 충남북도 조만간 한 회사가 통제할 예정이다. 그런데 1년 생산액이 가마니 6백만원, 새끼 6백만원 합계 1,200만원이라는 대량이니 이 통제에 총독부도 다대한 관심을 가지고 있다. 현재는 비료가마니의 단가가 비교적 안결(安決)

함에 반해 곡물용가마니가 난고하(亂高下)를 나타내니 이를 통제하여
방지하는 동시에 조선 밖으로의 수이출도 강력화함이 필요하다.

매일신보, 1934년 6월 8일

161. 조선산(朝鮮産) 곡용입(穀用叺) 대만(臺灣) 이출 중지
입(叺) 단일제도 문제로

조선산 곡물용가마니의 대만 이출은 대만 시장에서 가마니 단일제
도 반대에 얽혀 의옥(疑獄)사건이 있었고 조선산 가마니 사정조사로
내경(來京)한 소전(小田) 기사도 동 사건에 연좌(連座)하였다. 대만총
독부가 이 사건 때문에 가마니 단일제(單一制) 문제에 대한 소극적 태
도를 취하게 되었으므로 기대되는 이출도 중절(中絶)의 상태에 있다.
생산자 측에서는 동 사건에 의해 가마니에 대한 일반 도민(島民)이 인
식을 깊게 하기에 이르러 사건 낙착(落着) 후에는 상당한 이출이 있을
것으로 기대된다.

동아일보, 1934년 7월 7일

162. 농촌순례기 경남(慶南) 편(16):
가마니 짜서 모은 돈으로 자작농
반도(班到)가 된 농부 10전 20전이 1,800원을 이루어
김해 진례면(進禮面) 신안리(新安里)

| 유광렬(柳光烈)

김해 진례면 신안리는 김해에서 진영으로 가는 산간의 한 부락이다.
원래 토지가 척박해 빈한한 촌으로 유명했으나 예부터 이 촌만은 산간
에서라도 자손을 가르쳐 흘러가는 시세에 뒤처지지 아니하리라는 생

각이었다. 그러나 빈한한 촌락으로 그것이 용이치 못하므로 그들은 노고로써 이를 극복하려 했다.

돌아보건대 지금으로부터 50여년 전 명치 15년(1882)경에 이 부락민들은 부근 도기요업자(陶器窯業者)에게 화목(火木)을 운반해주고 그 노임으로 서당을 세워 청년자제를 교육하게 하니 이 관계로 한창 신풍조가 들어올 때에도 비록 부락의 소학교이나 수선 건설했다. 시세가 일진해 도처에 보통학교가 생기니까 이러한 것으로는 학교라 할 수 없어서 소화 4년(1929)부터 야학회로 개칭했다. 이것이 몇번이나 명칭을 바꿔 운목계(運木契)니 서당계(書堂契)니 하는 단체가 되었고, 그것이 묘포(苗圃)가 되어 양성된 인물들이 이 부락의 쇠퇴를 방지하는 중심 인물이 되었다. 그 회의 기본재산으로 전 591평, 답 1007평, 대 162평, 건물 1동, 임야 5정 5반이 있어서 그것으로 5~6월 농번기를 떼어놓고는 항상 야학을 계속 중이다.

연전부터 진흥회가 생긴 이래 회관이 없어서 애를 쓰다가 동리에 있던 저금 100여원과 유지의연을 합해 260원을 들여 현재 회관을 지어놓았다. 진흥회 이외에 노동청년회, 부인회 등 여러 단체가 있어서 모든 일을 진행해나가기 때문에 농사개량 분구, 변소 개량 등도 잘 실시되었고 축우생사(畜牛生飼)를 실행해 집집마다 고초(藁草)를 저축해오는 것을 보겠다. 가마니의 직조가 왕성해 100여호 농가에 가마니 직계가 85대인데 60~70세의 노인부터 6~7세의 어린아이까지 농한기만 되면 총 활동으로 새끼도 꼬아대고 가마니도 짜기 때문에 연 산고 2만 6천 매, 매상액 3천원이라는 돈이 이 부락으로 들어오게 된다.

이 부락이 어떻게 가마니 짜기에 열중함을 증명하는 것은 김염보(金淡甫)라는 사람은 수년래로 순전히 가마니만 짜서 모은 돈 1,800원으로 답 3천평을 사서 자작농의 반열에 들게 되었다는 것이다.

이렇게 지악스럽게 벌어서 농량 떨어지는 사람은 적으나 그 중간에 혹시 생기는 장리(長利)벼를 근절시키기 위해 옛날부터 매년 가을이면 벼 한말 보리 한말씩 내던 저곡계(貯穀契)가 있어 그 저곡이 75석인데 연리 2할 5푼으로 떼어주고 남는 것은 이웃마을에서까지 가져간다 한다. 이것은 이식(利殖)이 목적이 아니라 춘궁구제가 목적이므로 해마다 이자율을 내리는데 금년부터는 5푼을 더 내려 2할로 할 예정이라 한다.

공동 정호(井戶), 공동 욕장이 설비되었고 부락조성금으로 온 80원과 기타 촌민의 부담으로 총공비 180원의 공동창고를 세우고 종인의 공동저장, 저곡도 하려니와 이의 공동판매를 이곳에서 하기 때문에 작년에는 563석을 이 창고에 쌓았다가 팔았다 한다. 소군회(小郡會)인 진영과 김해를 양편으로 끼고 있는 관계로 양계, 양돈을 해 그 수익이 불소(不少)하며 위생에 힘쓰게 되어 6개소의 공동 정호를 쌓은 이외에 승취기(蠅取器)를 배부해 파리 잡기에 노력하고 당비약(當備藥)을 가정마다 배부해 의사 없는 산간지대로서 응급의 구호를 하도록 한 것도 용의주도한 비설(備設)이다.

매년 야학회에서는 남녀졸업생이 60명씩 나게 되어 문자 보급을 거의 완성했고 가정의 부인에게는 부인회가 중심으로 매월 1회 강화회를 열어 부인들의 가정경제, 미신타파 등 사상을 주입시키기에 노력 중이다. 부락민의 출역으로 대로변에서 촌락까지 들어가는 도로를 완성해 자동차까지 통행하게 되어 산로석경(山路石逕)인 옛날에 비하면 면목을 일신한 감이었다 한다.

마침 농번기이라 어느 집이든지 부인네들까지 전야로 나가서 텅텅 빈 집을 이 촌의 구장이요 지도자인 최쾌출(崔快出)씨의 인도로 보았다. 이로써 작별을 고하고 나는 진영(進永)으로 가서 다시 창원(昌原)을 거쳐 동군(同郡) 북면(北面) 신천온천(新泉溫泉)에 가서 일박(一泊)하게 되었다. 노중(路中)에서 진영면장(進永面長) 송성학(宋成學), 지방유지 김차규(金車逵), 김윤석(金潤奭) 등 제씨를 만나서 동행하게 되어 이 지방 사정을 많이 듣게 되었다. 신천온천은 그 수온이나 기타가 도저히 동래온천에 따를 수 없으나 그 대신 오는 손이 적은 산중 온천이라 조용한 맛을 취해 한번 올 만한 곳이다. 전후로 창송울울의 산이 있고 여창(旅窓) 밑 논에서는 꾀꼬리 우는 소리가 한가로이 들리며 늦게 돋은 반월(半月)이 어슴프레 비추어 여객(旅客)에 적막한 심회를 자아내는 곳이다.

매일신보, 1934년 7월 13일

163. 가마니 기계 2천대 급여
구제 방법에 한 도움으로서 경북도 각 재민(災民)에게

경상북도에서는 수해 이재민 구제의 한 방도로 가마니틀 2천대를 나누어주기 위해 총독부에 5만원 보조를 신청했는데 그것이 대체로 용인되었다 한다. 그리하여 2천대의 가마니틀을 이재민들에게 나누어주어 1년 동안에 약 8만매의 가마니를 치도록 장려하리라 한다.

동아일보, 1934년 9월 26일

164. 부업 장려하려고 / 입직기(叺織機) 공매

고양군(高陽郡)에서는 군내의 각 방면으로 발전책을 강구해오던바 농한기를 이용한 부업을 장려해 빈민의 생활보조를 목적으로 하고 그 제1보로서 총독부에서 농사개량 저리자금 2천여원을 빌려다가 가마니 직기를 공동 구입해 각 면(面)에 배부한 후 오는 12월 1일까지 공동 작업을 시키기로 벌써부터 기계 5백대를 주문하는 동시에 그 판로까지 확정했다 하며 예산액은 50만매에 가격으로는 5만원 이상의 생산을 하리라 한다.

동아일보, 1934년 10월 10일

165. 볏짚 없어진 재지(災地)에 입승(叺繩) 부업도 대 지장
달리 구할 도리도 없어져서 구제금 중에서 지출?

재지인 낙동강 유역 각 군에 금년 벼농사는 산간에는 한재(旱災)로 평지에는 수재(水災)로 인해 모조리 마르고 썩어버려 추수기를 당해 황폐한 벌판에서 먹을 것 없는 농민들은 문자 그대로 절박한 지경에 빠져 있으나 구제의 손은 닿지 않는다고 한다. 풍년이 되면 겨울에는 생산된 볏짚을 이용해 새끼와 가마니 등속을 제조해 소위 부업의 수입으로 막대한 편의를 보던 도내 가마니 생산호수 약 2만호가 금년에는 농사를 짓지 못해 원료 볏짚을 구할 수 없어 부업조차 할 도리가 없게 되었다 한다. 작년도의 가마니 생산량은 약 3백만매였는데 금년에도 부업 장려로 재민의 생계를 유지해주고자 경남도 당국에서 알선에 노력했으나 볏짚이 없어 커다란 암영(暗影)이 앞을 가리게 되었다고 한다. 일본 내지에 볏짚을 주문하려 했으나 볏짚 1관에 7전이라는 경비가 들어 예산이 맞지 않아 중지되어 볏짚을 구할 방책이 막연하다고 한다. 그리하여 할 수 없이 사회협회에서 무임장려비(無賃獎勵費)로 거두어들인 눈물과 정성의 덩어리인 수해구제금 중에서 약간의 보조를 현금으로 지출해 각자 볏짚을 구하도록 하고자 구제금의 분배 방식을 현재 타협 중인데 그것도 언제나 결정될지 알 수 없다고 한다.

동아일보, 1934년 11월 8일

166. 이일본(裏日本)으로부터 연(莚) 승(繩)이 다량 이입
동해안 각 어업조합에서 소비 / 차외(此外) 구축 방침 결정

동해안의 어업조합은 1년 6백만매의 거적과 60만관의 새끼가 수요되는데 그중 3백만매의 거적과 새끼 전부가 일본 내부로부터 공급된다. 이에 함남, 강원, 경남북, 경기 5도는 그 거적과 가마니의 전문생산 지방을 지정해 약 60만원의 이입을 구축하고자 한다. 이 거적, 새끼의 이입 시 온유(鰮油)멸치나 정어리에서 짜낸 기름와 지게미(粕) 이출의 복항화물(復航貨物)을 저렴한 운임으로 운반해 각 해항지에 직접 육상시키므로 이를 대항하기 위해 전기 5도의 거적 및 새끼 수송은 보조항로를 이용할 방침이다.

매일신보, 1934년 11월 11일

167. 제입(製叺) 증산에 창원군의 명안(名案)
원료 풍부 제입 부진한 곳에 특수 이재민(罹災民)을 이주

창원군에서는 대산면(大山面), 동면(東面) 방면의 수해 이재민으로 북서방면(北西方面)에 이주할 수 없는 특수 사정이 있는 자를 구제하기 위해 부내에 임시 이주를 시키기로 계획했다. 대인 73명, 아동 49명의 30가족을 오는 20일부터 다음 5월 사이에 가마니 제조 전문으로 종사케 해 가마니의 증산, 부업 진흥에 바탕이 되게 하기 위해 진전면(鎭田面), 진북면(鎭北面)을 주로 하여 비교적 원료가 풍부함에도 불구하고 가마니 제조의 부업이 부진한 지역으로 이주하도록 했다. 이들 이주자에 대해서는 한호당 식비 3원 20전, 원료대 2원 20전, 운반비 1원 47전을 보조해 17~18일 중에 전부 이주케 할 터이다.

매일신보, 1934년 11월 22일

168. 입(叺) 800만매, 승(繩) 98만관
조질(朝窒)의 비료 납입 수량 결정
승입주임관회의(繩叺主任官會議) 내용

각 도 새끼·가마니 주임관 협의회를 26일부터 2일간 총독부에서 각 관계자 출석으로 개최하고 조선질소 측과 비료가마니 납입에 대해 협의했는데 결정된 사항은 다음과 같다.

생산수량은 도합 800만매고 이 중에 일본 내지 타지 수출량이 가마니 100만매여서 결국 조선질소 구입은 700만 가마니가 되어 전년에 비해 조질 구입은 100만 가마니가 증가된 셈이다. 가격은 천위(天位) 17전, 지위(地位) 13전 6리여서 전년에 비해 천위 2전, 지위 2전 6리가 올랐다. 그리고 새끼·가마니 통제에 관해서는 각 도와도 생산사정을 달리 하고 있는 까닭에 도에 따라서 합병설(合倂說), 신사성립설(新社成立說)이 있으므로 최후 결론에 도달하지 못해 구체적 문제에 들어가기에는 아직 시일을 요할 모양이라 한다.

1년간 총생산

1932년 11월부터 1933년 10월까지 1년간 새끼·가마니 제조고(製造高)를 조사하면 개량가마니 5,565만 9,045장, 새끼 6,637만 877관이다. 이것을 전년에 비하면 개량가마니 624만 5,394장(1할 3푼 증가), 새끼 498만 9,313관(8푼 증가)의 증가량을 나타냈다.

동아일보, 1934년 11월 29일

169. 지세는 지주가 부담, 고초(藁草)는 작인(作人) 소유
농지령에 따라 실행키로 / 동호진흥회(東湖振興會)의 결의

농지령이 실시되었으나 아직도 지주의 무리한 착취와 횡포로 농촌의 불안이 실로 전일과 조금도 다름이 없이 분규에 분규를 거듭해 실로 통탄하는 바이다. 공주군 반포면(反浦面) 동호리(東湖里)에서는 지난 30일 오후 8시에 진흥회 임시총회를 개최, 회장 김은동(金銀東)씨 사회 하에 종래 이 동리 모모 지주의 무리한 점을 열거하는 동시에 악점을 단연 개선키로 만장일치로 결의했다. 이 마을은 이전부터 지세를 소작 인이 부담하고, 볏짚까지도 지주가 착취하던 것을 이번에 다음과 같이 개선했다는바, 회의에 당일 참석하였던 지주 측 심재승(沈載承), 박금 배(朴金培) 두 사람은 즉석에서 자진해 폐지할 것을 선언했다고 한다.

1. 지세는 지주의 부담으로 한다.

2. 볏짚은 소작인의 소유로 한다.

3. 소작료는 타조(打租)_{소작인이 수확량 중 특정 비율의 소작료를 지주에게 납부} 또는 도조(賭租)_{소작인이 수확량 중 특정액의 소작료를 지주에게 납부}로 하되, 도조 시 에는 180근 이상을 불허한다.

4. 운반은 2리 이상을 불허한다.

5. 근동(近洞) 지주에게는 직접 교섭하고 먼 곳의 지주는 통고문을 발송키로 한다.

6. 만일 지주 측에서 불응할 시에는 다시 총회에 소환하고 대책을 강 구하기로 한다.

매일신보, 1934년 12월 8일

170. 제입원료(製叺原料) 고(藁)의 개량 저장을 실시
제입증산(製叺增産)의 기초로

충청남도에서는 가마니의 원료인 볏짚의 저장 개선을 장려해 그 증 산을 도모해오던바 지난 11월 말 현재의 상황을 보면 무려 2,800여만관을 돌파했는데 이제 숫자로 표현하면 다음과 같다.

1. 실시 읍면: 175읍면, 1,206개 리(里)

2. 실시 농가 호수: 109,546호(戶) 총 호수의 3할

3. 답 경작지 반별 및 볏짚 수량

   1) 답 경작 반별: 90,556정(町)

   2) 볏짚 생산 수량: 93,239,451관(貫)

4. 볏짚 저장 개량 수량

   1) 옥내(屋內): 7,535,043관(貫)

   2) 옥외(屋外): 20,466,531관(貫)(볏짚 생산 수량의 3분의 1)

매일신보, 1934년 12월 9일

171. 미산지(米産地) 경북에 고(藁) 기근!

쌀의 산지로 이름 높은 경상북도가 볏짚 기근으로 소동이라 한다. 수해 이재민의 부업으로 장려하는 가마니 직기는 1,900여대나 나누어주었는데 이것의 원료인 볏짚이 25만관이나 부족하므로 경상북도에서는 북출(北出) 산업기수를 경기도로 보내 우선 볏짚 10만관을 사오기로 했다 한다. 도내에 약간 있는 볏짚도 비싸고 더욱 타처로부터 멀리 사오게 되니 그렇지 않아도 이(利)가 박한 가마니 치기에 원료가가 그래서는 모처럼의 재민(災民) 구제의 부업도 소득이 나지 않는다 해 도에서는 예년보다 원료값 비싼 만큼의 보조를 하리라는데 이리하여 과연 채산이 어떻게 되는지 주목할 일이라고 한다.

동아일보, 1934년 12월 22일

172. 농진(農振) 상황 시찰기
가마니로 갱생되는 동해면(東海面) 장기리(章基里)(4):
농작은 5할 이상 감(減)했지만 면화(棉花) 제입(製叺)으로 보충

| 고성지국(固城支局) 백몽생(白夢生)

군에서 기정(旣定)해주신 순례일정에 12월 7일 동해면 장기리라 함을 안 나는 지국(支局) 사동(使童)을 시켜서 강(姜) 교화주사(敎化主事)에게 동행 약속을 하는 한편 사무실에서 출발 준비에 분망(奔忙)한 동안 어느덧 시간이었던지 자동차가 달려와서 독촉을 한다. 차내에는 노(盧) 군수, 도 사회과(社會課) 상전(上田) 촉탁(囑託), 오 군속(吳 郡屬), 강 교화주사 제씨(諸氏)가 타 있었다. 함께 일로(一路) 동해면사무소에 이르렀을 때는 오전 10시 약 10분 전이었다.

당일의 군내 근농공제조합(勤農共濟組合) 지도위원을 이분(二分)해 7, 8 양일에 동해(東海) 상리(上里) 양면에서 간담회가 있는 일정인데 먼 곳에서 오는 관계로 그때까지 아직 집합되지 않아 그동안 먼저 부락을 보도록 면장에게 청해서 우리는 갱생부락 장기리의 갱생실행원을 호별로 방문했다.

처음에 부락의 숲 속에 있는 집회소인 교풍회 회관을 보았다. 시종(時鐘)이 나무의 윗가지에 걸려 있는 것 등은 인간의 상고사회가 회상되면서 자연의 맛이 많은 농촌에서 할 수 있는 재미스럽게 된 일이었다.

원래 이 부락은 육지면(陸地綿)의 산지로서 인근에 알려져 있는 곳인바 금년과 같이 면화 시가가 호세(好勢)인 해에는 반드시 농가의 경제가 윤택한 것인데도 불구하고 불행하게도 이 동정(洞町)은 금년의 한재로 말미암아 수도의 흉작지대로 5할 감소의 비운에 싸였다. 기자는 집집마다 가서, "금년에 한재의 영향에 얼마나 고생을 하십니까" 하

178

는 인사를 드리면 부락민 대부분은 "네! 그래도 다행히 면화가 값이 있어서 그대로 살아나갑니다." 반가운 이 답은 기자에게 일편으로 면화의 경작상황이 규지(窺知)되며 수도 흉작의 보충이 된다는 것을 알 수 있다. 수호(數戶)에는 목실(木實)목화열매이 눈에 보였으니 물음에 대해 "명년 봄 양식이랍니다." 얼마나 동정이 불금(不禁)되는 말이랴. "네! 그렇습니까? 부지런하시고 생업에 대해는 자주 보도위원과 상의하셔서 지시를 받으십시오" 하는 말 외에는 말하지 못했다.

상전 촉탁이 상리에서 나에게 하는 말이다. "우리 조선 농촌은 현재 병 들어서 기진한 것이며 행인 기갈로 노도에 엎어진 사람과 아무것도 다름이 없다. 이 엎어져 인사불성한 사람과 병들어서 기진한 자에게 일어나거라! 갱생해라! 하고 소리를 지르나 이 사람은 약을 먹거나 또 밥을 먹기 전에 오히려 고통이 아니 될 수 없을 것이다. 그러니 우리는 이 사람에게 약을 먹이고 밥을 주어서 갱생을 시킬 방책을 강구해야 할 것이다. (이하 생략)"

농촌진흥운동에 노련한 상전씨의 말을 들을 때에 과연 긍정 아니할 수 없었다. 갱생 삼대 목표 중 하나인 식량충실, 이것이 아직 못된 이 실재원(實在員)을 위해 약이 되고 밥이 될 근농공제조합의 생업자금운용에 있어서 보도위원은 물론이거니와 면장 이하 직원 제씨의 연구 필요가 절감된다.

이 부락의 갱생계획 실행원인 동시 근농공제조합원으로 공제조합에서 융통해준 생업자금 20원으로 과연 갱생한 모범조합원 한명이 있으니 장기리 전학기(田鶴基)씨다. 씨는 5년 전에 장기근농공제조합에서 조달한 생업자금 20원으로 제승기 1대를 구입해 주야로 그물용 실매듭(網用細繩)을 꼬는 일방으로 기계대를 지불하고, 잔액 5원으로 석유를 구입해 조합원에게 와 부락민에게 염가로 배급함이 증산이 되어 부락 민의 일용품까지도 배급해 구매조합과 같은 방법으로 했다. 그 결과 금 년까지 경작지를 9마지기를 사게 되어 훌륭한 자작농이 되어 처음으로 금년에 고인작농노동자를 고용하여 작농을 했다 한다.

우리 일행이 자기 집에 들어오는 줄도 모르고 가마니의 원료 짚를 두들기고 있는 전학기씨에게 기자는 "부지런하신 결과로 토지를 많이 사셨다지요." "네! 우리 근농공제조합에서 융통해준 생업자금 20원 덕 택으로 겨우 살아났답니다" 하는 답의 말을 하면서도 그 일손은 그대 로 움직이고 있었다. 과연 조합의 목적을 달성한 모범조합원으로 사회 에 표창을 함 직했다.

이 부락의 호호(戶戶)를 방문해서 눈에 보이는 돈사에 돼지가 없는 것이다. 통계숫자에 과연 25두라는 소수이니 면직원이 말하는 이유가 유행병으로 죽었다는 것이다. 이러한 관계로 부락의 주민은 이 무서운 유행병의 재발을 두려워해 양돈부업이 발전되지 않는 모양이다. 중심 인물 전장수(田長水), 전병조(田炳祚), 박태훈(朴泰勳) 제씨의 열성으 로 경제적으로 극도의 파멸을 받았던 이 부락도 지금은 소생해 가가호 호에서 제척의 생산이 3,800매에 달하며 저금고가 976원에 달했으니 갱생으로 매진하고 있음이 분명하다.

가호방문을 마치고 면사무소로 돌아와서 개회 중에 있는 보도위원 간담회에서 농촌진흥을 위해 주야진력함을 게을리 하지 않는 보도위 원 제씨의 실험담과 고심담을 듣고 싶었으나 소영(所營)의 일로 좋은 기회를 버리고 부득이 노 군수, 상전 촉탁, 오·강 제씨보다 먼저 귀도 (歸塗)의 길을 밟았다.

매일신보, 1934년 12월 28일

173. 가마니 짜서 성공한 사람

영흥군(永興郡) 흥복면(福興面) 중마산리(中馬山里) 김기협(金基協, 52)씨는 성격이 온후독실하고 공익심이 부(富)한 사람인데 10여년 전에 불의의 재난에 인해 적빈(赤貧)에 떨어졌으나 자분자려(自奮自勵)해 일가를 소생하려고 가마니·새끼 짜기의 부업을 시작했다. 작년에 동리가 갱생부락으로 지정되자 씨가 동수(洞首)로 추대되어 제승기 9대를 구입해(저이자금융통을 받아서) 실천궁행(實踐躬行)으로 부락민에 시범하고 있다.

씨의 실험담에 의하면 수년 이래 잉여노력을 이용해 세 아들로 하여금 가마니·새끼 제조를 열심히 실행시킨 결과 수백원의 빚을 전부 반환하고 세 아들의 장래 분가자금으로 각자의 명의로 저금한 것이 현재 각 100여원에 달한다고 한다. 부(父)는 가마니 짜기 재료 구입 또는 생산품 매각 알선만 하고 있는데 작년 중 재료로 구입한 볏짚이 7천묶음(束)에 떨어진 벼(籾)로 닭(鷄) 40수를 사양(飼養)하는바 사람은 만주속반(滿洲粟飯)을 먹고 닭은 백반(白飯)을 먹는 셈이다.

매일신보, 1935년 1월 9일

174. 내 지방 당면문제 / 입직 장려문제 / 평북(平北) 박천(博川) 편

박천 지방은 가마니 치기로 조선에서 유명한 곳이다. 군농회에서 극력 장려한 결과 매년 생산 수가 늘어가는 것은 사실이다. 즉 전년에는 장날마다 5만매를 생산했는데 금년은 장날마다 12만매를 생산하고 있으니 약 7할 이상 증산을 보게 된 것은 곧 농회의 노력임이 틀림없는 사실이다. 그런데 금년에는 흉작으로 말미암아 양식이 떨어진 가정이 이미 5천여호에 달해 가마니를 하루만 안 쳐도 그날은 굶을 판이니 더욱 생산력이 증가될 것은 정한 일인데 이에 대한 볏짚이 부족해질 염려가 있어 군농회에서는 3말가마니를 장려하고 3말가마니틀 2천대를 빈민에게 무상 배부하였다. 그 비용이 5천여원에 달하는데 그것은 2천여원의 미곡검사소 보조와 그밖에 3천여원은 당지 유수한 지주의 보조를 받을 예정이라고 하니 이는 빈민에게 있어서 큰 도움일 것은 말할 바 아니다.

그런데 한가지 유감스러운 것은 공동판매 수수료가 과다하다고 한다. 한장에 대해 1전 6리가량이 수수료로 없어진다고 하니 매 장날 12만장이 생산되므로 근 2천원에 달해 그 수수료의 4할, 즉 8백여원이 저장하는 창고세로 들어가는 셈이다. 이는 농가의 수입보다 오히려 더 하므로 단지 통탄함에 그칠 것이 아니라 당국자의 큰 반성을 촉구하는 바이다. 이에 그 무모한 소비가 가마니 직조자의 이해에 큰 영향을 미치는 것을 알아야 될 것이며 하루바삐 그 대책으로 농회에서 직접 저장 창고를 가져야 될 것이 일반 농민들을 위해 일하는 보람이라 하겠다. 그리하여 농회는 그 창고를 농민에게는 무료로 빌려주는 동시에 그로 인해 얻는 수입은 농민에게 주는 것이 참된 일일 것이요, 만약 그럴 여유가 없으면 농민 공동으로 건설하도록 보조를 주어 후원만 해주면 무난히 그 문제는 해결될 것이니 하루바삐 그 실현을 보여주기를 바란다.

동아일보, 1935년 1월 18일

175. 조선산(朝鮮産) 승입(繩叺)의 생산 판매 통제
강력적 중앙기관 설치

곡물용가마니의 통제기관을 연내에는 전 조선 각 도에 설립할 상황인

바, 도내의 통제권 내에 두어도 타 도와의 연락을 결(缺)하는 데는 대외
적으로 판로를 확장하는 경우에 매우 불리한 상태에 빠질 것이 명백해
농림국 당국에서는 전 조선을 통해 중앙집권적 강력한 통제기관 설립에
대해 극비리에 계획을 진행하고 있다. 이 통제기관은 농가의 최대 부업
의 하나인 새끼·가마니의 생산을 안정화하고 가격의 대폭 등락을 방지
하는 것을 주안으로, 투기적 묘미를 이용하는 중간 상인에게는 상당한
타격을 준다는 견해에 대해 농림국에서는 투기적 묘미는 소멸되나 건실
안전한 흥정을 구성한다는 견지에 생산자, 중개상인, 소비자에 대해 이
익은 막대하다는 의견을 가지고 있다. 설립의 시기, 기관의 내용 등에 대
해는 현재 판연(判然)치 않으나 성립에 관해는 기대된다고 한다.

동아일보, 1935년 1월 24일

176. 농가 부업으로 3개월에 40만원
1매에 5전(錢)씩 고등(高騰)하야 전남 가마니의 호황

전남 도내의 가마니 시가를 보면 작년에 비해 1매에 5전씩이나 올라
서 18전가량으로 매매되나 원료인 볏짚가격(藁價, 1관 6전)이 비싼 것
이 주원인이다. 고가의 반면으로 가마니의 출회(出廻)가 격증(激增)되
어 1월부터 3월까지의 출수량(出數量)은 곡물용가마니 219만 1,200매,
조질(朝窒, 조선질소)로 보내는 비료가마니 27만 7,600매, 풍년비료(豊
年肥料) 가마니 11만 6,800매로 합계 258만 5,670매에 달하였는바 전과
비교하면 2할 3푼이 증가했고 금액으로 환산하면 39만 9,300원이라는
거액을 산(算)하게 되었다.

매일신보, 1935년 5월 4일

177. 입생산조합(叺生産組合) 창립이 여하(如何)

| 사리원 일기자(一記者)

조선 농촌의 유일한 부업인 가마니 제조는 농촌의 경제가 고갈해짐에 따라 근년에는 더욱 성황을 이루게 되었다. 그리하여 지금은 거의 본업화해 어느 농촌에서나 가마니를 제조하는 기계 소리가 야간에도 멈추지 않는 형편이다. 봉산군(鳳山郡) 일원으로만 보더라도 여러종류의 가마니 생산은 근 40만매에 달한다고 한다. 그러나 그 판매는 군 당국이 지정한 판매소에서 하고 잡용가마니는 자유판매를 해오던 바인데 요사이 구매소(購買所)가 생긴 이후로는 검사의 불공평, 기타 자릿세 등으로 말썽이 있어 생산자 수십명이 군 당국을 방문, 진정해보았으나 아무 효과 없이 돌아가게 되었다. 그리하여 생산자 측에서는 이제야 비로소 생산조합의 필요를 절실히 느끼고 그 조직을 제창하는 소리가 매우 높다 한다.

생산조합은 과연 시대에 적당한 것으로 벌써 조직되었어야 할 것으로 도리어 만시지감(晚時之感)이 없지 않다. 만일 생산자들의 주창과 같이 생산조합을 조직하고 개인판매를 폐지한 후 조합이 생산자를 대리해 공동판매를 한다면 생산자의 권위가 일층 신장됨에 따라 등급의 사정(査定)과 가격도 어느 정도까지는 공평해질 것으로 추측하는 바이다. 그러자면 무엇보다도 먼저 생산자들이 많은 자각을 하고 일치하는 행동으로 상당한 자본금을 적립해야 하는 동시에 창고 준비가 필요할 것이다. 그리하여 먼저 제품의 품질을 향상시키는 한편으로 해당 조합에서는 조합원의 생산품을 어느 때나 조합원이 원하는 때에 저장한 후 그들의 생산품에 적당한 범위 내에서 금융을 융통하여 생활을 유지케 하며 조합은 또 한편으로 수요자에게 공동판매를 하게 된다면 그야

말로 일거양득이 될 것이다. 그리하여 개인의 판매 수고와 시간 허비를 절약할 수 있는 동시에 상당한 이익은 이익대로 얻을 수 있는 좋은 방법이 아닌가 한다.

그와 같이 이상적으로 사업이 진행되고 기초가 다져진 후에는 관계 당국과 교섭해 중간 이익을 배제하는 한편 생산조합이 직접 지정판매 권을 가지게 된다면 농촌의 경제는 비로소 윤택해질 것이 아닌가? 이 모든 점을 고려해 생산자 제씨(諸氏)는 신중히 방법을 연구해 그 사업을 촉진시키기를 바라는 바이다.

동아일보, 1935년 6월 7일

178. 감격의 12세 소녀 일가 6명을 부양

12세의 소녀가 가마니를 짜서 6명의 가족을 봉양하는 자력갱생(自力更生)의 미담─경남 고성군 마암면(馬岩面) 화산리(禾山里) 조상준(趙相準)은 선친 때부터 가세가 빈한해 이래 80년이라는 기나긴 동안 한결같이 품팔이로 겨우 연명하며 더욱 궁춘(窮春)을 당하면 초근목피(草根木皮)로 상식해오는 터였다. 작년에 화산리가 갱생실행부락(更生實行部落)으로 지정되면서 동민은 부업으로 가마니 짜기가 유리함을 알게 되고 동민이 이 기계를 공동 구입할 때에 조상준도 역시 1대를 구입하게 되어서 이때로부터 장녀 조둘시(斗是, 12)가 가마니 짜기를 시작하였다. 이 소녀는 가세의 빈곤에 무한한 자극을 받고 공고한 결심이 있는 동시에 또 재주가 초범해 하루에 1등 가마니를 12매씩을 짜게 되어 1개월을 몽(蒙)하면 2백 수십매를 만들어서 전연 이것으로 지금은 생활을 하는데 금년 봄에는 풀(草)밥을 먹지 않고 넘겼다고 하는 아름다운 사실이 있다. 군 당국에서는 자력갱생운동 선에서 가히 표본사실이 되겠다 해 이 사실을 각 면 면장에게 알려 일반에게 모범을 보이도록 하는데, 이 소녀는 작년 마암면 가마니 짜기 대회(叺競織會)에서 어른의 기술을 능가해 2등상을 받은 특기의 소유자라고 한다.

매일신보, 1935년 6월 13일

179. 입(叺) 통제의 전제로 양(兩) 협회 합병 교섭

총독부는 1도 1회사 주의하에 전 조선 가마니 통제에 진출하고 있다. 조선곡물입협회 및 조선승입협회는 지난 10일 동시에 총회를 열고 양 협회 합병안을 상정, 부의(附議)한 결과 대체로 합병 방침을 결정, 구체안 작성을 위해 양 협회로부터 각 5인을 위원으로 선출한 후 같은 날 오후 제1회에서 협의하기로 하고 다시금 11일 위원회를 재개, 합병 세목(細目)을 협의 중이다. 이 합병이 성립되면 총독부가 기대한 전 조선 가마니 통제는 더욱 진행될 듯하다고 한다.

동아일보, 1935년 7월 12일

180. 미곡 및 비료용가마니 통제 기도
중간 취리의 양(兩) 회사를 합동 / 생산 수요자에 유리

연래 문제로 내려오던 미곡용(米穀用)가마니 및 비료용가마니 취급 양 회사의 합동 및 통제 문제는 최근 점차 구체화해 오는 15, 16일경에 양사 합동협의회를 개최하고 동 합동에 대한 구체안을 협의하기로 되었다 한다. 이에 대해 총독부 당국의 태도는, 그들의 통제 여하는 생산고(生産高)가 미곡용가마니 4천여만매, 비료용가마니 1천여만매라는 다수에 달해 농가 경제에 지대한 영향을 미치는 만큼 그들의 합동과 통제의 촉진을 내심 열망하고 있는 중이라 한다. 그리고 양 회사의 불합동(不合同)의 현상으로는 매매가격의 불통일 또는 양 회사의 폭리적 모리책(謀利策)으로 인해 각 가마니 생산자의 불리 또는 수요의 손해가 막대하다고 한다. 총독부에서는 생산자의 이익을 도모하기 위해 전기(前記) 양 회사에서 가마니를 매입하고자 할 때 그 가격의 범위를 한정하는 것이나 그것이 각 도가 같지 않을 뿐만 아니라, 그것을 매입한 양 회사는 폭리의 고가가 아니면 방매를 불허하고 있으므로 시장의 품귀로 인한 가격 등귀는 일반 수요자에 막대한 불편과 손해를 미치게 되는 결과를 초래하고 있는 상태라 한다. 그리하여 그의 합동과 통제 여하는 일반 생산자와 수요자에 지대한 영향을 미치는 만큼 매우 주목된다고 한다.

동아일보, 1935년 9월 8일

181. 1도(道) 1사(社) 단위로 전선(全鮮) 가마니 통제
자유경쟁의 폐해를 방지코자 승입(繩叺)·곡용(穀用)
양(兩) 협회 합병 진행

조선 내 각 도에서 생산되는 새끼와 가마니는 농촌진흥운동의 1항목으로 자급자족을 목표로 해 당국에서 장려에 주력한 결과 해마다 증산을 보여 양호한 성적을 거두고 있다. 지금 조선에 있어서 새끼와 가마니의 중요성에 절감해 총독부에서는 이의 적극적 통제를 기도하고 그 방법으로 각 도마다 1도를 단위로 한 승입통제회(繩叺統制會)를 설립하게 해 도내의 산품을 먼저 취급하게 해서 수요 공급의 원활을 계도하기로 했다. 이미 경기, 경남, 강원, 함남, 평북, 충남의 6도에는 이 회사의 설립을 완료했으며 그외 다른 도에도 점차 그 실현을 보게 되었다.

그리하여 도 당국의 감독하에 전기(前記) 도 단위 회사의 생산취급품은 조선승입협회에서 통괄해 수요자에게 알선을 하고 있어 공고한 통제를 실현하고 있다. 아직 통제회사가 설립되지 않은 도에는 그 통제의 힘이 미치지 못하는 까닭에 종래 이 미설립 도(道)를 지반으로 하고 있는 취급상인의 임의단체인 조선곡용입협회와 자유경쟁을 일으키게 되어 그 결과로 각종 폐해를 일으킬 뿐 아니라 여기에 이어 통제의 근본정신을 몰각하게 되는 현상에 있으므로 과반 양 협회의 합병론이 대두해 양 당국자 간에 절충을 계속한 바 있다. 합병의 원칙에는 양방의 의견이 일치되었으나 그 방법에 용이하게 접근을 보지 못해 최후의 일보(一步) 전(前)에서 합병 교섭은 정돈되고 있는 상태이다. 이 국면을 타개하기 위해 내 16일 양방위원이 회합하기로 되었는데 동 회합은 합병의 성부를 좌우하는 최후의 장면으로 관측되어 그 귀결 여하가 주목을 끌고 있다. 곡용입협회는 당국에서도 인정한 것이 아닐 뿐만 아니라 실제에 있어 하는 일도 별로 없는 존재라고 본다. 따라서 설령 합병문제가 원만히 진척되지 못한다고 하더라도 척의 통제문제에 그다지 큰 영향은 없다고 생각한다. 다만 거의 유와 무를 합병하려고 하는 것과 같은 문제를 가지고 이러니저러니 하고 분규할 것은 없다. 기왕에 있는 것을 이 기회에 합병하는 것이 좋다고 생각하는 데 불과한 때문이다. 운운.

매일신보, 1935년 9월 15일

182. 승입협회(繩叺協會)는 존속 / 조직 내용은 갱신

기보(旣報)와 같이 승입(繩叺)·곡용(穀用) 양 협회가 17일 위원회에서 작성 교환한 합병협정서(合倂協定書) 전문은 아래와 같다.

1. 조선승입협회(朝鮮繩叺協會)와 조선곡용입협회(朝鮮穀用叺協

188

會)는 업계의 현상 및 장래의 추세에 감해 혼연 융화합병(融和合併)함.

2. 합병은 쌍방 대등한 자격으로 행함. 단 합병의 방법으로는 편의상 조선승입협회를 존속하고 조선곡용입협회의 회칙을 참작해 적당하게 회칙을 개정하고 다음의 2부를 둠.

    제1부 비료용가마니(肥料用叺) 취급업자로 조직함.

    제2부 곡물용 새끼·가마니(穀用繩叺) 취급업자로 조직함.

3. 합병 후의 협회회계는 신규로 정함. 단 합병 전의 양회 계산은 각기 협회에서 청산할 것.

4. 합병 협회에 상임감사를 둠. 상임감사는 협회원이 아니라도 관계없음.

5. 합병과 동시에 역원(役員)을 개선할 것.

6. 회칙은 양 협회로부터 안을 제출해 연구한 후에 제5차 위원회에서 협의할 것.

7. 제2부 회원은 그 지방을 대표할 회사 또는 단체, 아직 결성되지 않은 지방은 그 지방을 대표할 만한 조합 또는 연합회를 조직하고 그 단체를 회원으로 입회케 함.

8. 결의수는 1개 또는 여러개로 하고 그 회사 및 단체의 취급 수에 의해 이것을 정함.

9. 협회 수수료는 원칙으로 회원의 취급수량에 의함.

10. 이상의 협정사항은 각 위원회 및 총회의 승인을 얻어서 효력이 발생함.

위와 같이 협정함.

매일신보, 1935년 9월 20일

183. 평북산 가마니 만주국으로 수출

농촌에 들리는 희소식—추수기를 앞두고 만주로부터 평안북도 농회에서는 곡물용가마니를 대량 주문받았다. 이것의 납입기한은 11월 20일까지이므로 도농회에서는 기일에 전부 완납하도록 하기 위해 정주(定州), 선천(宣川) 양 군에 각 5만매씩, 그리고 철산군(鐵山郡)에 10만매를 배정한 다음 1매에 1전씩 장려금으로 지출해 제조시키게 되었다. 평북 가마니는 재작년까지 도내 소비 200만매 중 약 100만매를 타 도로부터 이입하던 것을 도의 장려에 의해 이입품을 완전히 압도하고 또 금년은 75만매가 이출 가능하게 되었으므로 이제야 농촌 부업의 대약진을 보게 되었다 한다.

매일신보, 1935년 10월 22일

184. 독점회사의 횡포
곡용(穀用)가마니 매매(賣買)에 중간기관 착취 우심(尤甚)
각 도에 따라 1매 가(價)에 5전 차(差), 생산·수요 측 모두 불평

최근 가마니 시세는 각 도마다 비상한 차이가 있어 극단적인 예로는 전남의 입찰가격이 25전인데 경기도는 20전의 저위이고 다소의 지방 특수 사정을 감안하더라도 가마니 1장에 5전 내외의 상위가 있다. 그럼에도 불구하고 판매가격은 대체로 동가로 이루어지는 것은 가마니 통제의 결함이 어떤가를 여실히 말하는 것으로 주목된다. 수요자로부터도 비난이 있는 터이며 이 가격차는 독점 지명의 가마니회사의 중간 착취 상황을 드러내는 결과로, 생산 및 소비 양자로부터 가마니 통제의 근본 개정, 독점회사 단호 배척의 맹렬한 여론이 대두되고 있다.

그 개혁 주장의 역점은 지명, 독점한 영리회사에 위임하는 것은 상술한 위험을 장래에도 미치는 것으로 이상적으로는 조합이나 협회 조직이 가(可)하다. 그리고 조합 또는 협회는 생산자의 위탁판매기관으로 수수료에 의해 매입하는 것이 이상적 상태이다. 그러나 종전의 파란으로 보아 이것이 불가능하다면 현행의 가마니 회사를 생산자의 위탁기관화시키고 현재 상황과 같은 가마니 회사의 영리 활동은 제한할 필요가 있다고 한다. 현재 상태로 보아 정히 타당한 논(論)이고 총독부 당국의 의사도 이에 공감하고 있어 독점회사의 횡포는 점차 중대하게 되었다.

동아일보, 1935년 10월 23일

185. 제입(製叺) 지정판매 반대 / 3백 생산자 군(郡)에 쇄도
매입처는 한곳인데 가격은 점차 저렴 / 당국의 부당을 절규

지난 22일 오후 1시경에 가마니 생산자 3백여명이 돌연 밀양군청에 쇄도해 대혼잡을 일으킨 일이 있다. 그 내막을 탐지해보건대, 농촌구제사업의 하나로서 작년 이래로 성히 장려해오던 가마니 제조사업도 요즈음 와서는 거의 전반화(全般化)된 모양이며 장마다 매매되는 판매 수만도 평균 1만매 이상을 돌파한다고 한다. 그러나 종전에는 검사가 자유였고 검사 마친 후에 매매도 자유였던 것이 얼마 전부터는 갑자기 지정상(指定商)을 내고 지정상 이외는 매매를 금지할뿐더러 점점 가격을 저락(低落)시킨다고 한다. 종전의 가격을 보면 등별로 천위(天位) 24전, 지위(地位) 22전하던 것을 지난 음력 22일 장날에 와서는 천위 22전, 지위 19전 5리로 내리고 지난 장날에 와서는 또 돌연히 변해 천위 19전 5리, 지위 16전 5리로 폭락되었다 한다.

이렇게 장날마다 2전 혹은 3전이 폭락될뿐더러 막대한 손해를 보고서도 당국의 지정상인 영남승입주식회사(嶺南繩叺株式會社)에만 한해 강제매매를 당할 수 없으니 검사 후의 자유판매를 하도록 해달라고 부르짖으며 그네들의 억울함을 진정코자 군수의 면회를 요구했으나 경관의 제지로 목적을 달성하지 못하고 일시 대혼잡을 이루었을 뿐으로 동 4시경에 일모(日暮)와 함께 흩어졌다고 한다.

동아일보, 1935년 11월 25일

186. 농촌 가마니 속직기계(速織機械)를 발명
아현 호창환씨가 새로 고안 / 1일 100매 직조는 무난

조선의 발명계는 또 우리에게 기쁜 소식을 전해준다. 시외 아현북리 (阿峴北里) 23번지 호창환(扈昌煥, 27)씨는 조선 농촌의 부업으로 가마니 짜는 것에 대해 그것을 짜는 기계의 불완전으로 말미암아 능률이 적고 따라서 수입이 얼마 되지 못함을 항상 유감으로 생각해 다년간 그 기계의 구조를 좀더 편리하게 해 능률이 많은 것을 고안하기에 힘쓰던 중 이번에 씨는 그 고안을 마치고 특허수속까지 완료했다 한다. 그 기계는 새끼가 자동적으로 꼬아지고 그 꼬인 새끼는 즉시 종광(綜絖) 위로 올라가서 종광을 통해 바디로 내려와 가마니의 날(經繩)을 이루게 되었으며 종광이 롤 식으로 되어 매우 경편하고 바디에 왕래하는 북은 짚을 물어가고 풀어올 적에 매우 활하게 돌진할 수가 있으며 위고(緯藁)날줄의 볏짚는 급고장치가 있어서 한알씩 북에 떨어져서 북이 물고 가기에 적당하도록 된 것이라 한다. 종래에 가마니 기계는 매일 10매를 짜기가 그리 쉬운 일이 아니었는데 이 발명기계로 짜면 하루 100여매를 어렵지 않게 짤 수 있다 한다. 그 기계로 짠 것은 매우 완전한 제품을 낼 수 있는 특장이 있다 한다.

매일신보, 1935년 11월 25일

187. 금년 비료입(肥料叺) 공급 천이백만매
조질(朝窒)과의 계약도 성립

승입협회와 조선질소회사와의 사이에 내년 중에 생산되는 비료용 가마니의 매매계약이 성립되었다 한다. 그 수량은 천(天), 지(地) 가마니를 합해 8백만매로서, 그 가격은 흥남 착(着)으로 매장 평균 18전에 결정되었다는데 그 총액은 실로 144만원에 달한다고 한다. 이를 금년에 비하면 수량에 있어서는 1백만매, 그 가격에 있어서는 평균 1전 9푼 8리가 높다. 그리고 금년은 천은 17전, 지는 13전 6리라는 가격에 차별이 있었으나 내년에는 천, 지에 차별이 없이 평균 18전으로 되는 것이므로 그만큼 생산자에 유리하게 된 것이라 한다.

이밖에 다른 회사와의 수량과 가격은 아직 협정되지 않았으나 그 가격도 조질(朝窒)과의 계약과 같은 형태로 될 모양인데 그의 수급관계는 만화(滿化, 만주화학)에 100만매, 조선농회(朝鮮農會)에 100만매, 철박(撤粕)에 100만매 내지 120만매, 일본 내지(內地) 방면에 200만매 내지 300만매 정도로 되어 총수량 1,200~1,300만매에 달하리라 한다. 또 새끼의 수량도 예년과 같은 120만관 정도로 그 가격은 금년과 큰 차이가 없으리라 한다.

동아일보, 1935년 11월 27일

188. 수요 격증으로 입(叺) 증산을 계획 / 잡입(雜叺)도 통제될 모양

조선 내의 부업 가마니는 비료용과 곡물용 쌍방에서 이미 생산 부족 상황인데 기타 광석 반출용 가마니, 벼(正租) 포장용 가마니 등의 수요가 왕성한 한편, 다시 일본 내지와 만주의 비료가마니 수요도 일제히 조선산 가마니에 착안하고 있어 생산 부족 경향은 면키 어려운 상황이

다. 농림국에서는 일찍이 각 도에 증산 장려 중인바 내년 봄 생산기에
는 한층 증산에 박차를 가할 생각 중이다. 그리고 이와 함께 곡물용, 비
료용 외에 잡용가마니에도 통제생산이 필요하다고 해 고려 중이다.

동아일보, 1935년 12월 7일

189. 생산입(生產叺) 통제 표준가 결정

무순현(撫順縣)에 거류하는 동포들의 손에서 생산되는 가마니는 매
년 25~26만매라는 다량의 수다. 금번 이를 생산하는 농가의 편의와 이
익을 도모하고자 무순조선인금융회(撫順朝鮮人金融會)에서는 이를 통
제해 상당한 가격으로 매매하기로 되어 그동안 준비 중이었다. 오는
1월 7일부터 통제사업에 착수하게 되어 매월 6회로 나누어 구입할 터
라는데 표준가격은 1등 가마니 21전, 2등 18전, 등외 15전, 불합격품
10전 정도라 해 이 통제가 실시만 된다면 종전에 비해 4~5전이나 비싼
값으로 팔게 되어 일반 생산자의 이익이 많게 되리라 한다.

동아일보, 1935년 12월 31일

190. 신경(新京) 조선농(朝鮮農)에게 입조기(叺造機) 대여
수해(水害) 구제의 일단

〔상통신경전화(商通新京電話)〕 조선총독부에서는 전만(全滿) 조선농
(朝鮮農)의 수해이재민 구제자금으로 얼마 전에 약 5만원을 거출(醵
出)했으므로, 신경출장소(新京出張所)에서는 이를 피해 정도에 따라
각지에 배정했다. 신경 영사관(領事館) 내의 피해 조선농에 3,500원이
배정되었으므로 조선과(朝鮮課)에서는 그중 2천원으로 가마니 제조기
계 400대를 구입하고 각지 조선농에 대여하여 현재 100대 대여의 부족

을 보충하고 동계 부업장려에 일조가 되게 했다. 그리고 현재 만주산 가마니의 시세는 13전 내지 14전으로 만주에서는 가장 유리한 부업의 하나라 한다.

동아일보, 1936년 1월 19일

191. 입(叺) 증산 적극 장려 / 특정상(特定商)에 일수판매(一手販賣) 검사제 실시코 80만매 생산 / 중간 착취의 우려 불무(不無)

함경도의 처녀지 함남은 만근 각종 공업과 상업이 발흥하여 경제적으로 커다란 비약을 약속하고 있음은 부인 못할 사실이다. 그중에도 비료제조 기타로 농가 생산품 가마니는 그 수요가 점차 늘어 비료용을 제하고도 온전히 동해 명산(名産) 온박(鰮粕)멸치나 정어리에서 기름을 짜고 남은 찌꺼기의 공장용, 간조용(干潮用)으로 1년에 80만매를 수요하고 있는 형편이다. 그런데 도내에서 지금까지의 생산능력은 겨우 50만매로 나머지 30만매는 외지에서 이입해 사용하는 형편이므로 함경남도 당국에서는 명년도부터 가마니 검사제를 실시하는 한편 부족한 30만매도 도내 농가의 생산품으로 충당하도록 그 장려와 지도를 적극적으로 할 터라고 한다. 그리하여 이 온박 포장용 또는 간조용 가마니는 보통 한정된 시기에 수요되는 관계로 수요기가 아닌 때에는 농가에 불리하고 수요기에는 온유(鰮油) 비(非)제조업자들에게 불리하므로 도 당국은 어떠한 특수 상인에게 일정한 가격을 정해 중간매매를 하도록 하여 농가나 비료업자들에게 불이익이 없도록 할 터라고 한다. 그러나 이 결과가 도리어 중간에 개재한 특정 상인의 중간착취를 조장하여 농민들과 비료제조업자들에게 불리한 결과를 가져오지나 않을까 벌써부터 적지 않게 염려되는 터로 도 당국이 이러한 일부 상인의 뱃속을 불리게 하는 그릇된 결과를 가져오지 않도록 일반은 그 영향과 결과를 주목하고 있다.

동아일보, 1936년 2월 27일

192. 자급비(自給肥) 생산에 보조를 요망
금비(金肥) 사용은 자승자박
격입(格叺) 통제는 산조(産組)에서 하라

조선의 농민은 금비를 많이 사용하기 때문에 막대한 손실을 당하니 금후로는 당국에서도 일반 농민에게 금비 사용을 장려하지 말고 자급비료를 사용하도록 정책을 세우고 자급비료 생산에 보조를 주어 농민의 생활을 안정시키는 것이 시급한 문제라고 지난 10일 경남도회 석상에서 김경진(金慶鎭) 의원이 제창해 당국의 금후 정책을 추급(追給)했다. 당국자로서도 자급비료를 증산함은 동감이라고 해 장래 반당(反當) 100관의 퇴비를 생산하도록 계획하겠다고 했다. 이어서 도농회에서 농촌의 부업 주요 생산물인 가마니를 부산에 있는 영남승입회사와 독점적 매매를 계약해 생산자인 농민에게 손해를 주게 함은 기괴한 처사라고 해 가마니의 매매는 지방에 있는 산업조합에 일임해 매매를 통제하면 한푼이라도 농민의 손에 이익이 많다고 송본(宋本) 의원과 김경진 의원이 이구동성으로 제창해 당국의 금후 대책을 질문했다. 산업과장의 답변은 앞으로 영리회사의 독점매매를 폐지하고 산업조합에서 매매통제를 하도록 할 의향이라고 답변해 멀지 않은 장래에 가마니 생산·판매는 산업조합에서 통제하게 될 것이라고 한다.

동아일보, 1936년 3월 15일

193. 평북서 개척한 시장, 이득은 좌하현(佐賀縣)서 대만(對滿) 가마니 수출을 중심으로 경쟁 격화를 예상

매년 50만매씩이나 만주로 수출되는 조선산 가마니는 평북 산품이 일등품으로서 그 수요의 태반을 점령하고 있는데 좌하현(佐賀縣)이 만주 시장에 착안하고 작년부터 극력으로 농가에 장려해서 80만매나 만주로 수출해 평북산 가마니를 능가한 사실이 판명되었다. 이것이 품질에 있어서는 평북산에 비해 불량하지만 수량에 있어 평북산품에 크게 위협을 주고 있기 때문에 평북에서는 모처럼 개척해 놓은 시장을 좌하현에 빼앗기면 안 되겠다는 생각으로 동 협회에서는 근일 중 좌하현에 조사원을 파견해 그 실정을 조사하여 방침안(方針案)을 강구하기로 되었다.

매일신보, 1936년 4월 16일

194. 입판로(叺販路)에 이변

부업 새끼·가마니 생산은 조선 내 부업에 대종을 점함에 이르렀다. 조선 내에서의 강행 장려의 결과는 과잉 생산의 우려를 낳고 있으므로 다시 최근에는 수·이출에도 우려할 사태를 초래하고, 특히 만주 수출은 본고장 생산 때문에 압박을 받고 있다. 즉 종전의 만주 수출은 비료 가마니 만주 1백만매, 풍년 150만매의 8할을 공급하고 곡물용 60만매를 수출했는데, 만주 본고장 생산의 격증으로 금년은 곡물용가마니는 이미 반감했고 비료용도 가격 저락(低落)으로 본고장품에 압박되어 있으며, 새끼 같은 것은 만주가 이미 자급의 영역에 달해 1~2년 후에는 역수입(逆輸入)도 있으리라고 생각된다.

한편 일본 내지(內地) 이출은 일본 내지 각 현(顯) 모두가 증산이 되어 조선품의 진출은 시가를 붕괴시키고 시가의 하락은 조질(朝窒) 등 조선 내 거액의 판로에 납입가격을 인하케 해 결국 일본 내지와 경쟁할 뿐만 아니라 자승자박(自繩自縛)이 된다. 이와 같은 형세에 있어서 총독부 및 승입협회에서는 국면 타개책으로 대만 진출 및 남양(南洋) 기타 해외 판로에 확충을 도모하려고 고민 중이다.

동아일보, 1936년 6월 10일

195. 가마니 20만매 수천인 노동자 동해북부선 복구공사 난삽(難澁) 무참한 선로 피해

동해북부선(東海北部線) 철도선로(鐵道線路)의 피해는 의외로 막대하여 교량과 도로 등이 각처에 파손되었을 뿐 아니라 피해가 심한 곳은 4~5백미터 또는 2~3백미터나 괴멸되어 선로의 흔적조차 찾아볼 수 없는 터이다. 철도 당국에서는 최후의 힘을 다하여 밤낮 복구공사에 노력하는 중으로 전등도 별보와 같이 곧 될 모양이다. 그런데 금번 복구공사에 사용되는 인부(人夫)는 매일 수천명 이상에 달하며 가마니만 20만매 이상 소용된다고 한다.

매일신보, 1936년 9월 8일

196. 이재민(罹災民) 과동(過冬) 위하야 당국 예의(銳意)의 알선 새끼와 가마니 짜는 기계 주어 설한(雪寒) 중 생로를 급여

한파가 몰려와 일기는 점점 추워지는데 지난 여름의 풍수해로 인한 약 18만호 90만 이재민의 안부가 매우 염려된다. 재해가 발생하자 재해를 당한 각 도 당국자 또는 총독부에서 즉시 응급 또는 항구적 구제로 이재민의 구호는 유감 없기를 도모해왔고 국내는 물론이고 황공하

옵게도 황실로부터 거액의 하사금을 우러렀으며 국제적으로까지 의연금이 운집해 이들 이재민에게 뜨거운 동정이 모여들고 있다. 당국에서는 예비금 지출, 책임 지출 또는 추가 예산으로 이들을 구제하는 한편 이재자의 북조선 이주와 재해방지에 근본책을 세우는 치수위원회(治水委員會)를 개최하는 동시에 재책구제의 항구책을 강구하기로 되었다. 그런데 깊은 겨울에 들어가 각종 공사가 중지되는 때를 고려해 총독부에서는 경비 약 10만원으로 새끼와 가마니 짜는 기계를 구입해 심동(深冬)의 부업을 장려하기로 했으며 이 생산품의 판매도 알선하여 이재민의 구제에 만전을 기하기로 했다.

매일신보, 1936년 10월 27일

제4장

전시체제하의 보국운동, '애국' 가마니

(1937~45)

일제는 중일전쟁(1937), 태평양전쟁(1941)을 도발하여 식민지 조선을 전쟁 속으로 몰아갔다. 일제는 1938년 「국가총동원법」으로 전쟁에 필요한 모든 물자와 인력을 공출, 동원했다. 국민총력연맹과 그 산하의 애국반을 축으로 국민총력운동이 전개되었다.

전쟁 수행에는 무엇보다도 군수 식량의 확보가 필요했다. 일제는 생산물의 출하 통제, 식량 배급 등으로 이를 해결하고자 했다. 전쟁이 확대될수록 공출량은 늘어났다. 가마니도 직접적인 군수용품으로서 공출과 통제의 대상이었다. 군수용 식량을 포장하거나 참호와 같은 군사 시설을 만들기 위해서도 가마니가 필요했다. 만주, 일본에서 가마니 수요가 증대하면서 조선이 감당할 생산량도 늘어났다. 1930년대 말에는 조선에서 약 1억 장의 가마니를 만들어야 했다. 총독부는 조선승입협회(朝鮮繩叺協會) 같은 단체를 통해 가마니 생산과 유통을 통제했다.

전쟁 말기에 이르면서 총독부는 가마니 생산을 독려하기 위해 각종 경품을 내걸기도 했고, 이를 두고 농촌 갱생을 위한 것이라고 선전했다. 또한 가마니 생산을 '보국운동' '애국운동'이라고 부추겼다. 수많은 조선 농민들이 속아서 이 대열에 참여했다. 급기야 가마니 판매 대금을 국방헌금으로 납부하는 일들이 경쟁적으로 일어났다. 직접 무기 대금으로 내기도 했고, 비행기도 헌납했다. 그 비행기의 이름은 '가마니호'였다.

197. 조선승입협회(朝鮮繩叺協會)에 부정 사실이 탄로
내사 계속하던 본정서(本町署) 활동 개시, 모 고관에게도 비화?

서울 시내 남대문통에 있는 조선승입협회 안에 부정사건이 있다는 것을 탐지한 본정서에서는 지난달 초순부터 엄밀한 감시와 내사를 해오던 중, 3일 밤에는 드디어 모종의 확증을 얻은 모양으로 동 협회의 주사를 호출해오는 등 맹렬한 활동을 개시했다. 사건의 내용을 극비에 붙여 아직 구체적인 사실은 모르겠으나 서원(署員)의 말에 의하면 사건의 진전 여하에 따라서는 모(某) 고관까지 참고인으로 소환할 작정이라 한다.

동아일보, 1937년 6월 6일

198. 승입협회(繩叺協會) 사건 점차로 확대
본정서(本町署) 본격적인 취조 개시

서울 시내 남대문통에 있는 조선승입협회 내에 부정사건이 있음을 탐지하고 본정경찰서(本町警察署)에서 동 협회 회장 판본(坂本), 회계 주임 서본(西本) 등 3인을 소환 인치(引致)해다가 엄한 조사 중이라 함은 이미 보도했거니와 동 협회는 전 조선 농민에 직간접으로 막대한 이해관계가 있는 만큼 같은 서(署)에서는 동 협회의 사회적 성가(聲價)를 존중하는 의미에서 신중한 취조를 계속해오던 중이었다. 취조에 따라 점점 부정사실의 내막이 확실해졌으므로 동 서에서는 22일 오전 11시 다시 동 협회의 임시대리중역 송본(松本, 가명)씨를 호출해 문초하는 한편 북조선(北朝鮮) 모 방면에서 길야(吉野, 가명)라는 중요 인물을 소환해 엄조하는 등 본격적인 취조에 착수했다.

동아일보, 1937년 6월 23일

199. 승입(繩叺) 부정사건 확대 / 지방지회에도 비화
장부에 교묘한 기입으로 착란, 공범은 2,30명?

부내(府內) 남대문통 조선승입협회 안에 금전상의 일대 부정사실이
발각되어 동 협회장 판본(坂本)등 3명이 본정서(本町署)에 인치되었다
함은 누보한 바이다. 동 서(署)에서 그간 동 협회의 사회적 성가(聲價)
를 존중하는 의미에서 신중한 태도로 취조를 진행해오던 중, 점점 그들
의 죄상이 판명되었으므로 지난 7월 1일경에는 동 협회의 장부 일체를
압수해 방금 세밀한 조사를 하고 있다. 동 협회의 장부란 전부 상법(商
法) 위반적(違反的) 기입으로 장부에 능란한 사람이 보더라도 모를 만
큼 복잡다단하고 교묘한 수법으로 기록되어, 앞으로 이것의 내용을 선
명하게 하기만도 수개월을 요할 것이라 한다. 장부에 의해 죄상이 확연
해짐에 따라 동 협회의 세포 단체인 이리, 흥남, 신의주, 해주 등 전 조
선 주요지에 있는 14개 승입회사(繩叺會社)에서도 본 사건의 공범자를
속속 소환인치(召喚引致)할 것이라 한다. 작금에도 조치원에 있는 입
산(入山), 나주(羅州) 등지에서 5~6명을 소환해 매일 취조를 계속하고
있는 중이라는데, 사건의 전개 여하에 따라서는 정식 인치할지도 모르
겠다고 하며, 앞으로 압수된 동 협회 자매단체의 기괴하고도 복잡한 장
부 내용이 판명됨에 따라 적어도 20~30명이 금번 사건의 공범 혹은 연
루자로 송국(送局)될 것이라 한다.

동아일보, 1937년 7월 6일

200. 농민 본위로 승입협회 개조 / 금번 부정사건을 계기로
총회 석상에서 토의

(전략) 금번 사건의 여파라 할까 당연한 귀결이라 할까 동 협회를 싸

고 일대 개혁, 개조파가 대두했다 한다. 그들의 일설(一說)을 듣건대 전조선 내에서 산출되는 새끼·가마니의 총액은 매년 300만원에 달해 농민의 생활에 직간접으로 적지 않은 관계가 있으매, 이것을 통제 혹은 판매 알선하는 기관도 농민의 이익을 위한 공익적 봉사기관이어야만 한다. 이번 사건의 조선승입협회나 동 협회를 구성한 자매회사가 영리회사로 조직되어 있어 자연 암암리에 농민의 이익과 대립할 뿐 아니라 또한 동 협회와 동 협회를 구성한 지방 자매회사와도 미묘한 대립 혹은 사기와 공갈을 할 만한 여지가 있는 불철저한 조직체였기 때문에 금번과 같은 부정사건이 발생했으므로, 이번 사건을 계기로 동 협회는 물론이요 동 협회를 구성한 각 도의 지방 자매회사까지도 근본적으로 그 조직을 변경해 진정으로 농민의 이익을 위하고 새끼·가마니를 통제, 판매할 수 있는 기관으로 만들자는 것이었다. 이 개조파는 금번 문제된 조선승입협회를 구성한 지방 승입협회와 산업회사 중에 모모 유지와 총독부 공과(工課) 중에서 대두해 벌써 구체적 안까지 섰다고 하며 불원간 동 승입협회 총회 석상에서 토의할 것이라 한다.

동아일보, 1937년 7월 9일

201. 승입협회(繩叺協會)를 법인(法人)으로 개조(改組)?

조선승입협회의 기구 개혁에 대해 관계자가 협의 중이더니, 동 회(會) 조직을 법인으로 할 것이라는 의견이 유력하고 여러가지로 연구 중인 모양인바, 결국 사단법인으로 개조, 강화될 것으로 보인다.

동아일보, 1937년 7월 11일

202. 승입(繩叺) 도매 알선을 기화로 농민의 이익분 사취
10년간의 2백권 장부를 조사 / 배임 횡령으로 금월말 송국(送局)

조선승입협회 내의 부정사건은 기보한 바와 같이 부내(府內) 본정서(本町署)에서 협회장 판본유장(坂本由藏), 서무주사 시야(矢野), 회계 서본(西本) 등 3인을 인치(引致)하는 동시에 2백여권의 장부 일체를 압수해 2개월 동안 불철주야 준엄한 취조를 계속한 결과 사건의 내용이 거의 판명되었으므로 불일간 일단락을 지어 막대한 조서(調書)와 함께 배임, 횡령, 사기죄로 송국(送局)할 터라 한다.

동 협회는 전 조선의 농민과 직접 간접 다대한 이해관계가 있는 반관반민(半官半民)의 조직체인데다가 한때는 모 고관을 비롯해 수십명의 공범 혹은 연루자가 있으리라 해 세인의 주목을 끌었으나 금번 사건의 중요 인물 몇은 사건 발생 직후 이미 종적을 감추어버렸고, 또한 원체가 계획적으로 십여년간 기기묘묘한 수단을 써놓아서 1개월 동안 경찰의 필사적인 수고도 헛되이 물적 증거를 얻지 못해 그동안 지방 승입회사에서 대구에 있는 평송(平松)을 인치하고 또 참고인으로 20~30명을 호출하였을 뿐 정식으로 인치·송국하지 못한 자도 십수명에 달한다고 한다. 또한 근본적으로 금번 사건착수 단서인 회(會) 반대파의 과장적 혹은 허위적 투서와 선전으로, 한때는 검사국(檢事局)까지 움직였으나 교묘하고 착란(錯亂)하기 세계에 드문 동 협회의 10여년에 걸친 1백여권 장부에서 추려내는 물적 증거의 수확이 갈수록 예상보다 극난(極難)하고 희박할 것 같아서 동 서(署)에서는 예기(豫期)보다 소규모로 이번 달 내에 송국할 터라 한다.

아직도 취조 중이요 계산의 결말이 끝나지 않았으므로 자세한 것은 모르겠으나 오늘까지 판명된 죄상의 골자만을 얘기한다면, 판본(坂本)

등은 동 협회가 조선 유일의 새끼·가마니 도매알선기관이라는 것을 이용해 새끼·가마니의 도매, 알선을 할 때 부당한 수수료를 횡령해 농민에게 돌아갈 부분을 십여년간 4~5만원이나 사취하였으며, 또 새끼·가마니를 사간 회사에서 새끼·가마니 대금이 왔음에도 불구하고 각 지방 승입회사에는 아직 대금이 오지 않은 것으로 하고 5~6만원을 몇개월씩 사용자금으로 융통해 그동안 금리로 사복(私腹)을 채웠다 한다.

동아일보, 1937년 7월 25일

203. 입용(叺用) 잠(筬) 통제
품질 향상, 능률 증진을 목표로 농림국에서 방침 수립

지난번에 가마니의 규격을 통일한 농림국(農林局)에서 이번에는 가마니용 잠(筬)가마니 틀의 바디인지 바늘인지 불분명함에 대해 통제를 행하기로 했다. 가마니의 규격은 이미 통일되었는데 현재 사용되고 있는 잠은 각종 다양하기 때문에 품질이나 작업 능률이 증진되지 않아 이것을 방어하기 위해 곡물용, 비료용, 소금용가마니 등 용도에 따라 구별해 잠을 일정하게 하려 하나, 이것을 보급하려면 농가의 부담이 급증할 것이매, 현재 사용 중인 것을 바꿀 때나 신규로 가마니 치기를 시작하는 경우 등에 신통제(新統制) 잠을 구입하도록 할 방침이다.

동아일보, 1937년 8월 29일

204. 인천의 곡용입(穀用叺), 10년 내 최고가 / 1등품이 30전

〔인천〕 겨울철 농한기의 농촌 부업인 가마니 시세가 폭등해 인천에서는 1등품 1매에 32전이라는 경이적 고가를 현출했다. 그 이유는 근년에 와서 일본 내지(內地)로 이출되는 백미 포장에 포대가 많게 되어

가마니의 수용이 격감한 관계로 공급 역시 감소되었는데, 중일전쟁 이래 북지(北支) 방면에 보내는 군량미가 전부 가마니로 다수 반출되는 데 반해 북지에서 인천에 출회되는 현품이 없으므로 현저히 공급부족이 되어 십년 이래 초유의 폭등을 보게 된 것이라 한다.

동아일보, 1937년 10월 26일

205. 곡입(穀叺) 제작 헌금(獻金)

〔장단〕 장단군(長湍郡) 장남면(長南面) 관부리(官浮里) 청년단원 김영진 외 18명은 농번기임에도 불구하고 야간을 이용하여 곡물용가마니 1백매를 쳐서 팔아 그 대금 10원을 고랑포주재소에 국방헌금해달라고 기탁하였다.

동아일보, 1937년 11월 6일

206. 가마니 부족으로 현미(玄米) 출회(出廻)에 이상
장마에 집이 썩어 재료도 곤난 / 김해농회 생산 독려

〔김해〕 곡물상들의 현미 작업이 날로 융성해가는 근일 김해에서는 가마니가 황금시대를 이루고 있다 한다. 본시 가을과 겨울 한철에는 현미용가마니가 다량으로 소비되는 것인데 금년에는 시절이 풍년인 만큼 곡물 출회가 많은 관계로 그 수요가 격증하여 근일에는 김해에서 생산되는 가마니로는 도저히 공급 부족으로 부산, 밀양, 창원 방면에서 현미용가마니를 한장에 39전씩에 사들인다고 한다. 이를 전년에 비하면 12전가량이 오르고 지난 여름보다는 배가 올랐으나 가마니가 없어서 살 수가 없게 되니, 곡상계에서는 가마니 부족으로 현미 출회에 일대 이상을 일으키고 있다 한다. 이때를 이용하여 김해군 농회에서는 기술원

을 동원시켜 일반 농가의 가마니 생산 능률을 올리기에 노력하고 있으나, 며칠 전 장맛비에 볏단 태반이 상하거나 썩은 관계로 재료 선택이 곤란하여 생산 능률에 큰 지장을 받고 있는 상황이라 한다.

동아일보, 1937년 11월 21일

207. 1매에 75전! / 가마니가(價) 속등 / 산지 곡물 반출 정지

〔인천〕 수십년 이래 초유의 고가로 폭등한 1등 가마니가 17전에서 32전으로 올랐다 함은 그 당시 본지(本紙)에 솔선 보도한 바 있다. 곡물용 1등 가마니는 그후 연일 끝을 모르고 폭등하여, 지난 23일에는 평안북도와 전라남도 등지에서 상인이 찾아와 75전까지라도 좋으니 살 수 없는가 하고 애걸하다시피 했으나, 대관절 팔고사고 할 물건이 없으므로 결국 낙심하고 돌아갔다 한다. 이에 대해 인천 무역상 측 모씨는 "인천의 상인들은 고사하고라도 생산지 농촌에서 곡식 담을 가마니가 없으니 풍년 곡식도 그림의 떡으로 꼼짝 못하고 두고 보아야 되는 형편입니다."라고 말했다.

동아일보, 1937년 11월 25일

208. 미(米) 희유(稀有)의 대풍작으로 입승(叺繩)의 기근(饑饉) 소동

금년도의 조선 산미(産米)는 이전에 없었던 대풍작으로 그 출회기를 앞으로 하고서 새끼와 가마니의 부족으로 정부 매상(政府買上)과 미곡 저장에 치명적인 큰 타격을 주고 있다. 즉 예년에는 미곡가마니 220만매 내지 250만매, 비료가마니 150만매의 재고품이 있었는데, 금년에는 재고가 하나도 없고 정부미 매상 등으로 11, 12월 두달에 150만매의 수요에 응하지 못하게 되어서 새끼·가마니의 값은 예년의 3배 내

210

지 4배에 달하고 있다. 그런데 그 가격으로도 구입할 수가 없는 형상으로 정부미 매상기간 중까지 납입할 수가 없어서 연기를 희망하는 소리가 나고 있다. 풍작으로 미가 유지를 위한 저장 장예(障翳)에도 지장이 생길 염려가 있어서 총독부에서는 미곡가마니, 비료가마니 양 협회 수뇌자를 조치하고 연일 협의 중이다.

매일신보, 1937년 11월 27일

209. 강원도 승입연(繩叺筵)의 통제회사(統制會社) 창립
50만원 자금으로

〔춘천〕미곡을 운반하거나 어업용 거적, 포장 등에 절대 없어서는 안 될 새끼·가마니·거적! 종래 강원도에는 철원(鐵原)에 새끼·가마니회사가 있었던바, 어떤 사정으로 이 회사가 해산의 운명에 이르러 생산자나 수요 쪽에서 무한한 불편을 느끼게 되었다. 금번 전(全) 강원도지사는 농촌진흥운동에도 다대한 영향을 미치게 된다는 농가 부업인 새끼·가마니 문제에 느낀 바 있어 열렬한 지시로 도내 유력한 재벌 14인을 초환하여 새끼·가마니·거적 통제회사인 식산주식회사 발기인 회를 강원도 개발위원회가 끝난 다음날인 18일에 도공의실(道公議室)에서 개최하였다. 공칭자금 50만원의 대회사를 창립하기로 일사천리에 가결되어 당일로 창립총회까지 마치고 해산했다는바, 역원까지 내정하여 방금 등기 수속에 분망 중이라 한다.

동아일보, 1937년 12월 1일

210. 응급 증산계획 수립 / 곡용입(穀用叺) 기근 완화책
경남도 각 군에 통첩

〔부산〕곡용가마니 기근으로 부산시장의 곡상 사이에는 가마니 매입 쟁탈전이 시작되어 1장에 80전까지 호가하고 있다 함은 이미 보도한 바와 같다. 이 가마니 기근의 대책으로 지난 27일 정오, 경남도 농회(農會)에서는 새끼·가마니 업자인 영남승입회사(嶺南繩叺會社)와도 가까운 산업조합 관계자를 불러 협의한 결과 곡물용가마니 증산 응급대책으로 곡물용가마니 수요 시기인 오는 12월 1일부터 동 15일까지 15일간을 증산기간으로 하고, 각 군내의 곡물용가마니 수요수를 조사하여 이에 공급할 정도의 증산계획을 수립하기로 했다. 만약 그 관내에서의 수요 수량과 같은 생산이 불가능할 때에는 가능할 정도로 생산하도록 계획하기로 각 군에 통첩을 바람과 동시에 매수 및 판매 방법으로는, 매수는 전기 영남승입회사와 가까운 산업조합에서 하기로 하되, 매수에는 천(天)위 30전, 지(地)위 25전, 판매에는 천위 32전, 지위 27전으로 하기로 하고, 앞의 양 단체에서는 매수 공탁금으로 각 군에 대하여 1매당 10전씩을 적립하도록 협의되었다 한다. 이렇게 해서 우선 가마니 기근을 면하도록 주선하기로 한 것이므로, 이제 가마니 1매에 80전이라는 엄청난 고가는 없으리라고 하나 시장 시세 80전으로 폭등이 되기 전 금년에 6백여만석 증수된 사실과 군부(軍部)의 대량 매입 등의 수요 격증을 예상하고 이러한 기근이 없도록 미연에 증산 계획을 수립해주지 않은 것이 농무당국에 대한 일반 상인의 불평이라 한다.

동아일보, 1937년 12월 2일

211. 직입자(織入者)들의 수난

〔칠원〕 가마니 가격의 고가와 구입난은 전 조선적인 현상이다. 1등 15~16전에서 분등 또 폭등을 계속하여 지금 80전의 고가에도 오히려 품귀로 소비자들은 곤란을 당하고 있으니, 앞으로 얼마나 가려는지 예상키 어렵다 한다. 이렇고 보니 가마니 치기를 부업으로 해오던 세궁민(細窮民)들은 실로 한때를 만난 폭이 되어 본업으로 해도 좋은 이때이나, 칠원 지방에서는 가을장마로 볏짚이 대부분 썩어버리고 비 오기 전에 타작한 볏짚도 건조 불완전으로 모두 변색되어 가마니를 칠 수 있는 짚은 한동에 11원을 던져도 살 수 없어 모처럼의 고가에도 가마니를 칠 수 없게 되었다 한다. 이러고 보니 생산자도 곤란하려니와 정미업자들도 아무리 고가로라도 장차 가마니를 사지 못하게 될 것을 극히 우려하여 가마니 검사에 사정 표준, 즉 첫째로 윤기를 보는데 설사 빛깔이 선명치 못하더라도 다른 조건만 구비한다면 이것을 합격시키도록 임시 변경하기를 간절히 바란다고 한다.

동아일보, 1937년 12월 4일

212. 황등(黃登) 입매입장(叺買入場)에서 생산자와 검사원 충돌
등급 사정이 불공평하다고 / 일시는 사태가 험악

〔이리〕 이즈음 가마니 값이 폭등함에 따라서 생산자 측에서는 최대 노력을 다해도 수요를 충당치 못하고 있으며, 가령 생산자 측의 매물이 많아도 시가 60~70전 이상 가는 것이 생산자에게는 겨우 30~40전밖에 돌아오지 않으므로 생산자 측에서는 다른 뜻을 가지고 있는 터인데, 등급 검사에서 생산자 측 예상보다 너무나 차등이 있다 하여 일대 소동이 황등 가마니 매입장에서 발생했다고 한다. 지난 황등 장날에 가마니

가 각처로부터 물밀듯하여 매입창고 부근에 산적했을 때, 수삼명의 검사원들이 필사의 노력을 다해 검사에 열중하고 있는데, 한쪽에서 가마니 검사가 엄격치 못하다는 풍설이 돌자 한 사람 두 사람 물의가 분분하던 중 모 검사원의 귀에 거슬린 바가 있어 검사원 측에서 함부로 지껄이는 자를 '잡박'으로 내밀며 "무슨 잔소리를 그리 하냐"고 했던바, 이 광경을 목도한 군중들은 "와!" 하고 모여들어 "때려라! 밟아라! 죽여라!" 하고 대소동이 일어나서 걷잡을 수 없게 되자 그 부근 모 유력자까지 나와서 제지했으나 하등의 효과가 없이 일시 사태는 험악해졌다. 경찰 당국의 적절한 처치로 결국 끝났으나, 그 영향인지는 모르되, 보통 때보다 가마니 출회는 훨씬 줄었다고 하여 일반의 주의를 끌었다고 한다.

동아일보, 1937년 12월 4일

213. 산조(産組) 대 승입회사(繩叺會社) 입(叺) 쟁탈전 격렬
생산자는 중간에 끼어 대(大) 곤난 / 가마니 기근의 부산물

〔밀양〕 올해는 근년에 보기 드문 가마니의 부족으로 조선 각지에서 야단들인데 우리 밀양에서도 가마니의 대량 부족으로 마대(麻袋)를 대용하거나 가마니가 없어서 휴업하는 곡물상까지 생겨 일대 혼란을 이루고 있다. 장날이면 가마니를 서로 사려고 생산자를 이끌며 다툼을 하는데, 남조선 일대에 커다란 세력을 가지고 있는 영남승입회사(嶺南繩叺會社)와 가마니 지정판매자인 산업조합이 대립하여 생산자를 방문하고 서로 선전하며 장날에는 두곳에서 길을 막고 서로 싸움을 하며 유혈극을 연출한 것도 한두번이 아니며 쌍방이 상처를 입어가며 서로 대치하고 있어 멀리에서 지고 나온 생산자들에게 도리어 불편을 주고 있

다고 한다.

동아일보, 1937년 12월 17일

214. 야간에 가마니 짜서 학비 자변(自辨)을 여행(勵行)

〔개성〕 생업 보국의 일념에 불타는 제2세 국민의 거룩한 가마니 짜기－개풍군(開豊郡) 풍덕공립보통학교(豊德公立普通學校) 제5·6학년 생도들은 집에 돌아가서 밤이면 가마니를 짜서 이를 팔아 수업료 또는 학용품을 사서 쓰는 것은 물론이요, 섬약한 손으로 짠 가마니를 팔아 저금까지 하여 작년 겨울부터 저금한 것이 200원에 달한다고 한다. 그들은 학교에서 선생님에게 국가 비상시를 극복함에는 생업으로써 보국함이 총후에 있는 자의 취할 바라는 교훈에 마음 깊이 느낀 바 있어서 그들은 그와 같이 자기 힘 이상의 활동을 한다는데, 동심에 끌리는 부형도 한층 긴장되어 더욱 열심으로써 가마니 짜기에 힘쓴다 한다.

매일신보, 1938년 1월 25일

215. 4만원의 특별 지출로 비료입(肥料叺) 증산 계획
농림국 각 도와 협의

농가의 부업인 비료가마니 생산은 금년에 2,150만장의 매약(賣約)이 있는 데도 불구하고 1월 중 생산이 겨우 215만장에 불과하다. 즉 전년의 378만장에 비하면 163만장이 감하여 혹시 농촌진흥운동 이완의 결과가 아닌가 한다. 농림국에서는 각 도의 주임관을 집합하여 증산을 협의하고 신설한 산업협회가 도(道)와 농회(農會)의 협력을 얻어 4만원을 특별지출해 지도원의 증가, 증산보조 지급, 현상 등으로 비료가마니의 대(大)증산을 행하기로 결정했다.   동아일보, 1938년 3월 3일

216. 농촌 부업계에 이상(異狀) / 입자(叺子) 가격 대폭락
정미업계에도 대타격

〔칠원〕경상남도 칠원(漆原), 칠서(漆西), 칠북(漆北), 대산(代山) 등지의 농가에서는 가마니 치기를 부업으로 하여 가계에 큰 도움이 되어온바, 칠원 시장을 중심으로 마산, 남지(南旨) 기타 정미업자에게 출회되는 가마니가 매 시장에 만여장을 돌파하는 호세였는데, 몇달 사이를 두고 출회 수량이 점차 감소한다고 한다. 최근에 와서는 불과 수십장의 출회가 있을 뿐으로 가마니시장은 실로 적막을 보이고 있다 한다. 이제 그 출회되지 않는 이유를 듣건대, 수개월 전까지는 가마니 1장에 1, 2등을 구분치 않고 36~37전 내지 40여전 가던 것이 최근에 와서는 1등품이라야 19전 내외에 불과한데다가 지난해 가을장마로 볏짚이 많이 썩은데다 가격이 폭등하여 볏짚 한동에 좋은 것은 2원이나 하니 원료 구하기가 어렵고, 따라서 수지가 맞지 않아 치지 못한다고 한다. 앞서 쓴 가마니 문제에 대해 칠원산업조합(漆原産業組合) 가마니 취급계원의 말을 듣건대, "가마니 값 폭락과 원료난이 원인이올시다. 곡물용가마니의 불출은 정미업자에게 치명적 대타격이 되니 그들은 고가라도 사가겠다고 직조를 장려해달라 하나 방금 당국에서 비료가마니를 장려 중이니 값을 올릴 수도 없습니다. 비료가마니라도 많이 쳤으면 좋겠는데 말씀한 바와 같이 볏짚이 비싸서 수지가 맞지 않으니 좌우간 농촌 부업에 큰 낭패올시다."

동아일보, 1938년 3월 3일

217. 비료입(肥料叺) 기근 심각 / 유안(硫安) 배급에 암영(暗影) 실수기(實需期)로 조질(朝窒) 당황

조선에서 임시 비료통제령 실시에 의한 황산암모늄(硫安)의 선물거래 위축은 실수기에 배급이 원활하지 못할 것을 우려하고 있었는데, 다시 비료가마니의 극도의 부족으로 실수기에 유안의 배급난에 일층 박차를 가하는 것으로 해서 비료의 배급통제상 일대 암영(暗影)을 던지려 하고 있음은 최근 가장 주목할 만한 일이다. 즉 새끼·가마니의 부족은 작년부터 군수 관계, 농촌의 생산력 감퇴 등 여러 원인으로 수급의 균형이 완전히 파괴되어 곡물용가마니 같은 경우 일시 70~80전이라는 법 밖의 고가까지 시현한 바가 있어서 관계 방면에서 깊이 우려하고 있었는데, 최근 비료 실수기에 직면하여 비료가마니의 부족은 현실의 문제가 되기에 이르렀다. 즉,

1. 조선 황산암모늄의 8할까지를 공급하는 조질(朝窒)은 작년 총독부의 알선으로 연 9백만장의 구입을 산업협회(産業協會)와 계약했는데, 전술한 바와 같은 관계로 올해 이월된 미납 가마니는 150만장에 달하였다.

2. 그리고 조질은 금년 계약으로 산업협회와 1,100만장의 계약을 체결하였는데, 이로써 전년의 미납분 150만장과 합하여 1,250만장의 공급을 받기로 되어 있다.

3. 이 중 1, 2월에 조질이 구입할 할당은 각 2백만장 합계 4백만장이다. 그런데 그 실정은 조질이 2개월에 가마니를 2백만장 공급받았음에도 불구하고 현재 가진 것은 겨우 가마니 80만장에 불과함에 반하여 조질 1일의 가마니 소비는 5만 5천장, 월 165만장이 필요한데, 산업협회로부터 최근 매일 2만장 정도 입하되고는 있으나 실수(實需) 최성기

(最盛期)의 황산암모늄 출하에는 지장을 초래하여 조질은 황산암모늄 배급계획에 어려움에 당면할 모양이어서 곤란 중이며, 이대로 가마니 기근이 지속된다면 황산암모늄의 배급에 의외의 지장을 초래하지 않을까 깊이 우려되고 있다.

통제결함 지적 / 야구(野口)씨가 건언(建言)

비료가마니의 극단적인 부족에 대하여 조질은 사태를 중시하고 비료 수요 성기에, 더구나 황산암모늄 최성기의 황산암모늄 배급에 대해서는 그 책임을 지울 것이라고 야구 사장은 5일 총독부에 탕촌(湯村) 농림국장을 방문, 비료가마니 부족의 실정을 낱낱이 설명하고 경고를 발함과 동시에 이에 대한 대책을 요망한 바 있었는데 대체로 다음과 같은 의미의 요망을 했다.

1. 총독부는 비료가마니만 통제를 행하고 곡용가마니의 통제를 행하지 않은 결과, 조질과의 계약치 20전 5리로부터, 할고(割高)인 곡용가마니(최근 40전 내지 50전으로 폭등) 생산에 농가가 전향하여 비료가마니의 생산은 전혀 돌아보지 않는 경향이 있는 것이 아닌가. 이 점에 관한 대책을 속히 강구하기 바란다.

2. 조질은 황산암모늄 배급의 원활을 기하고자 비료가마니를 계약금 이상으로 구입해도 좋다. 단, 그 대신 이것은 황산암모늄의 판매가에 가산하고 싶다. 그리고 이에 대해 총독부 당국은 황산암모늄 배급가를 높이는 것과 같은 이러한 대책은 비료 통제령의 입장에서 강구함은 불가능하고 이에 대한 대책도 강구하기로 하고 선처를 약속했다. 이에 대한 대책으로는 (1) 유안(硫安)을 살적(撒積)나누어 쌓음으로 해서 지방에 배급할까, (2) 곡물용가마니를 비료가마니에 대용할까, (3) 일본산 가마니를 이입할 것인가, (4) 마대를 대용품으로 사용할까 등의 방법이

있으나, 하여간 현재의 실정으로는 실행 불가능에 가깝고 총독부가 여하한 대책을 강구하여 이 가마니 기근을 완화할 것인지, 비료의 실수기를 앞두고 이의 비료 배급상에 미치는 영향이 자못 큰 만큼 앞으로 주목되고 있다.

동아일보, 1938년 3월 8일

218. 상금 받아서 국방비(國防費) 헌납

〔광주〕 지난 2월 19일에 전남 광산군 송정읍 가마니검사소 광장에서 광산군 농회 주최로 가마니 짜기 경기대회(叺織競技大會)를 개최했다 함은 기보한 바 있다. 동 경기대회에서 1등으로 우승한 대촌면(大村面) 장촌리(長村里) 이용복(李龍福) 형제는 부상금 중의 일부를 국방헌금하였으며, 또 서창면(西倉面) 동하리(洞荷里)에서는 실행조합장(實行組合長) 장창섭(張昌燮)을 중심으로 면(面) 입직경기대회(叺織競技大會)에서 짠 가마니를 팔아 그 대금 전부를 국방헌금했다고 한다.

매일신보, 1938년 3월 9일

219. 함안(咸安) 곡용가마니 고가 매매를 제지
비료용가마니를 장려코저 / 생산, 소비층은 비난

〔칠원〕 경남 함안군 칠원 시장에서는 가마니 값이 폭락되어 가마니의 출회가 격감되었다 함은 기보와 같다. 함안군 농회(農會)에서는 공정가격으로 곡물용 1등 19전을 군내 시장 지정매수인에게 감행시키고 있으나, 다른 군 시장에서 실지 매매되는 가격은 1등 34~35전으로 칠원 시세보다 15~16전 고가가 되고 보니 자연 칠원 시장에 가마니가 오지 않고 모두 인근 시장인 마산, 창원, 남지에 유출되고 있었던 것이다.

이 사정을 탐지한 산업조합에서는 시장의 한산을 완화시키고, 생산자의 불편을 제거하기 위하여, 당국의 지령이 있음에도 불구하고, 최근 두어장을 두고 시세를 높여 30전으로 매수하였는바, 어느새 출회 수효가 격증되어 시장은 원상을 회복하였다.

지난 18일 군에서 이 소식을 알고 직원이 나와 공정가격 실행을 고집하는 한편, 산업조합 책임자를 군으로 호출까지 했기 때문에 산업조합에서도 가격을 낮추어 1등 25전으로 매수하게 되었다 한다. 사태가 이러함에 생산자들은 조합보다 1~2전 고가로 소비자와 중간상인에게서 직접 매매하여 그야말로 자유시(自由市)를 이뤘다 한다. 34~35전에도 능히 매매되는 것을 당국에서 19전으로 고집하면서까지 생산자에게 막대한 손해를 끼치는 이유는 당국에서 모 비료회사와 비료가마니 알선을 예약한 모양으로, 칠원 시장에서만 근간 6만 8천매의 비료가마니를 매수해야 될 것이라 한다. 비료가마니는 1등에 14전 7리밖에 안 가니, 만약 곡물용가마니 값이 고가이면 불리한 비료가마니를 더이상 짜지 않을 것을 두려워해 이와 같이 곡물용가마니에 제압을 가하는 것이라 한다.

칠원산업조합(漆原産業組合) 가마니계(係) 담 "이 문제에 대하여 칠원산업조합 가마니계원(係員)은 말하되 당국의 지시에 위반함은 미안하나, 실지 시세보다 적게 주면 거리가 먼 다른 군 시장으로 가져다 팔게 되니, 결국 수천 생산자에게 불편과 불리만 줄 것이 아닙니까. 이것을 살피고 장날 두어번 30전씩에 매수했더니 군에서 오라니 가라니 하고, 직원이 출장하여 문제를 제기하지 않습니까. 비료가마니를 장려하려면 가격을 올릴 것이지, 재료 값은 올랐는데 기껏 쳐서 불리할 노릇을 누가 하려 하겠습니까. 당국에서도 적절한 조처가 있어야지 그저 이대로 공정가격만 고집한다면 군내 시장은 한산을 면하기 어려울 것이고, 비료가마니는 언제까지 있어도 소정의 수량을 매수하지 못할 것입니다." 운운.

동아일보, 1938년 3월 25일

220. 고(藁) 제품 수요 증가로 어업용 연(筵)도 극(極) 부족

가마니, 거적, 새끼 등 볏짚 제품의 수요는 더욱 증대하여 곡물용가마니, 비료가마니와 함께 기근시대를 출현하고 있는데, 다시 어업(漁業)거적의 수요도 심각한 공급 부족의 상태이다. 즉 어업용거적의 조선 내 수요는 연액 1천만장을 초과하고 있으나 조선 내의 공급력은 겨우 4백만장에 불과하여, 그밖에는 부득이 내지(內地) 방면에서 이입할 방침이다. 조선 내의 부업장려 개척의 여지가 아직 상당히 있는 것으로 예상되는 만큼 산업협회 기타 관계 방면의 선처가 요구되고 있다.

동아일보, 1938년 4월 1일

221. 각 정미소 휴업으로 수백여 노동자 곤경
곡용(穀用)가마니 부족이 주요 원인 / 대구 정미계의 기현상

〔대구〕 최근 대구에는 곡물용가마니의 대(大)기근이 생겨 수일 전부터 부내 몇몇 정미소가 휴업상태에 빠졌다고 한다. 일본 이출미(移出米)에 쓰이는 가마니는 이출 최성기인 요즈음 하루에 5천장 내외의 수요가 있는 데 반하여 시장에 나오는 가마니는 겨우 1천수백장 정도여서 정미소가 휴업하게 되고 여기에서 벌이를 하던 수백 노동자는 살길을 잃을 지경이라 한다. 이와 같은 곡물용가마니의 기근은 비료가마니 생산에만 편중된 까닭도 있는 외에 수송난으로 오지(奧地) 방면에 체

재(滯在)되어 있는 것이 풀려나오지 못한 때문이라고 한다.

동아일보, 1938년 4월 15일

222. 수요 점증(漸增)하는 입(叺)
각 방면으로 생산 장려를 일층 강화 / 형무소도 동원

농림국에서는 16일 각 도 관계관을 초집하고 농무(農務), 미곡(米穀) 양과(兩課) 관계자들이 출석하여 가마니 증산 타합회(打合會)를 개최했다. 5월 이후의 수급대책에 대해 협의를 거듭한 결과, 금년은 특수 수요가 상당히 많으므로 수요가 예년에 없는 대량에 달할 것이나 공급은 대체적으로 가능할 수 있다는 예측이었다. 증산 방법은 종래 해온 생산 장려를 한층 강화하는 외에

1. 총후보국(銃後報國) 강조주간 등을 이용하여 농촌의 가마니 표식(表識)을 장려한다.
2. 학교 당국과 연락을 취하여 농촌 학동에게도 장려한다.
3. 형무소도 이용하여 극력 증산에 노력한다.

이로써 연내 수요 증가에 대응할 수 있는 희망이 섰으나 가격 통제, 장래에 있어서의 근본적 통제 문제 등에 관해서는 비공식으로 개인 2~3명의 의견이 제시되었다.

동아일보, 1938년 4월 22일

223. 지경(地境) 여자 입직(叺織)대회

〔전토〕 지난 2일 오후 1시부터 함남(咸南) 여상지경금융조합(與上地境金融組合) 주최로 여자 가마니 짜기 경기대회가 개최되었는데, 동 조합 구역 내에 있는 부인회원 120여명이 선수로 참가했다. 이번에는 특

히 여자들의 경기인 만큼 일반 관람자들이 더욱 흥미 있게 구경했는데, 경탄할 것은 1등에 입상한 여자는 남자를 능가할 기록을 세웠는데, 시작에서 마감까지 총 39분이 걸렸다고 한다. 가마니 1장을 39분에 완성한 것은 지금까지 수많은 경기대회 어디에서도 보지 못한 최고기록이라고 한다.

동아일보, 1938년 5월 6일

224. 40여 업자가 결속, 함경승입(咸鏡繩叺)에 대항책 수립
소비조합을 결성하고 불매동맹(不買同盟)
외지 산품을 구입 계획

〔원산〕작년 가을부터 원산상공회의소(元山商工會議所)와 원산상공협회(元山商工協會)가 중심이 되어 40여 새끼·가마니 대량 소비자의 연서로 1개 영리회사인 함경승입에 일수(一手)판매권(물건을 도거리로 혼자 맡아서 파는 권한)을 주어온 도 당국에 대해 함경승입이 취하는 부당한 폭리를 완화시켜주든지, 그렇지 않으면 함경승입과 동일한 일수판매권을 자기들에게도 인가하라는 진정을 여러차례 했다. 이에 대해 도 당국은 소위 도내 통제상 혼란을 초래한다는 이유로 거절을 했고, 원산의 업자는 단연 궐기하여 1개 영리회사의 일수판매권의 대응책으로 전월 중순에 원산승입소비조합을 자본 2만원의 주식제로 조직하고 재차 도 당국에 일수판매 일부 인가를 받으러 대표 2인이 진정을 갔다. 그러나 역시 거절이나 조금도 다름없는 '함경승입'에 권리세를 바치는 하청부(下請負) 운운함에 분개하여 돌아와서 함경승입이 망하느냐 원산승입소비조합이 망하느냐 하는 의기충천의 대응책을 세우는데 종래 함경승입에서 구입하던 새끼·가마니를 전부 거절하고 인천, 군산의 새끼·가마

니를 구입하여 사용하기로 결정하고 지난 5일 동 조합 전무이사 노기만(盧紀萬)씨가 그 임무를 띠고 인천으로 향했다 한다.

동아일보, 1938년 5월 9일

225. 입(叺) 증산 주간 설정코 / 관하 각 군을 독려
원료부족과 고(藁) 구입자금을 승입(繩叺)주식회사 알선

〔이리〕 전라북도에서는 최근 공용(公用)가마니가 다량 지정 배정되어, 지난 10일부터 14일까지 5일간을 관하 각 군에 비상시 가마니 증산 강조기간으로 하여 일반 농가로 하여금 생산 장려를 철저히 시행하게 하고 이 주간 중 가마니 틀 소유자에게는 1대에 대한 수량을 지정, 반드시 책임 수를 치게 하고, 만일 그 기간 중에 책임 수를 불납할 경우에는 다시 기간 연장 납입토록 군, 면 기타 관계 역소(役所)와 연락을 취해 적극 독려했다고 한다. 원료 부족이나 볏짚 구입 자금이 없을 때는 이리에 본사를 둔 전북승입회사에서 알선 조달할 뿐만 아니라 동 회사에서는 다대한 희생으로서 생산 주간의 취지 달성을 기하고자 생산성적 우수부락에는 평균 10원 내지 30원의 상금을 교부한다 하며, 가마니 납입 가격은 천위(天位) 25전, 지위(地位) 20전, 인위(人位) 13전 7리로 하여, 생산보국의 대의에 값하도록 하리라는데 익산군의 금년 1월부터 4월 말까지의 생산 가마니 수량은 무려 60여만장을 돌파했다고 한다.

동아일보, 1938년 5월 15일

226. 곡용가마니 부족으로 조선미취인(朝鮮米取引)에 타격
인천 곡물협회에서 검사소에 선후책 진정

〔인천〕 본보에 여러번 보도된 바와 같이 곡물용가마니의 부족, 백미

포대(白米布袋)의 생산난은 최근 현저하여 조선 쌀 취급상 크게 우려되는 바라 한다. 6일 인천곡물협회(仁川穀物協會) 삼야(杉野), 오전(奧田), 도월(道拐) 이사 3인은 업자를 대표하여 곡물검사소 본소(本所)의 구미(久米) 주석감독관(主席監督官), 성전(成全) 조사과장을 방문하여 이 실정과 선후책에 대하여 진정한 바 있었다는데, 진정요항은 다음과 같다고 한다.

현재의 실정으로 가마니의 수급은 특수 방면에는 무한으로 증대되고, 일반 곡물용으로는 낙관을 불허하는 불안 상태에 있다. 한편 포대는 원료 두절로 신규 생산이 중지 상태에 있고, 따라서 시가는 천정부지 격으로 분등하니, 조선 쌀은 일본 내지 쌀(內地米)에 비하여 중간 경비를 요하는 결과, 이에 부담은 농민 생산에 전가될 가능성이 있어, 농가경제에도 중대 문제라 하고 있다는 것이다. 이에 대책으로 상공성(商工省) 당국에 쌀 포대는 특수 취급의 인가를 극력 진정하는 한편, 긴급대책으로 빈 가마니 및 빈 포대의 재사용과, 종이봉지(紙袋) 사용의 인가로 다소라도 포장품 부족의 완화를 요망했다는데, 종이 역시 원료 부족 상태이므로 농민의 부업장려와 국내 자급자족의 양 입장으로도 차제에 가마니 장려가 무엇보다 필요하다는 성전 조사과장의 진술은 크게 주목을 이끄는 바라 하겠다.

동아일보, 1938년 6월 9일

227. 개풍군(開豊郡)의 애국일(愛國日) 가마니 짜서 저금
대성면민(大聖面民)들의 열성

〔개성〕 매월 초하룻날(1일)을 애국일로 정하고 민중에게 애국적 관념을 한층 북돋우며 시국에 대한 인식을 한번 더 새롭게 하는 개풍군

대성면에서는 지난 6월 1일의 애국일에는 면내 집집에서 애국 가마니 (愛國叺)를 짜서 이것으로 애국저금(愛國貯金)을 했다. 그 돈이 270원이나 되었다는바, 반도 민중의 활동은 그 어느 것이 애국의 정성에서 발로되지 않음이 없다는 것이 이같이 여실히 표시되고 있음은 무엇보다 마음 든든한 일이라 하여 각 방면에 적지 않은 충동과 감격을 주고 있다 한다.

매일신보, 1938년 6월 10일

228. 신곡기(新穀期)부터 입(叺) 통제 / 근본책의 목표 확립

가마니의 수급 통제는 지난 가을 미증유의 풍작과 사변(事變)에 의한 특수 수요의 증가로 완전히 그 무통제상을 폭로하기에 이르렀고, 응급적 미봉책으로 점차 호도했는데 수급 불원활의 주된 원인은

1. 전 조선적 배급의 무통제인 것과, 지정가마니회사는 노골적으로 도내수용충족주의(道內需用充足主義)에만 있었기 때문에 전 조선적인 생산 수요는 현저히 불균형을 피하지 못했던 것.
2. 곡물용, 비료용, 소금용을 통하여 가격의 불안정, 즉 그 고저(高低) 난조자(亂調子)의 차가 일정치 않은 것.

등이 지적되고, 총독부 농무과는 가을 신곡기(新穀期)부터 통제책을 연구 중이더니, 전기의 결함에 비추어 대체로 다음과 같은 근본방침으로 임하기로 결정하였다. 즉 조선적 일대 통제회사에 의한 생산, 배급, 판매를 이상적으로 하나 이는 실현성이 적고, 차선 안으로는 대수요(大需要)에 의해 대략 통제를 유지하고 있다. 비료용, 소금용은 별개로 하고 곡물용의 공동구입제도를 얘기해서 이에 의해 한손으로 인수 배급시키려는 것이다. 공동구입제도의 형태로는 구입회사, 구입조합,

곡물협회에 의한 공동구입의 세 안이 생각되는데, 구입회사 안은 아마 실행 곤란으로 예측되므로, 후 2자 중 어느 곳에든지 낙착(落着)될 것으로 생각되나 구체안에 대해서는 목하 신중 연구를 계속하는 모양이다.

동아일보, 1938년 6월 22일

229. 조선산 염용입(鹽用叺) / 만주에서 수요

신경(新京) 출장소에서 조선무역협회(朝鮮貿易協會)에 보낸 정보에 의하면, 만주국 산업부장(産業部長)은 환관리법(換管理法)의 실시로 마대류의 수입난에 따라서 명년도 조선제(朝鮮製) 소금용가마니 650만장의 대량 수입을 계획 중이라 한다. 이는 종래 남만(南蠻) 해안지대에서 생산된 소금용마대가 위와 같은 이유로 입수난에 직면했기 때문에 이의 대용이 되게 하고자 하는 것이다.

현재 만주에서의 가마니 생산액은 대개 이주 조선 농민의 손으로 연액 130만장을 생산함에 불과하고, 이것들은 일찍이 치외법권 철폐 전 총독부에서 부업장려의 의미로 대부한 약 2천대의 제직기로 제산(製産)되어 기타 개인에 의한 것은 극히 소수이다. 명년도 이의 보족증산(補足增産)을 행하고자 하나 겨우 8전 내외에 지나지 않는 낮은 가격을 철도 연선 이외의 벽지에 사는 조선 농민이 생산하는 것은 반출과 여러 비용 문제로 어려우므로 부족량의 대부분은 조선 내 생산을 기다릴 수밖에 없는 형편이고, 목하 만주국 산업부와 총독부 파견원 사이에 이를 절충 중이라 한다.

동아일보, 1938년 7월 3일

230. 입(叺) 기근 완화코저 곡용입 재사용 용인
곡항(穀港) 진남포에서

곡물용가마니 재사용이 허가된 이후 진남포에서 일본 내지에 이출한 가마니를 또다시 이입하게 되는 상태에 있어 얼마나 가마니가 부족한지 가히 알 것이다. 최근 시내 어떤 곡물무역상점(穀物貿易商店)에서 2차 이출시켰던 곡물가마니만은 또다시 입항선편(入港船便)으로 이입시켰고, 이로 인하여 각 방면에 가마니 배급이 왕성하게 되어 가까운 장래 새로운 곡물 출회를 앞둔 곡항(穀港) 진남포로서는 크게 도움이 되리라 한다.

동아일보, 1938년 8월 3일

231. 봉산(鳳山) 입(叺) 기근 / 소맥 출회 불능
통제회사 측 매점으로

〔사리원〕 조선의 유수한 소맥(小麥) 생산지인 황해도 봉산군은 그간 지리한 장마로 인해 타작을 못하고 있다가 이즈음에야 겨우 타작을 했으나 가마니가 없어 시장에 출회가 되지 않아 일반 생산자는 물론이고 상인들에게 막대한 타격을 주고 있다. 이제 그 자세한 것을 알아본 바에 의하면 작년에 창립된 황해도 내의 가마니를 통제하는 황해흥업주식회사(黃海興業株式會社)는 창립 이래 너무나 전횡적 폭리를 도모하여 일반 생산자와 소비자의 원망이 많아오던 중에 요즈음도 생산자들에게는 극히 저렴한 가격인 한장에 31~32전씩으로 장날 하루에 약 1천장씩이나 매입하면서도 당지 상인에게는 단 한장도 팔지 아니하여 일반 상업계에 중대 문제를 야기하고 있다 한다. 그 원인은 원래 도 당국이 지시한 공정가격은 매 한장에 대하여 40전인 까닭에 공정가격 이

상 더 받을 수 없는 것을 안 흥업회사에서는 교묘하게도 당지 상인에게는 단 한장도 재고품이 없다고 거짓으로 칭하고 남선(南鮮)과 북선(北鮮)에 판로를 개척하여 가마니 한장에 65전 내지 70전에 판매하는 관계로, 방금 소맥 출회기에 그와 같은 중대한 문제가 생기는 것이라 하여 일반은 횡포무쌍한 위 가마니 통제회사에 대하여 비난이 날로 비등하고 있다고 한다.

동아일보, 1938년 8월 7일

232. 군용(軍用) 가마니 공출
강원만 약 7천매 금월 중에 전부 수송

〔춘천〕 강원도에서는 본 도에 배정된 군용가마니 7천매를 공출하고자 강원식산주식회사(江原殖産株式會社)가 주체가 되어 지난 5월에 3천5백매를 원산육군창고(元山陸軍倉庫)로 보내었는바, 나머지 3천5백매도 준비가 완료되어 금월 중에 용산육군창고(龍山陸軍倉庫)로 수송하게 되었다 한다.

매일신보, 1938년 8월 8일

233. 각 도 지정회사 망라하고 곡용가마니 통제 기도
신설 출회기(出廻期) 내로 실현?

곡물용가마니 통제 문제는 금년에 들어서면서 예년에 보지 못하던 수요 격증으로 한층 박차를 가하게 되었고, 당업자 간에서도 절실히 느끼고 있다. 앞서 곡물협회에서는 배급 원활, 가격 통제에 관해 당국에 진정한 바 있고, 산업협회에서도 곡물용가마니 통제위원회를 개최하고 작성한 안(案)을 당국에 신청했다 함은 이미 보도한 바와 같다. 수일

전에 평남북 지방에 출장했다가 귀임한 조선산업협회 전무이사 산본(山本)씨의 곡물용가마니 통제 문제에 관한 말을 들으면 다음과 같다.

"금번 나의 용무는 과거에 설립된 가마니에 관한 평안남도 지정회사가 신설을 보게 되었음에 그에 대한 시찰 겸 타협을 하러 간 것이다. 머지않아 설립을 보게 될 터인바, 이렇게 되면 당연히 조선산업협회 회원이 하나 증가하게 되는 셈이다. 그리고 곡물용가마니 통제 문제는 지금 연구 중에 있는 것이라 무엇이라 말할 수 없으나, 요(要)는 생산 통제, 소비 통제, 가격 통제를 할 것인바, 즉 예년의 수요량과 당해 연도의 추정 수요량 등을 고찰하여 생산, 소비를 통제하게 될 것이다. 그리고 가격 통제에 있어서는 첫째로 농민의 이익을 고려하며 예를 들면, 볏짚 값은 얼마나 들며 1일에 소비하는 정력, 노고, 검사 수수료, 운임 등을 고려하는 한편 도 지정회사 측의 수취금 등을 적당히 결정하여 생산자인 농민, 소비자인 곡물업자 등의 입장을 잘 고려하여 가격을 결정해 통제하게 될 터인바, 무엇보다도 생산자인 농민의 이익을 고려해야 할 것이다. 다음으로 현재 도지정회사(道指定會社)에 관해서는 도에서 농민에게 사는 가격을 지정할 뿐이고, 또 해당 도내에서만 가격 같은 것을 어느 정도까지 감시하는 정도에 불과하고 그외는 자유로 매매를 하게 된다. 또한 곡물용가마니는 수요를 충족하지 못하는 생산 부족으로 인하여 본 협회에서도 간접적으로 장려금 같은 것을 지출하여 증산의 일조를 많이 보여주었다. 이 증산계획은 직접 당국에서 하는 일이나… 운운…"이라고 말하는바, 늦어도 신곡(新穀) 출회기 전에는 이 곡물용가마니 통제 문제가 낙착을 볼 것이며, 이에 대한 내용도 상기한 바와 대동소이하게 될 것으로 추측된다.

이 통제 문제에 관해서는 곡물협회 측에서도 위원을 결정하여 앞으로 산업협회 등이 타협을 하리라고 하며, 조선산업협회에서는 이 문제를 앞두고 경기도의 경기산업, 충남의 조선물산, 충북의 충북산업, 경남의 영남승입(嶺南繩叺), 경북의 경북산업, 전북의 전북승입(全北繩叺), 강원도의 강원식산, 황해도의 황해흥업, 평북의 평북곡물협회(平北穀物協會), 함남의 함경승입(咸鏡繩叺) 등 각 도의 지정회사를 회원제로 구성하고, 남은 전라남도에는 전남입회사(全南叺會社)가 머지않아 도지정회사로 설립하게 될 터이며, 또한 평안남도까지 도지정회사의 설립을 보아 명실공히 전 조선을 망라하여 가마니 배급과 아울러 알선기관의 직능을 충분히 발휘하게 될 터이다. 곡물용가마니 통제 문제를 목전에 두고 산업협회 측의 동향과 곡물협회 측의 측면적 활동, 생산자인 농민의 이익 보장 등이 어느 정도까지 실현을 보게 될 것인가 자못 금후의 추이가 주목을 끌고 있다.

동아일보, 1938년 8월 20일

234. 곡용가마니 통제기관 문제 / 농림당국 신중 고구(考究) 조선산업협회(朝鮮産業協會) 진정서도 보류 / 금후 동향이 주목 처(處)

곡물용가마니의 생산 부족은 갈수록 더욱 심각한 바 있어 가히 기근 상태를 연출하고 있다. 요즈음에 와서 군용가마니를 전 조선적으로 배정하여 대량으로 생산, 납입케 하는 동시에 작년도의 생산량은 약 1천만장이 부족하여 큰 곤란을 야기했는데, 금년도에는 증산을 단행치 않으면 안 될 현상에 처해 있는데다 또 작년도 쌀 생산은 유사 이래 초유의 풍작이어서 예년의 거의 배량을 요하게 되어 이차 저차에 수급이 대단히 원활치 못하게 되었다. 그리하여 지방에 따라서는 곡물용가마니를 재사용한 곳도 있고, 각 도에서 예년에는 인(人) 등급을 사용 불허하던 것도 사용하게까지 되었으나, 도저히 격증하는 수요에 응할 수 없게 되었다.

그래서 이를 종래부터 알선 배급해주던 조선산업협회에서는 곡물용가마니 통제위원회를 개최하고 여러가지로 토의를 거듭하여 총독부 농림당국에 이의 통제기관 필요안을 작성하여 진정까지 했다. 총독부 농림당국에서는 "그 진정의 주지에는 찬성하나, 통제기관 설치로 과연 수급이 원활히 될까? 통제를 하면 어느 정도로 하며 어떻게 해야 할까? 이런 것들을 충분히 고려치 않고는 경솔히 시행할 수 없다"하며 신중히 고려하는 중이라 한다. 여하튼 여러가지로 충분히 연구하여 구체안을 강구치 않고는 통제기관 설치 여부도 아직 말할 수 없을 만치 상당히 중대시하는 동시에 심의를 거듭하고 있는데 그의 진행조건이 자못 주목되고 있다.

동아일보, 1938년 8월 25일

235-1. 입직(叺織)(1): 농한기 이용으로 가능한 이상적 농가 부업

| 조선산업협회 전무 산본인웅(山本寅雄)

조선에서 가마니를 생산한 지 상당히 오래됐다. 따라서 그 발달의 경과, 거래상의 파란(波瀾)은 상당히 심각한 바 있다. 그러나 금일처럼 세상의 주목을 끌고 논의된 것은 아마 과거에 없었을 것이다. 이것은 즉, 이 비상시국에 있어서 가마니가 제1선까지 송부되어 장병의 식량 공급에 역할을 하고 있는 것과, 조선 쌀의 기록적 대증산에 대응하기 위해, 또 시대의 변화에 대처하기 위해, 이의 증산에 대하여 관민협력에 뜻을 같이하는 형편이기 때문이다. 이때에 있어서 각종 가마니의 매매 통제

가 아직 완성의 역에 이르지 않았기 때문에 여러종류의 만족스럽지 못한 문제를 사회에 많이 제공하고 있으므로 이에 그 개략을 기록해 일반의 상식과 이해에 바탕이 되고자 한다.

1. 농촌진흥(農村振興)과 가마니 짜기의 부업적 가치

조선에 있어서 일반 민중의 교양을 높이고 경제력의 충실을 기할 필요는 이제 새삼스럽게 발언할 필요가 없다. 조선에 이 두가지 결함이 있음은 결코 2, 3의 원인에만 있는 것이 아니며, 뿐만 아니라 그 원인의 중요한 것의 하나로서 생각되는 것은 조선에 지방적 특색을 띤 적당한 부업이 없는 것, 그리고 조선은 기상 관계로 겨울 4개월간 야외의 일을 할 수 없다는 것이다.

1933년 농촌진흥운동이 제창되어 드디어 실시됨에 있어 각 도 모두 농가 부업에 대하여 상세한 조사연구가 행해졌는데 그 결과 나열된 부업의 종류는 결코 적지 않았으나 그 대부분은 그다지 기대할 만한 것이 아니어서 관계자들로 하여금 실망케 했던 것이다. 즉 대개의 판로가 극히 협소하고 원료를 다른 곳에서 구하여 구입에 상당한 지출을 요할 뿐만 아니라 판매에 힘이 들고 불확실한 것까지 있었다. 그런데 그중에 가마니의 주산(主産)은 전연 그 취지를 달리해 전술한 어떤 결함도 없고 조선의 현상에서 볼 때 실로 하늘이 준 복음이라고 칭할 만했다. 즉 그 원료가 농가에 쌓여 있어 그 도중에는 자연의 비·이슬(雨露) 침범에 맡기고, 그 생산의 설비는 70~80전이면 되고, 그외에는 자기의 손으로 제작할 수 있다. 생산 기술은 지극히 간단하고, 판매는 어떤 날 어떤 곳에서든지 군농회(郡農會)의 두터운 지도와 원조하에 염려 없이 되고, 제작하여 팔리지 않는다고 하는 일은 절대로 없다.

이와 같은 조건을 구비한 부업을 어느 곳에서 발견할 수 있을까? 내가 가마니 짜기를 조선 부업의 왕좌를 점하는 것이라고 칭하는 까닭은 여기에 있는 바이다. 또 농촌진흥의 성과를 얻는 방도는 정신적 자각과 경제적 활동에 있는 것인데, 요(要)는 합리적 경영을 하여 노력의 분배 이용을 완전케 하는 데 있는 것이다. 특히 조선에는 야외활동에 불편한 엄동(嚴冬)의 4개월이 있다. 농가 갱생의 성부(成否)는 이 기간의 경제적 이용 여하에 돌아가는 바 크다고 생각한다. 종래는 이 4개월간이 농민 도식(徒食)의 기간으로서 빈곤의 요소도 여기에 많이 배태(胚胎)하여 진흥운동에 있어서는 이 전화위복(轉禍爲福)의 열매를 쳐드는 것이 필요하다. 당국이 겨울기간의 입직(叺織)을 극력 장려하고 있는 것도 바로 이 때문이요, 이 기간에 있어서의 가마니 치기는 벌써 부업이 아니라 시기적으로는 주업이라고 보는 것이 오히려 지당하다. 이와 같은 상태에서 가마니 치기가 농촌진흥에 공헌하는바 너무도 그 예가 많아 이제 새삼스럽게 예를 들 필요도 없다고 생각하나 극히 적당한 예라고 생각되는 경기도 연천군 백봉면(白鳳面) 전동리(前洞里) 부락의 개략을 기록해보려 한다.

이 면은 경의선 장단역(長湍驛), 경원선 연천역(漣川驛) 중간에 있고 모두 역에서 40리가량 격리되어 있어서 그 주위에는 그다지 가마니의 생산도 없는 곳인데 농촌진흥운동이 점차 자리 잡으려 하는 1935년에 우원(宇垣) 총독조선의 총독 우가끼 카즈시게, 임기: 1931. 6~1936. 8이 특히 이 부락을 시찰하고 자력갱생의 산 모범이라 하여 절찬했던 것이다. 이 부락은 매우 가난한 부락이었는데, 1924년 대홍수에 전 부락이 자취도 없이 씻겨나가고 경지도 대부분 물바다가 되었다. 보통 때도 궁박한 부락이 이 대피해를 당하여 그 참상은 추측이 어렵지 않은 것으로, 소위 음식에 먹을 것 없고, 살 집 없는 상태로서 도와 군의 일시적 구제로는 어찌할 수 없는 형편이었다. 면장 조한봉씨는 한때에 잠깐 베푸는 구제로는 도저히 목적을 달성하기 어렵고 오히려 후년에 남는 것이어야 한다고 생각하고 면의 유지와 협의하여 면 직원을 독려, 근본적 구제의 책을 수립했던 것이다. 이때 구제의 다른 이름으로 선택된 것이 바로 가마니 짜는 일이었다. 그러나 물건 하나 없는 부락민들에게는 가마니 짜는 기대(機臺)도 원료 볏짚도 없었다. 면의 남은 재원은 전부 구제에 소비되었고, 이에 면장은 사재를 털어 기대와 원료를 구입하여 부락민들에게 주어 가마니 치기를 시작했는데 생각하는 것만큼 품질이 좋지 않았고 판매도 역시 잘 되지 않았다. 그러나 곤란에 조우할 때마다 면장의 열(熱)은 높아졌고, 부락민도 또 달리 할 일도 없으므로 이와 같은 몇 가지 곤란에 좌절되지 않았다. 이 가마니 치기는 점차 부지중에 알려져 값도 양호해지고 능률도 역시 진척되었다. 지금까지 면장에게 끌려서 할 수 없이 직제(織製)한 가마니가 지금은 일종의 흥미를 환기시켜 즐거운 일로 되었고, 상호 품질과 생산 수량에 있어 경쟁하는 형편으로 이에 완전한 성공을 보게 된 것이다.

나도 경기도 재직 중 부락을 서너번 방문하였는데, 어느 때에 가보아도 가마니 치는 소리가 들렸다. 아직 학교에 가지 않는 어린 아동이 새끼 꼬기를 조력하고 70여 늙은 부녀자가 지죽(指竹)을 들고 있고, 유아를 업은 주부가 잠(箴)바디을 움직이고 있는 모습을 볼 때면 일종의 감격 없이는 볼 수 없는 눈물겨운 노력이라고 하지 않을 수 없었다. 1924년 이래 오늘날까지 14년간 관민이 같은 보조로 노력하여 계속한 그 성과가 적을 리가 없다. 우원 총독이 찬사를 한 것은 이 불변의 노력과 그 결과를 이용한 점이다. 즉 1924년 홍수 전까지는 보통의 빈곤부락에 불과하였던 이 부락이 전화위복의 말 그대로 금일에는 40여호 중 과반수가 모두 자작농 또는 겸작농(兼作農)으로 되었고 공동경작지 수 정보(町步)를 가지게 되었다는 것은, 다른 곳에서는 보기 드문 바로서 이것이 거의 가마니 치기에서 된 결과라고 하는데 이는 가마니 치기가 얼마나 농촌진흥에 효과적인 일인가 하는 것을 수긍케 하는 것이다.

동아일보, 1938년 9월 6일

235-2. 입직(叺織)(2): 최근의 비약적 발전상과 입(叺)의 종류 급(及) 용도
| 조선산업협회 전무 산본인웅(山本寅雄)

2. 가마니 짜기의 발달

현재에 있어서의 가마니 치기는 아마 일본, 조선 가운데 어디가 본 가(本家)인지 알 수 없는 상태이다. 최근 수개년간 매해 얼마의 수량이 일본, 만주 또는 대만 등에 이출되었는지를 보면 조선이 원산지인 것 같은 생각을 하게 한다. 이런 경향을 갖게 된 것도 대체로 10년 내외의 일로, 20년을 소급한다면 실로 유치한 것으로서 일본에서의 이입에 상 당량 의존하고 있었다.

조선에 있어서의 가마니의 발생지는 호남선, 즉 전남북 지방이라 고 칭하고 있으나 충남북, 평북 등도 국지적으로는 상당히 빨리 시작 된 곳이 있는 모양이다. 이에 가마니 치기의 발달상으로 보아 매우 흥 미 있는 것은 조선의 가마니 치기는 항상 천재(天災)와 만날 때마다, 또 일반 농촌 불황 시에 특히 진보한 것이다. 조선 농민의 일반 심리(心 理)의 출현으로서 위정자가 주의할 흥미 있는 점이라고 생각한다. 즉 경기도의 가마니 생산액은 현재 연 1,500만장에 달하려 하고 있으나,

1922~23년 즈음까지는 전남북에서 전부 공급을 받고 있었다. 1924년 대홍수 후, 그 구제사업의 하나로 장려한 것이 금일의 성황을 이룬 원인이다. 그후 서서히 발달해왔으나, 그 후 1931~32년의 불황이 그 생산에 박차를 가하여 1934년에 경기산업회사(京畿産業會社)가 설립되고 각종 가마니의 통제가 진행되어 이에 약진 금일의 상황을 보게 된 것이다.

기타 각 도 약규(略規)를 하나로 하고 있는 경북의 가마니는 매년의 한발(旱魃)이 산출시킨 면이 있고, 충북 가마니의 성황은 특히 가마니 생산에 이해가 있는 김동권 지사의 노력에 다름 아닌 것이다. 그리고 이 유리한 성황에 있는 가마니 생산도 당국의 지도의 손이 느슨해져 알지 못하는 사이에 그림자도 찾지 못하게 쇠퇴하는 일이 있으므로, 이 점 농촌진흥상 민중의 정신적 자각을 촉구하는 것이 절대 필요하다. 작년은 일부에 한발이 있었고, 도열병이 발생하여 생산이 불충분했으나, 1938년도에는 풍작으로 볏짚도 풍부하고 가마니 값도 종래보다 높으므로 생산과잉이 되리라고 예상했으나 사실은 전연 이와는 반대의 결과가 되었다. 이것으로 보아도 조선에는 조선 특유의 분위기가 있다는 것을 명백히 알 수 있으므로 생산 장려에 있어서도 이 점을 고려에 넣지 않으면 예상착오에 직면할 것이다.

그러나 사변(事變)의 진전에 따른 경제사정의 변화에 의해 민간 수용은 말할 것도 없고 군용가마니의 소요 수도 격증하고 있다. 이 급증하는 잡용 및 군용, 산업 방면의 수용에 대응하는 것은 소위 생산보국(生産報國)의 의도에, 또 총후에 있어서의 국민의 책임을 다하는 까닭이다. 이 의미에 있어서 각 도의 생산 장려도 급격히 적극화해 지도도 철저해왔으므로 최근의 생산은 예년에 비교할 수 없을 정도까지 증가하고 있다. 특히 각 새끼·가마니의 통제도 머지않아 시행되어 생산, 소비, 배급 모두 합리화되고 있으므로 신곡기(新穀期)에 들어가면 이것을 계기로 그 생산은 일대 약진을 보지 않을까 관측되는 바다.

3. 가마니의 종류와 용도

가마니에 여러가지 종류가 있고 그 규격이 각각 상이하다는 것은 다소 여기에 관계하는 사람이면 잘 알고 있을 것이다. 그 상세한 규격은 생략하고 상식적으로 그 종류와 주된 용도를 열거해두려 한다.

(1) 곡용 4두입(穀用 4斗叺, 곡물용 4말들이 가마니): 보통 곡물용가마니로 일컫는다. 곡용(穀用)으로 가장 크며, 직조의 기술을 요한다. 현미, 백미, 대두, 소맥 등을 취급하는 데 사용된다. 수출용으로는 1등품만 사용되지만, 수량이 부족하면 1~2등품(天, 地)을 같이 사용하게 승인하고 있다. 1년간의 수용(需用) 수는 대략 3천만장에 달한다. 3등품은 자가용(自家用) 잡곡 또는 석탄, 광석, 토목공사용으로 이용된다.

(2) 곡용 3두입(穀用 3斗叺, 곡물용 세말들이 가마니): 세말가마니로 지칭된다. 만주의 백미용으로 사용되며, 1년간 수요는 3백만장 내외이다.

(3) 비료용 17목입(17目叺): 보통 비료가마니라 일컫는다. 크기는 세말가마니와 같은 모양이다. 주로 유황, 암모니아 등의 비료를 담는다. 최근 가마니계의 총아로 대우하고 있으며, 매년 생산이 증가하고 있다. 입구에 새끼(口繩)를 달면 세말가마니의 대용품이 되어, 그 융통성도 좋다. 1년에 2,500만장 정도 필요하며, 하급품은 광석가마니라고 해 수요가 많다.

(4) 16목입(16目叺, 비료용): 조선 안에서 생산되는 가마니 가운데

가장 작으며 특정 지역에서만 생산된다. 주로 일본이나 조선질소회사(朝鮮窒素會社) 등에서 과린산(過燐酸) 석회(石灰) 포장용으로 공급되고 있다. 연간 수요는 약 2백만장에 달하며, 하급품은 광석용으로 쓰이고 있다.

(5) 염용입(鹽用叺, 소금용가마니): 전매국의 소금 포장용이다. 직조하기에 비교적 편하고 원료도 곡용가마니와 같이 좋은 것이 필요하지 않으므로 농민에게 환영받고 있다. 연간 수요는 450만장 내외이다.

(6) 철박용입(撤粕用叺, 철박용가마니): 풍년입(豊年叺, 풍년가마니)이라고 일컫는다. 대련(大連) 풍년제유(豊年製油)회사에서 제조되는 대두철박(大豆撤粕, 콩 지게미) 포장용에 공급되는 매우 거친 대형 가마니이며 연간 170만장가량 사용되고 있다.

(7) 조입입(租入叺): 정조(正租) 포장용으로 사용한다. 비교적 조잡한 가마니로서 대부분의 농가가 만들고 있다. 매년 새로 생산하는 수량은 확실하지 않으나 3천만장에 달할 것으로 추측된다.

동아일보, 1938년 9월 7일

236. 입(叺) 공급부족 우려 / 원료의 산일(散逸) 방지
신곡기(新穀期)의 수급 원활에 대려

신곡기 이후의 가마니 부족이 작년 이상이 되지 않을지 우려되어 총독부는 지난 산업부장 회의에서 '새끼·가마니의 배급통제 문제'를 협의사항의 하나로 제출하는 등 이의 대책에 고심하고 있다. 요(要)는 수요에 대응하는 생산을 확보하고 이의 배급을 원활히 하는 데 둘 것으로, 생산 확보에 대해서는 수확을 종료함과 동시에 곡물용가마니 제직(製織) 분으로 직기 1대에 80장 분의 볏짚을 저장시켜 원료 볏짚의 손실 부족에서 오는 생산 부족을 절대로 방지하는 방법을 취하기로 했다. 그리고 수요자 측은 명년의 수요 수를 2,700만장으로 추산, 산업조합과 곡물협회 사이에 수급계약을 체결하기로 했는데 이 계약은 근일 중에 조인을 볼 터이다.

동아일보, 1938년 9월 10일

237. 입자(叺子) 증산수 결정
곡용 3천5백만, 비료 2천만, 어업 5만, 염용 2만, 잡용 8만
통제는 비료입(肥料叺) 동양(同樣)

기왕에 보도된 바와 같이 가마니 부족을 부르짖어 조선산업협회 같은 데서는 그 통제 강화를 총독부 농무과에 진정했던 사실도 있어서 당국에서 그에 대한 대책에 여러가지로 신중히 심의해왔다. 금년 신곡기(新穀期)부터는 5,700여만매를 생산하도록 구체적인 방침이 결정되었는데, 그 내역을 보면 곡물용가마니만이 3,500만장, 비료가마니가 2천만장, 어업용가마니가 5만장, 소금용가마니가 2만여장, 잡용이 8만장 가량이라 한다.

이에 대한 장려 방침은 원래 원료로서의 볏짚이 풍부해 그 원료의 1할가량이 가마니 제조에 사용되고, 기타는 연료, 조선인 짚신용으로 사용했던 것이므로 원료 문제는 조금도 없다고 해, 총독부 농무과에서는 증산 방법에 있어서 농가 각호에 매수를 지시하여 의무적으로 제조하게 할 것이라 한다. 그 가격에 있어서는 비료가마니의 조질(朝室) 통제와 같이 최저가, 최고가를 결정하여 무시로 등락하던 폐해를 방지하며, 매가(賣價)와 매가(買價)를 일치케 하는 동시에 이의 통제에는 조선산업협회로 하여금 하게 할지, 그렇지 않으면 다른 회사로 하여금 하게 할지는 모르나 좌우간 금후의 가마니 문제는 이로써 해결된 것으로 보인다고 한다.

238. 간보(簡保) 가입 도모 / 입직(叺織) 경기 거행

조선의 가마니 생산 사정에 비추어 그 업을 장려하고 취득으로는 간이보험(簡易保險)에 가입하게 해 농촌 진흥에 기여하기 위해 체신국에서는 다음과 같이 가마니 치기 경기회를 개최하기로 되었다.

1. 기일: 10월 14일
2. 장소: 체신국 감리과(監理課) 분실 앞 광장
3. 출장 선수: 각 도(道)에서 1조 2명, 도의 추천을 받은 자
4. 역원(役員): 회장은 체신국장으로 함. 심사는 총독부 입산(立山) 기사 외 심사원 4인
5. 상: 출장 선수에게 전부 수직 가마니제조기를 증여하고 상품은 농구(農具)이며, 1등 30원, 2등 20원, 3등 15원, 4등 10원.
6. 급여: 왕복여비, 숙박비
7. 경기회 종료 직전에 신궁(神宮) 참배, 총 소요시간 오후 1~5시

239. 여자선수도 참가한 체신국입직경기(遞信局叺織競技)
남 총독과 대야 총감도 구경 / 경기군(京畿軍)이 수위획득(首位獲得)

조선서 처음 개최되는 가마니 짜는 경기대회는 기보한 바같이 체신국 주체로 14일 오후 1시부터 광화문통 그전 보병대 자리에서 성대히 개최되었다. 먼저 각 도 대표선수 일동은 조선신궁(朝鮮神宮)에 참배

가마니 짜는 경기를 보는 남 총독

한 후 1시 정각에 입장식을 거행하고 곧 경기로 들어갔다. 내 고향의 명예를 등에 지고 참가한 선수 26명은 패기가 만만한 중에 짚을 꼬아가며 기계적으로 빨리 돌아가는 손을 놀리고 있었는데, 그중에 경상북도, 경상남도로부터는 어린 젖먹이를 안고 온 여자선수 두명이 있어 관중의 눈을 이끌었으며, 특히 이 경기를 격려하기 위하여 남(南) 총독조선의 총독 미나미 지로오, 임기: 1936. 8~1942.5의 내장이 있었다. 그리고 세시간 동안 경기가 계속된 후 4시에 끝을 맞았으며 심사의 결과 다음과 같이 4등까지의 입상자를 결정하여 시상식을 한 다음 5시 30분에 산회했다. (하략)

매일신보, 1938년 10월 15일

240. 혼미턴 입자(叺子) 가격 통제 본격화
지방별과 품종별을 통일, 공정가격을 결정
등급은 3등급으로, 생산자 적극 옹호, 부령(府令)을 금월 내 발표

종래 조선 가마니는 조선산업협회에서 통제를 해왔으나, 그 가격에 있어서는 지방별로 또는 품종별로 수요, 불수요 등에 의하며 그 가격의 차가 너무 현격한 바가 있어 생산에서부터 판매에 이르기까지 그 폐단이 적지 않으므로 총독부 농무과에서는 지정가격 결정에 부심해왔다. 최근에 와서 그 방향이 대개 결정되어 오는 5일 오후에 농무과 내에서 관계관 타합회(打合會)가 있을 모양이며, 이 타합회에서 가격에 관한 의견이 종합되면 농림국장의 결재를 경유하여 미곡업자와 가마니 관계자들을 초치해 부령을 적어도 이달 내로 발표할 모양이라는데 이 공정가격 결정이 중요한 이유는

1. 생산 농민의 의혹(疑惑)을 해소한다는 것. 즉, 생산자와 소비자의 중간에 개재한 중간상인의 부당이익 금지.
2. 소비자로서 사사로운 의혹(思惑)을 없앨 것.
3. 각종 가마니의 가격 균형를 취하도록 할 것.

등이다. 비료용, 곡물용, 소금용, 잡용 등을 통일하여 3등급으로 나누어 공통으로 가격을 결정하리라는데, 물론 생산자의 수지 관계에 중점을 두고 결정하는 만큼 생산자에게는 유리하고 중간상인에게는 철퇴가 되어 가마니계의 획기적 계획이라고 한다.

동아일보, 1938년 11월 8일

241. 생산, 배급, 가격의 조선입(朝鮮叺) 통제
농림국의 원안 추종

현안인 수급통제는 지난 17일의 각 도 농무과 회의에서 산업협회 측도 출석, 협의한 결과 대체로 농림국 원안대로 다음과 같이 생산, 배급, 가격 전반에 걸쳐 전 조선적으로 통제 조정하기로 결정하고 금년 중에 「고공품수급조정규칙(藁工品需給調整規則)」을 공포하기로 했다.

1. 생산은 각 본 연도에 있어 생산예정수량을 총독부에 보고케 하여

총독부에서 각 도에 생산 할당을 한다.

2. 배급도 마찬가지로 각 도의 수요예상수량을 미리 총독부에 보고하여 총독부에서 각 도의 배급 수량을 결정, 각 도에 통지한다.

3, 가격은 매취치(買取値), 매치(賣値) 양자 모두 표준가격을 정한다.

다시 업자 협의

가마니 공정가격 문제로 17일부터 각 도 농무과장 회의가 진행되고 있었는데, 금일(18일)에는 오후부터 총독부 제2 회의실에서 각 도 업자 대표 13인을 모아놓고 각 도 농무과장회의에서 결정된 사항을 공시하는 동시에 여러가지로 타협이 끝나는 대로 그 내용도 발표되리라 한다. 이 업자타협회(業者妥協會)가 종료되는 날이면 가격 기타 사항에 대하여 당국에 진정이 있지 않을까 보고 있다.

동아일보, 1938년 11월 19일

242. 전매(專賣) 제도에 근사한 입(叺) 획기적 통제 단행 생산과 배급에 강제 명령 등 / 관계 부령(府令) 근일 중 공포

이전의 보도와 같이 농무과장 회의에 물어본즉, 총독부는 생산, 배급, 가격 전반에 걸쳐 가마니의 획기적 통제를 단행하기로 결정했으므로 양 3일 중 결재를 얻는 대로 「수출입임시조치법(輸出入臨時措置法)」을 모법으로 부령(府令)으로서 「고공품생산배급통제령(藁工品生産配給統制令)」(가칭)을 공포했다. 수지품(手持品)의 처분 기간을 기다려 즉시 시행하기로 하고, 각 도에 대해 수지품의 수량 조사를 통첩했다. 동령에 의한 가마니의 통제는 전매제도와 같은 강력한 것으로, 배급의 실제상과 상충하는 것은 산업협회와 지정가마니회사도 민영전매(民營專賣)라고 칭할 것이며, 총독부는 통제의 실효를 확보하기 위하여 임시 동령(同令)에 의한 통제명령을 발하기로 했다. 통제실행의 방법은 대략 다음과 같다.

1. 생산통제: 각 도는 미곡년도의 1개월 반까지 도내의 수요 신청 및 이에 대한 생산예정수량을 총독부에 보고하고, 총독부는 양자를 합쳐서 필요에 따라 생산 내지 생산 제한의 통제명령을 발함.

2. 배급통제: (가) 각 도 1사의 지정가마니회사로 하여금 구매, 판매를 한손에 인수케 하고 총독부 및 도는 적절히 가마니회사에 명령을 발함. (나) 생산과잉인 도에서 공급부족인 도로 보내는 것은 산업협회를 통하여 지정회사가 이를 행하고 매석(賣惜)한 도에 대해서는 강제명령을 발함.

3. 가격통제: (가) 매입가격은 각 도내 한가지로 하고 생산자에 대해서는 지정회사원 이외에게 판매를 금함. (나) 가마니회사의 도내 판매치, 타 도의 판매치와 함께 총독부에서 이를 지정하여 일본 이출, 수출은 도지사의 허가에 의하여 특례를 인정함. (다) 다른 도에서 이입한 가마니의 판매치는 도지사의 지정한바 운임제 가산이 가함.

이로써 각종 가마니는 전 조선적 통제가 가하여 매입, 판매의 전반에 걸쳐 독점권을 장악하고 가격의 공정을 서로 기다려 종래와 같은 사혹(思惑)한 매매는 완전히 일소되게 되었다. 그리고 미곡업자는 각 협회를 통하여 수요수량을 모아서 도에 신청하기로 되었다.

동아일보, 1938년 11월 22일

243.각종 입⁽叺⁾ 통제의 계획 내용 전모

▲생산통제

1. 곡물용가마니

(1) 각 도는 총독부에 대하여 10월 10일까지 도내에서 다음 미곡년도의 월별 생산예상수량, 수요자별 소요예상수량 및 월별 소요예상수량의 신출(申出)신청 제출을 행함.

(2) 총독부는 매년 10월 말일까지 각 도의 신출에 검토를 가하여 다음 미곡년도의 각 도별 수요자, 소요예상수량 및 생산배정수량을 결정하고 이를 각 도 및 조선산업협회에 통고함.

(3) 각 도는 전항(前項)의 생산할당수량을 다시 각 군에 할당함과 함께 도의 실정에 따라 원료 볏짚의 저장 및 배급, 강습회, 경기회의 개최, 기대(機臺)의 보급 등 사항에 걸쳐 실행 계획을 수립함.

2. 비료용가마니

(1) 각 수요자는 총독부에 대하여 10월 10일까지 다음 미곡년도의 품위별(品位別), 납입장소별, 월별 수요수량의 신출을 행함.

(2) 각 도는 총독부에 대하여 10월 10일까지 다음 미곡년도의 월별 생산예정수량의 신출을 행함.

(3) 총독부는 매년 10월 말일까지 (2)에 기초하여 다음 미곡년도의 각 도별, 품위별 수요자 생산할당수량을 결정하고 이를 각 도, 조선산업협회 및 각 수요자에 통고함.

(4) 생산실행계획의 수립은 곡물용가마니에 준함.

3. 소금용가마니

(1) 전매국(專賣局)은 총독부에 대하여 10월 10일까지 다음 미곡년도의 납입장소별 월별 수요수량의 신출을 행함.

(2) 각 도는 총독부에 대하여 10월 10일까지 다음 미곡년도의 월별 생산예상수량의 신출을 행함.

(3) 총독부는 매년 10월 말일까지 (2)에 기초하여 다음 미곡년도의 각 도별 생산할당수량을 결정하고 이를 각 도, 조선협회 및 전매국에 통고함.

(4) 생산실행계획은 곡물용가마니에 준함.

▲배급통제

1, 곡물용가마니

(1) 배급기관은 조선산업협회 및 그 회원으로 함.

(2) 총독부는 매년 10월 말일까지 각 도 간의 월별 배급계획을 수립하고 관계 도 및 조선산업협회에 통고함.

(3) 각 도는 (2)에 준하여 도내의 각 수요자별 배급계획을 수립함.

(4) 각 도의 배급기관은 (3)의 배급계획에 기초하여 각 수요자와 납입계약을 행함.

(5) 조선산업협회는 총독부가 정한 각 도 간의 배급계획에 기초하여 관계 도 배급기관 상호의 거래 알선을 함

2. 비료용가마니

(1) 배급기관은 조선산업협회 및 그 회원으로 함.

(2) 총독부는 매년 10월 말일까지에 각 도별, 수요자별, 납입장소별, 월별 납입계획을 수립하고 이를 관계 도, 조선산업협회 및 각 수요자에 통고함.

(3) 조선산업협회는 관계 배급기관을 대표하여 각 수요자와 납입계약을 행함.

3. 소금용가마니

(1) 배급기관은 조선산업협회 및 그 회원으로 함.

(2) 총독부는 매년 10월 말일까지 각 도별, 납입장소별, 월별 납입계획을 수립하고 이를 관계 도, 조선산업협회 및 전매국에 통고함.

(3) 조선산업협회는 관계 배급기관을 대표하여 전매국과 이의 납입계약을 행함.

▲가격통제

1. 곡물용가마니

(1) 각 도 배급기관의 해당 도 생산가마니의 도내에 있어서의 매가 및 타 도 배급기관에 대한 매가는 동일가격으로 하고 조선총독이 이를 지정함.

(2) 다른 도에서 공급을 받은 가마니의 매가는 도내 동일가격으로 하고 (1)의 공정가격에 도지사가 정한 운임, 제세 등을 가산한 금액으로 하고 도지사가 이를 지정함.

(3) 생산자에서의 매가(買價)는 도내 동일가격으로 하고 (1)의 공정가격에서 도지사가 정한 운임 등의 비용 등을 공제한 금액으로 하고 도지사가 이를 지정함.

(4) 가격은 특별한 사정이 없는 한 연간을 통하여 변경치 않음.

2. 비료용가마니 및 소금용가마니

(1) 총독부는 비료용가마니 및 소금용가마니의 매가를 결정하고 이를 관계 도, 조선산업협회 및 각 수요자에게 통고함.

(2) 생산자에서의 매가 기타에 대하여는 곡물용가마니에 준함. (하략)

동아일보, 1938년 12월 6일

244.곡용입(穀用叺) 가격 지정 / 1월 중순 33전으로
5일부 각 도지사에 통첩

「고공품수급조정규칙(藁工品需給調整規則)」 제9조에 의한 총독의 고공품 매매가격 지정은 우선 곡물용 4말가마니에 대하여 이것을 행할 방침이다. 목하 곡물용 4말가마니의 배급 계획이 결정되지 않은 것, 한편 각 지정업자의 수지품(手持品) 처분 등의 관계로 대개 총독의 가격 지정은 1월 중순이 될 예정이어서 가마니 가격 통제에 관하여 그 조치로서 지난 5일 부로 각 도지사에 통첩을 보냈는데 그 요항은

1. 곡물용 4말가마니의 당해 도 생산 가마니의 도내 판매가격 기타 도 업자에 대한 판매가격은 33전으로 지정할 예정임.

2. 현재 업자의 수지에 관한 곡물용 4말가마니의 도내 판매가격과 기타 도에 대한 판매가격은 동일 가격으로 하고 수지 수량 및 그 구입가격, 생산 등의 사항을 고려한 후 도지사가 이것을 지정할 것.

3. 다른 도에서 배급을 받은 곡물용 4말가마니의 판매가격은 당분간 도지사에게 이것을 지정치 않고 반입한 형편에 의하여 그에 요한 제 비용을 가산한 후에 가격을 결정하도록 할 것.

4. 곡물용 4말가마니의 도내 이동에 필요한 운임은 반출도의 역을 기점으로 하고 계산할 것.

5. 곡물용 4말가마니의 매취가격은 별지 제 비용에 의하여 도의 제 비용을 결정한 후에 가격을 지정할 것.

6. 비료가마니의 판매 가격은 조질(朝窒)로 가는 천위(天位), 지위(地位) 혼합으로 25전(錢), 조농(朝農)조선농산으로 가는 지위(地位) 22전 2리(厘), 만화(滿化) 및 일화(日化)일본화학공업로 가는 천위(天位) 25전 4리, 일철(日鐵)일본제철로 가는 지위(地位) 23전 4리, 곡물

용 3말가마니 천위 25전 4리이므로 이것을 업자에 지정하는 동시에 도(道)의 제 비용을 결정하고 공통계산을 하여 매취가격을 지정할 것.

동아일보, 1938년 12월 7일

245. 산조(産組)의 입(叺) 취급 / 규정을 통첩

가마니 통제 실시에 따른 산업조합의 가마니 취급은 다음과 같은 방법으로 행하기로 결정, 농촌진흥과는 20일 각 도에 예규 통첩을 보냈다.

1. 산업조합은 조합원 소산의 가마니 중 자가용(自家用)을 제한 전부를 도의 가마니회사에 특약(特約)으로 매도.
2. 산업조합은 가마니회사의 주식을 취득하고 사업 경영에 참여함.
3. 산업조합의 자가용 가마니는 매월 말 그 수량을 도에 보고할 것.

동아일보, 1938년 12월 9일

246. 경찰 감시를 피하야 간악한 석탄상(石炭商) 발호
이번에는 가마니에 물을 뿌려 중량을 사긔함으로
서문서(西門署)에서 관내를 검색코 다수 적발

경제 경찰의 감시의 눈이 엄중하면 엄중할수록 부정 상인들의 속여 먹는 수단도 점점 교묘해져간다. 최근 서대문서 경제 경찰에게는 배달하는 석탄의 근량을 달아보면 틀림이 없는데 석탄을 쏟아놓고 보면 아무래도 분량이 적으니 철저한 조사를 해달라는 투서가 답지했다. 25일 서대문 관내에 있는 석탄상을 일제히 검색해 석탄 넣는 가마니를 조사해본 결과 석탄을 가마니에 넣어서 달아보면 소정한 분량인 74킬로그램에 틀림이 없으나 실제로 속에 집어넣은 석탄은 71킬로그램밖에 안 되는 것을 다수히 발견했다. 즉 보통 가마니 한개의 분량은 2.5킬로그램밖에 되지 않는데 물을 먹여 3~4킬로그램으로 만들어가지고 한가마니에 1킬로그램씩 석탄을 덜 집어넣어 1톤에 40킬로그램씩이나 속여먹는 것이 판명되었으므로, 지금 이후로는 이러한 일이 없이 무게 2.5킬로그램 이내의 가마니에다 석탄을 넣도록 엄중한 경고를 보냈다.

매일신보, 1939년 1월 27일

247. 곡용입(穀用叺) 통제로 생산력 저지

〔순천〕 통제! 통제! 하나에서 열까지 통제! 이 통제 선풍에 따라서 가마니(곡물용, 소금용, 비료용)도 기어코 통제되어서 진남포 평안산업주식회사(平安産業株式會社)에서 이를 통제 관리하게 되었는데, 생산자 측을 보호해야 할 취지에 있는 이 회사에서는 도리어 농촌 생산자들의 고혈을 착취하지 않느냐? 하는 세상의 의평(疑評)을 듣고 있다. 그 사실을 탐지해보면 이 평안산업주식회사에서는 각 군에 대행소를 두고 산지의 가마니를 매입하는데 대행소에는 1장에 4리, 소금용·비료용은 3리의 수수료를 주고 기타 제 잡비는 실비도 안 주어 본사에서 도리어 대행소의 등을 깎고 있는 형편이다. 그럼에도 불구하고 곡물용가마니 3등 1장에 12전을 주고 사서 23전을 받고 파니 생산자에게는 볏짚 값도 안 될 뿐 아니라 지고 다니는 품삯도 안 되니, 도저히 짤 수 없다 하며 동 회사가 일반 소비자에게서 받는 23전은 완전히 생산자의 고혈을 무시한 것이다. 회사에서는 창립 초기이니만큼 중간 이(利)를 조금 취하고 소비자 측에서도 작년 시가가 아직 기억에 새로울 것이니 회사와 소비자 측에서는 좀더 양보하여 일반 생산자 측을 옹호해주기를 일

반은 물론 지도 당국에서도 부탁하는 바라 한다.

동아일보, 1939년 2월 2일

248.입(卅) 검사원 양민 구타 3백여 생산자 소동
등급이 불공평하다고 항의한 것이 원인
청주 입(卅) 검사장 파란

〔**청주**〕도 당국에서는 일반 농가의 수입을 증가시키자는 목적하에 가마니 짜기 장려를 적극적으로 하는 외에 가마니 직기까지 구입하여 각 부락민에게 배부하는 등 그 노력이 비상한 이때에 괴산군 모 가마니 검사소에서는 지난 28일 장날도 사리면(沙梨面)을 비롯하여 각처에서 운집한 가마니 생산자 4백여명과 약 5천매의 가마니로 검사장은 대성황을 이루었다. 24~25세 전후로 보이는 검사소 모 검사원이 소위 검사원이라는 세력하에 평소부터 일반 생산자들을 불친절하게 취급해오던 중, 가마니 검사에 이르러 온당치 못한 등급을 정하므로 목격하던 생산자들의 등급에 대한 불평이 비등(沸騰)하고 있을 때 그중 몇명이 등급 사정에 대한 불평을 말한즉 앞의 검사원이 다짜고짜 주먹으로 몇명을 구타, 폭행하였다. 이것을 당하고본 생산자들은 분개에 넘쳐 흥분된 나머지 그날그날 호구지책의 하나로 해오던 가마니 장사도 할 수 없다는 생각을 가지게 되는 동시에 3~4리 길에 새벽밥을 먹고 좁쌀 되나 사가지고 가려던 심산까지 허사가 되어 검사원의 무지한 폭행에 위협을 당하고 지고 왔던 가마니를 도로 지고 울며 돌아가는 양민들이 3백여명이나 되었다고 한다. 이와 같은 행동으로는 새끼·가마니 장려에 일대 손실인 동시에 생산자 일반의 사활문제가 됨은 불문가지다. 모름지기 당국자는 생산자의 앞길에 공포와 우려되는 점이 없도록 충분한 연구

와 반성이 긴급히 필요하다고 일반 여론이 비등해 장차 앞으로 당국의
처치를 주목하고 있다 한다.

동아일보, 1939년 2월 2일

249. 개풍(開豊) 학동 애국미담

〔개성〕 개풍군 대성면 풍덕소학교(豊德小學校)에서는 군 당국에서
동기 농한기의 부업으로 비료가마니 증산을 장려해서 동기 휴가 중에
아동 491명이 각 가정에서 가마니 짜기를 실행해오던바, 제작한 수가
491매(가격 78원)에 달해 저간 대성면 사무소 신축공사 중에 근로보
국의 뜻으로 전 생도가 노동을 한 품삯 44원을 합한 현금 122원을 지난
20일 개풍군 군사후원연맹에 기탁하여 휼병금(恤兵金)으로 헌납했다
한다.

매일신보, 1939년 2월 2일

250. 곡용입(穀用叺) 공판제(共販制) 비난
어부의 이(利) 탐하는 지정 상인 / 소비층 타격

〔대전〕 곡물용가마니 값을 폭리를 취하게 하느니 어쩌느니 하여 일
반 생산자와 소비자 사이에 문제를 일으키게 하고 있다 한다. 즉 충남
도 내에서 현재 가마니 값은 1등 26전 8리, 2등 23전 5리, 3등 14전 5리
의 가격으로 특정 상인을 정해 사들이게 하고서는 1등 35전, 2등 30전,
3등 19전이라는 소위 공정가격의 예로는 도저히 상상할 수도 없는 매
우 지나친 가격으로 팔게 되어, 생산자는 적은 값으로 팔게 되므로 비
난이 도처에 있게 되고, 소비자는 매우 지나친 금액으로 사 쓰게 되므
로 다만 중간에 들어 있는 소위 지정인만 살찌게 한다 하여 가마니를

사고파는 사람은 서로가 다 같이 공동판매제를 저주하게 된다 한다. 이제 지정인들은 얼마나 이익을 보느냐 하면, 1등 8전 2리, 2등 6전 5리, 3등 4전 5리. 이상과 같이 최고 3할 2푼, 최저 2할 8푼이라는 매우 지나친 이익을 금리와 창고세 등이 있다 하여 공공연히 부여하고 있다 한다. 그나마도 다른 지방에서는 30장만 사도 덩어리를 만들어 파는데 대전은 덩어리를 만들지 않고 파니 가마니 2백장만 사게 되어도 일일이 묶어서 내오는 수속이란 적어도 한나절이 걸린다는 등 일반 소비자와 생산자 사이에 불평이 자자하다고 한다.

모 생산자 담 "글쎄 뭐라 억울한 말을 하면 좋을지 모르겠다. 면에서는 날마다 가마니 장려라 해 매호에 최소한도 장날마다 몇장씩 쳐야 한다고 야단을 치고서는 시장에 가지고 가면 눈을 번히 뜨고 지정상인만 이익을 보게 하니 어쩐 일인지 모르겠다."

모 소비자 담 "우리들은 가마니 사들이는 값을 잘 알고 있는데 1등은 8전 이상, 2등은 6전 5리, 3등은 4전 5리라는 즉 최고 3할 이상은 이익을 붙여서 사들이게 되니 우리 장사꾼들은 불만을 아니 가질 수가 없다. 더욱이 한 가마니에 5전이나 10전 내외의 수판으로 장사하는 우리들 정미업자는 타격이 여간 크지 않다."

동아일보, 1939년 2월 7일

251. 입(叺) 재사용 불허를 비난
곡물검사 당국의 무리한 처사 / 개성 곡물업자 대분개

〔개성〕농산물의 생산을 개량하고 품질을 향상함으로써 산업 확충의 실을 거두고자 곡물검사소를 설치하였으나, 실제 운행에 있어서는 본의에 어그러지는 처사가 빈번해 각처에서 물의를 일으키고 있음은 항

상 지상으로 보도되는 바다. 금번에는 종래 불합격 쌀에는 일차 사용한 가마니를 재사용케 하였으나 산미(産米)의 품질 향상상 재미없다는 이유로 갑자기 이것의 사용을 금지케 되어 또 물의를 일으키고 있다. 즉 개성곡물검사소에서는 본 소(所)의 지시라 하고 지난 9일 개성곡물협회에 오는 15일부터는 종래 허가해오던 불합격 쌀에 대한 가마니 재사용을 불허한다는 통첩을 했으므로 개성곡물협회에서는 즉시 일반 곡물상에게 전기 통첩을 전달했다. 일반 업자는 아무 예고도 없었으므로 재사용 가마니의 재고가 수만장이나 되는데 갑자기 오는 15일까지라는 촉박한 기일로 이것의 사용을 금지한다는 통첩을 받게 되어, 이는 곡물검사소가 업자의 사정을 조금도 이해치 아니하는 부당한 처사라고 분개해 마지 아니한다는바, 현재 업자들의 태도로는 장차 상당한 물의를 보일 것으로 예측된다고 한다.

동아일보, 1939년 2월 11일

252. 이천(利川)에 가마니 홍수 / 시일(市日)마다 5만매 출회

〔이천〕 이천군 입직(叺織) 장려에 관해서는 누보한바, 소화 14년(1939)도 생산목표 510만매를 각 읍면에 적선 배당하고 증산에 노력 중, 객년 12월 부령으로 고공품의 통제가 실시된 이후에 그 생산의 확보를 도(圖)하고자 읍면장회의의 개최, 군농촌진흥위원의 순시독려(巡視督勵), 군면 직원이 총동원하여 주야 불구 불면불휴(不眠不休)의 장려와 각 농촌진흥회 간부의 분려(奮勵)로써 군민은 시국의 인식과 생업보국의 정신이 실로 철저하여 군민 총노력을 이에 집중하므로 이천, 장호원, 오천(午川), 유산(酉山) 각 공판장의 매시 출하는 무려 5만매 이상을 돌파하는 활황으로, 특히 지난 12일 이천읍 시장에는 물경 5만여매

입출하 광경

의 출하로 입산입해(叺山叺海)를 이루었으며, 이천군 가마니 짜기 장려 이래 최고기록이라 한다.

매일신보, 1939년 2월 19일

253. 원주 천주교도 가마니 짜서 헌금(献金)

〔원주〕원주군 신림면(神林面) 용암리(龍岩里) 천주교 신도 일동은 음력 정월 한가한 틈을 이용해 남녀가 협력하고 가마니를 짜서 매각한 돈 7원 30전을 제일선에 나가 활약하는 황군에게 위문품을 사 보내달라고 지난 3월 8일 원주경찰서에 납부했다 한다.

매일신보, 1939년 3월 14일

254. 가마니 과잉의 수난
안 짜면 짜라고 성화일러니 짜노니 만타고 안 사서 걱정
3만 세민(細民)의 생계 곤경

〔지경(地境)〕세궁민(細窮民) 층의 호구거리로 가장 중요시되는 가마니 생산은 당국의 장려 방침에 순응하여 낮밤을 다투어 쳐내어 당지 지경시에만 1일 2만장을 돌파하여 세민들의 식량 부족 시에 궁색을 면해오던 중, 돌연 지난 3월부터 생산과다라는 이유로 1개월에 한번씩밖에 매입하지 않는다고 한다. 이 문제에 대해 일반 세농가들은 이 봄을 어떻게 살아나갈까 걱정이 많다고 하며 한편으로 가마니는 쳐내면 돈이 됐던 관계로 빚을 내어 볏짚을 사다가 가마니를 쳤던 것이 팔 수가 없어 더욱 곤란하다 한다. 더욱이 종래 당국에서는 적극적으로 그 가마니 제조를 장려해오던 것이 이제는 쳐내도 소비할 길을 알선해주지 않으니 심히 유감이라 하여 속히 당국의 선처를 바란다고 하는바 이 문제에 대하여 모 공직자는 다음과 같이 말했다. "이 문제는 세상 사람의 사활 문제에 속하는 것으로서 더욱 금후 장려에도 영향될 문제이므로 각 관계 면장 등과 협의해 군, 도 당국에 진정할 생각이다."

동아일보, 1939년 4월 13일

255. 가마니 생산과잉 곡용(穀用)은 20만매
비료용은 십만매 / 어업용 연은 태부족

〔춘천〕가마니와 새끼 증산에 박차를 가하고 있는 강원도에서는 작년 11월 1일부터 올해 10월 말일까지 1개년 동안을 장려생산기간으로 하여 곡물용가마니 69만 1천백매, 비료용가마니 20만매를 각 군에 배당, 증산을 적극 장려해왔는데, 3월 말일 현재 실적을 보면 다음과 같아

서 양자 모두 목표수량을 훨씬 돌파하여 가마니 부족의 염려는 일소되고 말았다. 즉 곡물용가마니는 목표 69만 1천백매에 대하여 76만 8천매의 생산을 보게 되어 배급할당 49만매를 제하고도 28만 8천매가 잉여되고 있으며, 비료용가마니는 20만매 목표에 30만매 생산으로 조선질소 납입 14만매, 조선농회 납입 6만매의 예약분 20만매를 납입하고도 실로 10만매나 잉여된다는 것이다. 이같이 처치가 곤란할 만치 생산과잉을 보게 된 것은 당국의 장려가 당(當)을 얻은 소치라 하겠다. 반면에 어업용 거적(筵)은 소요 목표 110만매에 대하여 33만매 생산으로 약 80만매의 부족을 보이고 있으므로 금후에는 어업용 거적 증산에 노력을 돌릴 것이라 한다.

매일신보, 1939년 4월 14일

256. 가마니를 짜서 혼인(婚姻) 째 빚을 청산
부녀(婦女) 근로의 미담

〔강릉〕 반도여성도 부지런히 일을 하지 아니하면 입지도 먹지도 못한다 하는 것은 현하 농어촌진흥운동(農漁村振興運動)의 부녀층을 격려하는 표어로서, 강릉군 내의 부녀들의 노동은 점차 왕성하여 가마니, 거적, 새끼의 생산은 거의 그들 손으로 짜고 꼬고 하므로, 작업부녀들에게는 여러가지 미담이 있다. 강릉군 연곡면(連谷面) 송임리(松林里) 정현광(鄭顯珖)의 처 권씨(21)는 작년 11월에 결혼한 신부로 남편 정현광이 결혼 때 혼비로 쓴 채무로 곤란함을 알고 무엇을 하든지 도와주려 하고 애를 쓰나, 구습에 신부는 잘 노동하지 아니함에도 불구하고 이웃 가마니 짜는 집에 가서 가마니 짜기를 배워 하루 한입씩 짜게 되었다. 남편과 서로 결심하고 부부가 가마니, 거적 등을 짜기 시작한 것

은 동 12월인데, 수개월 동안에 실로 6~7백매를 짜서 팔아 혼채를 청산했으므로 일반은 그 미행에 칭송이 자자하며 지금은 1일에 10매 이상을 능히 짠다고 한다.

매일신보, 1939년 4월 18일

257. 저당(抵當) 잽히는 가마니 / 팔 수는 없고 돈은 써야만 하고
부안(扶安) 농민의 딱한 사정

〔부안〕 군내 빈민층들의 생활 전선에 이상! 연내 군농회에서 적극적으로 장려해오던 가마니 짜기를 유일의 무기로 그날그날 연명을 해오던바, 요즘 와서 군은 생산과잉으로 말미암아 생산과 가격을 조절하기 위해 일시적으로 매입을 중지했다. 가마니를 팔려고 모여들었던 일반 빈민들은 할 수 없이 도로 돌아가게 됨으로써 오늘의 연명도 문제려니와 집에서 기다리고 있는 식구들의 양식이 막연하여 읍내 대금업자 모에게 전당(典當)하고 약간의 양식 값을 얻어가지고 가매 살 길이 막연함을 탄식할 뿐이라 한다.

동아일보, 1939년 4월 19일

258. 금년 입(叺) 생산 예상 6백80여만매
국제 상품화를 적극 기도

〔해주〕 농가 부업으로서 가마니를 적극적으로 장려해오던 황해도 당국에서는 금년도 예상매수 680만매의 계획을 수립하였다. 전년도 370만매에 비하면 310만매의 증가로서, 5월 2일 현재 생산고 310만 5천장으로 보아 계획 매수 이상을 돌파할 것이라 한다. 용도별로 보면 곡물용가마니 331만장, 비료용 30만장, 소금용 20만장, 잡용 3백만장

중 곡물용 3등품 제조만은 금년도 첫 사업으로서 적극적으로 장려하여 일본 내지와 만주 방면으로 수이출(輸移出)시킬 예정이라 한다.

동아일보, 1939년 5월 8일

259. 가마니 보국운동(報國運動) / 생산량 증가와
판매대 저축(貯蓄)의 일석이조(一石二鳥) 묘안을 개풍(開豊)서 지도

〔개성〕 개풍군과 군농회에서는 비상시국하 생산 확충을 강화하기 위해 지난 10일부터 오는 12일까지 저축보국의 가마니 작업 기간으로 정하고, 매호당 30매를 작업할 것을 제시했다. 기간 내에 생산판매를 한 사람은 가마니 1매에 2전의 비율로 60전을 저축하고 생산판매를 하지 않은 사람은 매호당 6원을 저금하기로 되었다는바, 이 저축보국의 강조로 가마니 생산도 약 20만매의 증산을 볼 것이며 저축저금도 6만여 원이라는 거금에 달할 모양이라 한다.

매일신보, 1939년 5월 13일

260. 조선산(朝鮮産) 입(叺) 대만으로 진출

조선산 가마니의 만주, 북지(北支)로의 진출은 괄목할 만한바, 특히 최근 마대의 불저(拂底)에 의하여 대만으로부터의 요구가 자못 치열한 바 있다. 조선산 가마니가 동(同) 지방에 진출할 절호의 기회임에 임하여 총독부 당국에서는 대책을 협의 중인데, 오는 10일경 농림국 기사(技師) 및 곡검(穀檢) 감독관은 이 사정을 조사한 후 구체안을 수립하기 위하여 대만 전토를 시찰 조사할 것이라 한다.

조선일보, 1939년 6월 6일

261. 보국(報國) 가마니를 제조

〔장단〕 장단군에는 현재의 비상시국을 맞아 근로를 배가하므로 저 총후(銃後)농민으로서 생업보국의 실천을 칭찬해 높이고자 농번기인 6월 20일부터 8월 말일까지 70여일간 생업보국가마니(生業報國叺)를 생산장려하기로 정했다. 전기 기간 중 20만매 출하 목표를 수립하고 매 호 30매씩 출하하게 한다는바 벌써부터 제반 준비를 착착 진행시키고 있다 한다.

매일신보, 1939년 6월 6일

262. 가마니 보국운동(報國運動) / 3삭(朔)에 13만매 생산

〔개성〕 개풍군에서는 영북(嶺北), 영남(嶺南), 북면(北面) 등 세 면을 제외한 관내 11개 면에 대해 지난 3월부터 국민정신총동원 아래 저축 보국의 완벽을 도모하고자 가마니 생산장려 지도를 철저히 해오던바 지금까지 제작한 생산고는 13만 5,378매이며, 농민의 손으로 들어가는 돈이 2만 4,800원에 달한다고 한다.

매일신보, 1939년 6월 14일

263. 충북 가마니 생산 / 부족 원료는 타 도에서 사드려 6백만매 목표로 매진

〔청주〕 충북 도 당국에서는 금년 한해 대책의 부업장려로 가마니 증산, 인조 진주 증산, 추잠(秋蠶) 증산 등을 비롯하여 부녀의 손으로 될 수 있는 것을 선택하기로 했다. 그중 일반이 하고 있는 가마니 증산은 6백만매를 계획했다 한다. 충북의 금년 가마니 생산 실적은 7월 말까지 벌써 640만 8,500여매의 성적을 냈으나, 금년 가을부터는 그 원료 짚

의 수급이 원활할까 함이 일반의 현념(懸念)하는 바인데, 당국의 계산으로는 매년 생산하는 6천만관의 고를 금년은 2천만관으로만 보고, 다시 그중의 2할인 4백만관만 하더라도 가마니 400만매는 직조할 수 있으니, 나머지 2백만매의 원료는 타 도로부터 반입하자는 계획이다. 이것은 급히 해야 할 바라는 점에서 입자 연도에 구속되지 아니하고 금년 9월부터 앞당겨 실시하기로 했다는데, 현재 남은 원료가 있으면 전부 가마니를 직조시킬 것이라 한다.

매일신보, 1939년 8월 25일

264. "사과" 입(叺) 포장 / 수이출품만 목상(木箱)에

지금까지 상자로 포장하던 채소와 과일을 이제부터는 조선 안에서 팔리는 것은 전부 가마니에 넣지 않으면 대바구니에 넣게 되었다는데, 이는 포장상자 부족에다가 못(釘)도 작년의 2, 3할밖에 더 배급되지 않으므로, 이제부터는 조선 밖의 지방으로 향하는 수이출(輸移出)에 한해서만 나무상자로 포장하게 되었다.

동아일보, 1939년 9월 9일

265. 추석 명절을 안 쉬고 가마니 보국운동(報國運動)
강화입직(江華叺織) 경기 성황

〔강화〕강화군 농회에서는 중일전쟁이 발발한 이래 종후에 있는 국민으로서 생업보국에 매진치 않으면 비상시국을 극복치 못한다는 표어로서 박 군수 이하 부하직원의 총동원하에 열의지도에 노력한 결과 연간 3백만매의 돌파를 보고 있었다. 금년에 있어서는 한해를 근로로써 극복하기 위하여 4백만매를 목표로 하고 그 장려에 있어서는 당국에서 원

료까지 절대적으로 알선하기로 했다. 금년의 한해를 극복해나갈 의지
로써 올해 이래로 숙제로 내려오던 가마니 제조경기대회를 지난 27일
8월 추석을 철폐하고 군내 각 면에서 선발된 30조의 직기(織造)와 부
녀자가 군청 앞 광장에서 오후 2시부터 관민 유지 수백명이 참석하여
가마니 경기회가 열리고 동 오후 4시에 동 경기회를 의의 있게 마쳤다
는바, 당일의 입상자는 다음과 같다. (하략)

매일신보, 1939년 9월 29일

266. 부족한 입(叺) 원료고(原料藁) / 수요 신립(申込) 실시
생산배급계획 수립

지정 볏짚 공품(곡물용가마니, 비료가마니, 소금용가마니) 수급에
관해서 지난 겨울 총독부가 생산, 배급 및 가격에 대해 전면적인 통제
를 실시한 결과, 금년도에는 생산이 현저히 증가하고 배급도 역시 원활
해 수요자 측에는 하등의 불안, 불편을 주지 않고 이 공급을 계속하는

상황으로, 수급 관계에 혼돈이 있었던 작년 재작년에 비교하면 실로 격세의 감이 깊다. 총독부에서는 금년도의 이 양호한 실적에 비추어 다음 미곡년도의 수급에도 좋은 통제를 완수하기 위하여 현재 다음 미곡년도에 각 방면의 수요 수량을 모으고 있다.

앞에서 수요 수량의 결정은 「각종 가마니의 생산, 배급 및 가격통제 계획서」에 의해 실시된다고 했는데, 즉 각 수요자는 10월 10일까지 가마니의 종류별, 납입 장소별, 월별 수요 표본과 가마니 수량을 총독부에 신청하지 않으면 안 된다. 총독부는 이 수요 수량을 집계, 검토한 후 생산배급 계획을 수립할 것인데, 금년도는 주지하는 바와 같이 가마니의 주산(主産) 도인 남선(南鮮) 7개 도가 미증유의 한해(旱害)를 겪은 고로 원료 볏짚이 부족하여 공급 수량도 자연히 한도가 있을 것으로, 수요자에의 공급 확보를 위한 생산계획 수립에 있어서는 역시 고민이 있다. 각 수요자는 앞의 사태를 인식하고 목적을 달성하기 위해서는 늦어도 10월 15일까지 곡물용가마니는 도청에, 기타 가마니는 총독부에 수요 신청을 하는 것이 필수 사항이다.

동아일보, 1939년 10월 11일

267. 이재(罹災) 농가 구제책으로 입직기(叺織機) 2천6백대 배급
충청남도 농무과에서

〔대전〕 충남도 농무과에서는 이재민 중 자력 또는 지주의 구조 혹은 은인 보상금 등을 전혀 받지 못하여 생계를 유지할 수 없는 농가와, 노동 및 만주 개척민으로 알선하여 보내고 남은 잔류가족에 대하여 가마니 치기를 철저히 장려시켜 구제에 만전을 도모하고자 이에 대한 조사를 철저히 함과 동시에 방침을 세워 방금 실시 중이라는데, 종전

부터 가마니 직기를 가진 농가는 제외하고 신규로 각 군에 배급했다
고 한다.

동아일보, 1939년 10월 17일

268. 염려되는 입직(叺織) 원료, 6천만매 입직(叺織) 충분
지월분(持越分) 1천여만매를 합산하면
만지(滿支) 2천만매 수출 가능

조선의 가마니 치는 일은 유일한 부업으로서 1년에 5~6천만매의 생
산액을 가지고 있는데, 작년의 생산은 무려 6천만매를 돌파하여 북경,
만주 등지로 상당히 수출을 했다. 금년에는 남조선의 한해로 인해 가마
니의 원료인 볏짚이 수량으로 부족할 뿐만 아니라 그 품질이 아주 불
량하여 가마니 치기에 곤란한 바가 많다고 했던 것인데, 총독부 농진
과(農振課) 조사에 의하면 가마니의 원료는 연료용으로 사용되던 것
을 절약하고 초가 개초용(蓋草用)을 제한한다면 적어도 가마니 6천만
장 짜기에는 넉넉하리라고 보고 있다. 작년의 지월(持越) 가마니 수량
이 1천만장가량이어서 지월 쌀용으로 6백만장을 예상했던 것이 그대
로 이용되지 않고 있는 관계로 이 1천만장까지 합하면 실로 7천만장은
금년에 사용할 수 있다는데, 실제 조선 내에서 금년 필요분은 겨우 5천
만장가량으로 추정되고 있어서 만주, 북지(北支)로 전과 같이 4~5천만
장 수출은 불가능할 터이나 2천만장 이상 수출은 할 수 있으리라고 총
독부 당국에서는 매우 낙관하고 있다고 한다.

동아일보, 1939년 11월 12일

269. 짚의 절약을 장성군(長城郡)에서 독려

〔장성〕 시국이 시국인 만큼 무엇이든지 절약해야 할 시기라 하여 당국으로서는 부심 중에 있다 함은 물론 말할 것도 없거니와, 금년은 더욱더 한발(旱魃)로 인하여 전남 장성군에서는 물품 사용에 있어 큰 두통을 앓고 있다. 조선의 농촌이라 하면 볏짚으로 지붕을 잇게 되는 것은 누구나 말하지 않아도 다 아는 바이거니와, 금년은 더욱이 한재로 인하여 볏짚의 수확도 없을 것이나, 그를 절약하여 지붕이 새지 않는 정도면 개초(蓋草)를 금지하고, 생산품을 제조토록 각 면으로 지도원을 파견하여 대대적으로 선전을 하고 있다는데 일반은 자숙하여 철저히 주의하기를 바란다고 한다.

동아일보, 1939년 11월 25일

270. 만주 2천만매 입(叺) 주문에 수출량 3할 감(減) 예정
재고 2천3백만매 / 생산량 부족, 원료 이입 증산책 수립

조선산 가마니는 만주에서 해마다 대량 수요가 있었는데, 금년에도 총독부 및 조선산업협회에 주문을 했기 때문에 이에 대하여 조선의 공급력을 측정한 결과에 의하면 곡물용 4말가마니와 곡물용 3말가마니 1,300여만장, 소금용이 1천여만장밖에 없다. 금년은 볏짚의 부족으로 생산이 감소될 것을 예상할진대, 종래 수출량의 2~3할이 감소할 수밖에 없다고 하여 총독부와 조선산업협회가 타합을 거듭하고 있다 한다. 일본과 교섭하여 원료 볏짚을 다량 이입하여 적극 증산에 매진하리라는데, 무엇보다도 만주의 주문량 2천만장을 전부 이행하지 못하고 그의 2~3할가량 감소, 즉 1,500만장가량밖에 수출이 되지 못한다면 만주국 내 공급에 곤란이 막심할 뿐 아니라 조선으로서도 유일의 부업인 만치 이와 같이 감산되면 농가의 부수입에도 큰 영향이 있다 하여 총독부에서는 이의 증산방법을 극력 강구하고 있다고 한다.

동아일보, 1939년 12월 27일

271. 우리들은 이렇게 자수성가
각지 갱생농가(更生農家)들의 분투 기록(1):
매월 1백50매의 가마니 짜서 갱생
금일의 성과 본 옥구 이팔룡(李八龍)씨

이자가 본금보다도 많아진다는 고리채를 갚고 부업에 힘써 얼마간이라도 저축할 여유가 생기고 자녀를 교육하는 부모의 도리를 어렵게나마 할 수 있는 것은 넉넉지 못한 농촌 살림을 하는 사람으로는 몹시도 어려운 일이다. 여기서 이에 성공했다고 볼 수 있는 이팔룡의 내력을 들어보기로 한다.

이 사람은 지금 마흔두살로, 늙은 어머니와 동생 자녀 합쳐 열한명의 식구를 거느리고 있는데, (중략) 이러한 중에 농촌진흥운동이 활발해가는 덕택으로 이 동네에도 당국의 지도가 주밀하게 되고 부업으로 가마니 치고, 새끼 꼬는 것을 장려하게 되자 여기서 이 주인공은 굳은 결심으로 이에 온 힘을 들이기에 이르렀고, 차차로 오늘이 있을 기초를 쌓기 시작했다는 것이다. 즉 식구가 총동원해서 농사일에 방해되지 않을 만큼 가마니 치기를 시작했으며 여기서 생기는 푼푼의 수입을 힘써 아껴 저축해온 보람이 있어 지금은 8천평의 논과 4백평의 밭을 소작해 남의 힘을 빌리지 않고도 양식을 대어나갈 수 있게 되었고, 5백원이 넘던 부채도 지나간 5년 동안에 깨끗이 갚아버리게 되었으며, 80원의 저금까지도 하고 있어 많지는 못하나마 어려운 때 도움이 될 만한 터전을

이팔룡씨

잡게까지 되었다는 것이다. (중략)

　가계부를 들추어 그 고심의 자취를 찾아보면, 겨울철의 12월 같은 때는 한달에 가마니 250매를 쳐서 팔아 46원의 수입이 된 때가 있다. 한달 250매면 하루에 아홉매가량은 친 셈이니, 남달리 부지런한 이 집의 든든함을 알 수가 있다. 이렇게 하여 1년 동안에는 가마니 2천매를 치고 새끼 2천관을 꼬아 230~240원 정도의 수입을 얻게 되었으며, 이 것으로 가용(家用)을 적절히 쓴 다음 푼푼이 모아 빚도 갚고 세간도 장만하게 된 것이나, 지나간 남의 일이라 쉬운 듯도 하지만은 양식은 모자라고 빚은 자꾸만 늘어가는 생활 속에서 허덕이다가 오늘의 갱생을 보게 되기까지의 고심이란 위대한 것이라고 이름 지어 부를 수밖에 없다. 이같이 위대한 지난 5년 동안의 고심도 가마니 치고 새끼 꼬는 적당한 부업을 손에 잡지 못했더라면 하고 생각해볼 때에는 농촌의 갱생을 위하여 많은 가르침을 받게 되는 것이 사실이다.

매일신보, 1940년 1월 4일

272. 우리들은 이렇게 자수성가
각지 갱생농가(更生農家)들의 분투 기록(2):
부업은 흥가(興家)의 본(本) / 새끼와 가마니로 10년을 근로
적빈(赤貧)을 일척(一擲)한 옥구(沃溝) 이백규(李白圭)씨

느는 것은 빚뿐이요, 식구들의 세끼니 밥도 대주지 못하고, 어려운 살림살이를 도맡아 가지고 근 10년 동안을 모질게 힘써온 보람이 있어 지금은 빚을 갚고 적으나마 저금통장을 가졌으며, 양식 걱정을 면해 이 동리의 모범농가로 칭찬받는 사람이 이 이야기의 주인공 이백규(李白圭)라는 사람이다.

이 사람은 지금 마흔다섯살의 장년으로 그 부인과 자녀 등 아홉 식구를 거느리고 살아나가는 중인데, 성질이 온후하고 이웃사람을 사랑하기로 유명하며 부지런히 일하고 힘써 절약해 착실한 사람이라는 이름이 높다. 이 동네에서 살기는 그 전 조부모 시대부터로 여기서 낳고 여기서 자라난 실속 있는 지방 사람인바, 어렸을 적에 부모를 여의게 되어 어려운 살림살이를 젊은 몸으로 맡아나가게 된 것이 이 사람의 지나간 고투사(苦鬪史)의 첫걸음이었다고 한다. (중략)

소화 7년(1932)경 당국의 지도로 이 동리에 진흥회가 조직되고 갱생계획이 세워지는 때에는 아직도 멀기는 했지만 그래도 내일의 갱생에 성공할 만한 터전을 얻게 되었던 것이다. 이같이 하여 소화 7년에 갱생

이백규씨

농가로 선정되어 당국의 성의 있는 지도에 복종해 온 집안 식구가 지금까지보다도 더욱 무서운 결심으로 농사철에는 남녀노소가 들로 나가 일을 하고 조금만 틈이 있으면 집에서 새끼 꼬고 가마니 짜는 부업을 열성껏 해왔다고 한다. 그리고 한편으로는 쓰임새를 극도로 절약해 한 푼이라도 이를 저축하려고 힘을 써왔으니 오늘 그가 갱생모범농가로 칭찬을 받는 것도 지나간 동안 꾸준히 계속해온 노력의 당연한 보수라고 할 것이다. 그래서 지금은 살고 있는 집 한채를 자기 소유로 장만했고 남의 논 14반보(反步)를 얻어 소작하고 있으며, 새끼 꼬는 기계 한 대를 사들여 새끼 꼬고 가마니 치는 것이 1년이면 가마니 2,200매에 새끼가 1,500관은 되어 이것으로만 1년에 수입되는 것이 250여원은 넘는다고 한다.

뭐니뭐니 해도 이 같은 부업에 착실한 것이 이 사람의 오늘이 있게 하는 데 가장 큰 힘이 된 것이라 아니할 수 없으니 순 부업으로만 한달 평균 20여원의 수입이 있다는 것은 어려운 농가 살림으로서 결코 적지 않은 금액이다. (중략) 그래서 5~6년 전에 졌던 고리부채 61원을 쉽게

갚아버리고 지금은 빚이 없을 뿐 아니라 일금 18원의 잔고가 있는 저금통장까지도 가지고 있다. "자식을 둘이나 학교에 넣고 있으며 올해는 흉년으로 가마니 짜고 새끼 꼬는 짚도 없어 아직까지는 버텨왔지만 저금을 찾아 쓰게 될지도 모른다"라는 그의 이야기를 들어보니 자녀를 교육시키는 부모의 의무를 다하는 정성도 고마운 일이다.

매일신보, 1940년 1월 6일

273. 우리들은 이렇게 자수성가
각지 갱생농가(更生農家)들의 분투 기록(5): 성근(誠勤)이 유일한 무기
자조자(自助者)는 천조(天助) / 낮엔 나무장사 밤엔 가마니로

사람의 생활이라고 하는 것은 한도가 없는 것이며 갱생이라고 하는 것은 말로는 쉬우나 사실은 어려운 것이니, 갱생되기까지의 이면에는 피눈물이 흐르는 고생이 반드시 섞여 있는 바이다. 이제 청주군 낭성면(琅城面) 지산리(芝山里)에 거주하는 류태선(柳太善)씨의 갱생하기까지의 일기를 보더라도 눈물을 머금지 않을 수 없다.

류태선씨는 아직 32세의 청년이다. 명치 41년(1908)에 보은군 산외면(山外面) 백석리(白石里)에서 출생했는데, 그때부터 가정은 매우 빈곤했으며, 또한 빈곤한 가정을 가진 자의 자포자기의 설움으로 그 아버지 되시는 분은 다른 사람과 같이 방탕해서 술이나 마시고 도박을 일삼았다고 한다. 그러나 류태선씨는 어렸을 때부터 다른 아이들과는 생각이 달라서 부모의 꾸중을 들으면서도 어떤 때는 밥을 먹지 못하고 주린 창자를 움켜쥐고서 학교로 달려가서 글을 배웠다. 글을 배운다 해도 다른 사람과 같은 처지가 아니므로 어떤 때에는 산에 가서 나무를 베기도 해야 했고, 학교에 가지 못하는 날도 있었음은 다시 말할 것도 없는 바이다.

이렇게 하여 4년간의 학습을 마친 후에는 몇마지기의 땅을 얻어서 소작을 했으나, 집안의 식구는 많고 그 아버지는 술 마시고 노름하기만 일삼아 집안 살림살이는 말할 것이 없게 되어 삼순구식(三旬九食)도 할 수 없는데, 빚만 자꾸 늘어나가니 동리 사람들의 신용은 없어지고 소작하는 약간의 땅마저 지주에게 빼앗기게 되었으므로, 그때의 사정이 얼마만치 가긍(可矜)했을까 함은 그 환경에 당한 사람이나 알 수 있을 것이다.

이리하여 마침내는 그 동리에서 살지 못하고 지금부터 13년 전인 소화 2년(1927) 봄에는 집안 식구가 모두 살던 동리를 떠나서 떠돌다 지금 사는 청주군 낭성면 지산리에 표착(漂着)했는데, 이곳에 왔다 하나 어느 누구라도 그들을 기다리는 사람이라고는 없었으므로 하루의 품팔이를 하여 근근이 연명하는 사이에 몇해를 보냈다. 그 동리 진흥회장인 신종휴(申宗休)씨가 그 정경을 동정하여 논 3단보와 밭 2단보의 소작지를 주선해줌으로써 각별 면려했으나, 집안 식구는 많고 더욱이나 2백여 원의 부채가 있어 살아나갈 도리가 없지만, 그를 구제해줄 사람은 없었으므로, 결심을 굳세게 가진 젊은 류태선씨는 낮에는 품팔이도 하고 산에 가서 나무도 베어 35리나 되는 청주시장에 와서 팔아 근근이 호구를 했다. 나무 한짐을 팔아서 사가지고 가는 쌀 몇되가 집안 식구를 반갑게 했을 것은 다시 말할 것도 없는 바이며, 밤에는 피로한 몸을 쉬이지 않고 가마니를 짜기 시작했음은 말은 쉬우나 실행하기는 사실 어려운데, 그는 이것을 실행했다. 소화 8년(1933) 이후에는 자가영농, 품팔이, 나무장사, 가마니 짜기를 게을리하지 아니하는 한편으로, 농한기에는 야학회(夜學會)에 가서 교편을 잡고 동리의 어린 문맹자를 모아 그들을 계도했는데, 보수를 받지 않고 하는 그 정신을 산기(山崎) 본부촉탁(本府囑託)이 가상히 생각해 소화 10년(1935)에는 금일봉을 증여했다.

'하늘은 스스로 돕는 자를 돕는다'라는 원칙으로 각별 면려하는 그에게는 갱생의 서광이 비쳐 소화 10년(1935)에는 당국에서 갱생 지도 농가로 지정하고 다시 자작농가로 설정했으니, 이에서 당국의 따뜻한 지도를 받아 갱생의 힘을 얻어 닭 한마리, 돼지 한마리, 소 한마리씩 하는 정도로 차차로 늘어났다. 순전한 소작이 밭 2단보, 논 1단보를 사게 되어, 자작 겸 소작농으로 승격하고, 진저리나던 고리부채는 소화 11년에 반제하며, 식량은 소화 12년부터 충실되니, 그의 기쁨은 다시 말할 수 없게 되었음도 사실이다. 이렇게 하여 이제 와서는 8백여원의 재산을 가지고 더욱 모범농가로 자영하고 있는데, 그의 갱생은 사실 눈물로 쌓은 금자탑이며 그의 8백여원이라 하는 재산은 몇백만원의 가치보다도 더 많은 것이라 하지 않을 수 없는 것이다.

매일신보, 1940년 1월 9일

274. 가마니 짜기를 장려, 보조금과 추첨권(抽籤券)을 교부 1등 당선자에게는 황우(黃牛) 1두 시상

〔진천〕충청북도 진천군 농회에서는 금년도 본 군내에 가마니 50만 장의 대량 증산을 계획하고 이즈음 군, 면 직원이 총동원하여 주야로 자지도 쉬지도 않고 장려에 노력하는 중이다. 지난 20일 진천 장날에 군농회(郡農會) 직원이 총출동해 악대(樂隊)와 행렬을 지어 시장을 순회하며 삐라를 살포하고 또는 가두 강연으로 다음의 사항을 대대적으로 선전했다.

(1) 일정한 기간 내에 지정 매수를 지참 판매한 데 대해서는 가마니 1장에 2전 이상의 보조금을 군농회에서 지급함. (2) 가마니 원료 볏짚을 다른 면에서 구입할 경우에 그 운임은 군농회에서 지출함. (3) 오는

25일부터 가마니 20장을 지참 판매하는 이에게는 추첨권을 1장씩 주어 이 추첨에 1등 당선이 되면 황소 1마리를 상으로 주고 2등에서 5등까지는 각각의 등급에 따라 상을 준다.

동아일보, 1940년 1월 24일

275. 입(叺) 감산 원인

가마니 생산이 극히 부진한 상태인데 그것은 (1) 일반의 노동 임금이 높아 가마니 제작에서 노동으로 전향하는 것, (2) 가마니 원료의 수요난과 원료가격의 상승으로 가마니 제작의 이익이 박한 것 등에 원인을 두고 있다. 특히 일반 물가의 현저한 상승에도 불구하고 가마니의 매입가가 고정 또는 소폭 인상에 정지한 것이 큰 원인인데, 가마니 매입가격 인상 등 속히 대책을 강구하지 않으면 도저히 생산 목표 달성은 곤란해 보인다. 따라서 유안(硫安)황과 질소가 함유된 비료, 소금, 곡물용 포장 재료의 결핍을 초래하겠으므로 농림국에는 각 방면으로부터 대책이 강요되고 있다.

동아일보, 1940년 1월 26일

276. 입(叺) 배정 달성 독려 / 농림국(農林局)에서 각 도에 통첩

총독부에서는 농림 부업 보급에 철저를 기하기 위해 가마니 증산을 기약하고 있다. 금년은 특히 비약적으로 증가한 수요와 한해(旱害) 대책으로 가마니 증산을 한층 적극화하기로 하여 각 도 배정 수 합계가 7,399만매에 달하고 있다. 이에 대하여 생산 실적을 보면 12월 말로 405만 4천매이고, 최고 생산기임에도 불구하고 5푼 4리 8모의 생산률에 불과하여, 이대로 추이하면 가마니의 배당수 달성은 곤란하다. 따라서 가마니의 수급 관계는 극도의 핍박이 예상되기에 이르렀으므로 농림국도 진전을 우려해 23일 각 도에 농림국장의 통첩을 발하고 할당량 확보에 만전을 기하기로 했다.

동아일보, 1940년 1월 26일

277. 축쇄북부판 / 신의주

신의주의 밀수품은 각각으로 새로운 물품과 새로운 전술이 전개되어가고 있다. 그리하여 최근에는 가마니까지 밀수 전선에 등장했다는 바, 현재 가마니의 매매 가격이 조선보다 만주가 4할 내지 5할가량 고등하기 때문에 이 기회를 이용하여 밀수출자가 속출하여 압록강 하류 유초도(柳草島) 방면에서 삼도랑두(三道浪頭) 방면을 경유해 하육도구(下六道溝) 방면으로 집중되는 모양이라 한다. 신의주 세관 당국에서는 이 같은 정보를 얻고 목하 그 방면으로 취체망(取締網)을 확대시키고 있다.

동아일보, 1940년 1월 27일

278. 청주(淸州)에 원료고(原料藁) 부족 / 가마니 생산 부진
고가(藁價) 지정은 화중지병(畵中之餠)

〔청주〕 충북에서는 금년에 6백만매의 가마니를 생산하고자 노력을 경주하는 한편으로, 그 원료인 짚을 알선하며 그 원료의 가격을 지정하여 가마니 생산의 원활을 도모하고 있다. 청주지방의 볏짚 1관 가격은 7전으로 지정되었으나, 사실 그것은 많지 아니하며, 또한 종래까지 농가에서 이것을 저울에 달아서 판매한 것이 아니라 단(束)으로 판매하고 있던 관계상, 달아서 파는 것을 꺼리고 단으로 세어서 취인하고 있

다. 환산하면 1관에 대해 12~13전씩이나 되어 가마니를 짠다 해도 채
산이 맞지 아니하는 바이라. 청주군 당국에서는 직원을 총동원해 야간
독려까지 하고 있으나 실제적 수량은 늘지 않아 3월까지 90만매를 내
야 될 것이 아직 12만여매에 불과한 현상이라 장래를 우려해 만전의
대책을 다하고 있다 한다.

매일신보, 1940년 2월 5일

279. 입(叭) 생산 장려금 상품권을 결정
서산군(瑞山郡) 농회의 계획

서산군 농회에서는 가마니 생산 계획상 가격을 인상해야 할 형편이
나, 공정가격 이상으로 인상할 수는 없으므로, 장려비로 1매에 2전씩을
주되 현금으로 지불치 않고 해당 지역 상무조합(商務組合)과 타협해
상품권을 발행하게 했다는데, 이 상품권만 가지고 가면 무슨 물건이든
지 살 수 있다 한다.

동아일보, 1940년 2월 8일

280. 가마니 보국운동 / 김포서 작년 중에 3백만매 생산

〔김포〕 김포의 자랑인 가마니 생산은 군과 면 당국의 지도 장려에 따
라 해마다 늘어가는 현상으로 지난 소화 14년(1939)도 생산고는 실로
270만매라는 방대한 숫자를 나타내고 있다. 일반 농가에서는 가을 추
수를 끝낸 후에는 전 가족이 이에 종사하는 형편으로 심하면 7, 8세 된
어린아이들까지도 가마니를 짜는 것을 보면 앙증도 하여 한쪽 고맙고
기특도 해 보인다. 그리하여 가마니 장날이 되면 저마다 팔러 나와 인
산인해를 이루는 현상이며, 농가 부업으로는 이보다 더 나을 것이 없

가마니 장날 광경

는 줄로 자각들을 하여 너 나 할 것 없이 집집이 열심히 가마니를 짠다
한다.

매일신보, 1940년 2월 9일

281. 입(叺) 배정량을 확보 / 각 도 통제(統制)회사가 협력

최근 노임과 원료 볏짚의 부족 등으로 가마니 생산이 부진하고, 이대
로 방임한다면 가마니 수급에도 영향을 미칠 염려가 있어, 총독부 농진
과(農振課)는 각 도 및 통제회사와 노력하여 배정량 확보에 매진하기
로 했다.

(1) 통제회사는 각 도에 장려금을 지출하고 추첨 등 기타에 의해 가마니 생산 진흥방침을 강구할 것. (2) 원료 볏짚은 수송 관계로 다른 도에서의 반입은 곤란하고 자기 도에서의 자급에 방책을 세워 가마니 생산에 지장을 초래하지 않도록 만전을 기할 것. (3) 각 도의 관계 관원들을 동원하여 독려할 것.

그리고 가마니 생산의 부진에 비추어 조선 내의 수급조절에 만전을 기하고자 만주 기타의 수출은 극력 억압할 방침이다.

동아일보, 1940년 2월 13일

282. 나주군 농회에서 입(叺) 생산 장려책으로 각 부락 추첨회(抽籤會) 특설

〔나주〕 현재 가마니의 용도는 다각적으로 그 중요성을 인정하게 되어, 농가에서는 유일한 부업으로 알고 가마니 제조에 주력하여 농민생활에 적지 않은 도움이 되어오던 것이, 최근에 와서는 모든 곡물가격의 앙등(仰騰)과 작년과 같은 미증유의 한발(旱魃)로 말미암아 원료 볏짚의 결핍으로 그 생산고가 현저하게 줄게 되었다. 이에 따라 장날이면 가마니의 출회가 극히 소수에 불과하므로, 관계 당국자들은 그 전도를 우려하는 동시에 그 대책을 강구한 나머지, 이번에 나주군 농회에서는 전라남도 산업과의 후원을 얻어 나주군 각 면에 부락별로 책임 수량을 할당시키는 동시에 성적이 우수한 면과 부락에는 단체로 표창하고 일반 생산자를 망라해 가마니 30장에 대하여 추첨권 1장씩을 주고, 추첨에 뽑힌 자에게는 상품과 상금을 증여한다고 한다. 일반 지방유지는 이번에 행하는 당국의 뜻을 충분히 참작하고 생산자와 일치 협력하여 목적을 달성하도록 노력해주기를 바란다고 한다.

동아일보, 1940년 2월 29일

283.입(叺) 수요 쇄도 / 매입가 인상 시급 / 수출용 분 대책 필요

마대, 면류, 기타 자재난으로 각종의 포장은 이제 거의 고공품(藁工品)으로 전환하여 가마니의 수요는 쇄도 상황을 드러내고, 조선 내의 증산 장려도 조선 내의 수급문제에만 만족할 것이 아니라 만주와 중국으로의 공급을 목표로 적극적으로 진행될 것인바, 현재 조선 내의 가마니 생산 상황은 극히 느린 상태이다. 이는 물론 금년 벼 작황 부진에 의한 원료 볏짚의 부족이 주원인이 되고 있는 한편, 생산자가 다른 유리한 사업에 기울어 가마니 생산을 기피하는 경향이 농후해 매입가격의 인상을 요망 중인 것 같다. 그리고 조선 내 수요는 현재 하등 불안은 없으나 일본에서의 수요는 극히 왕성해 수급 경색은 이미 심한 바 있고, 한편 만주국에서의 요구도 대단해 조선산 가마니는 만주에의 공급 기지로 기대되는 것이 많아서 이 선(線)에 의한 적극적 증산독려가 희망되고 있다. 그리고 증산독려는 전술한 현상으로 매입가격의 적정화가 문제인바 각 도에서는 이미 각 지정회사와 제휴하여 다액의 장려금을 교부하고 실질적으로는 공정 가격를 인상하는 형식을 취하고 있으며 조선 내에 있어서의 수요수만큼은 문제없으나 해외 공급 기타로서의 수출 향방에 대해서는 특별장려금의 길을 강구해 적극적 증산을 도모해야 할 것이다.

동아일보, 1940년 2월 29일

284.중만(中滿) 승입(繩叺) 생산 통제
년 오천만장 자급자족 가능, 우리 손에 회사 또 하나

〔신경〕 만주에 있어서 조선인 전체의 생활이 이제 와서 점차 자리를 잡게 되어 여러 방면으로 한두가지씩 우리의 손으로 이루어지는 뜻있

는 사업이 생기고 있다. 또 하나 반가운 소식, 만주 중부(中滿)를 중심으로 수전 개발과 아울러 생산되고 있는 볏짚이 적지 않은 수에 달하고 있다. 종래 이것은 대부분 새끼의 원료로 쓰이고 있던바, 최근 만주 전체적으로 각종 산업의 발흥과 병행하여 가마니의 수요량이 약 5천만장에 달하나, 현재 만주 전체의 생산능력은 겨우 연 5백만장에 불과하다. 이에 착안하여 현재 신경(新京)에서 실업계에서 많은 활약을 하고 있는 홍지유(洪智裕)씨가 작년 10월부터 이것의 생산 및 통제에 뜻을 두어 관계 당국과 교섭 중에 있던바, 요사이 이르러 산업부(産業部), 길림성(吉林省), 통화성(通化省)과의 절충이 끝나 드디어 자본금 18만원의 중만상공주식회사(中滿商工株式會社)를 창립하기로 했다. 23일 신경에서 창립총회를 열고, 오는 3월 17일부터 정식영업을 개시키로 했는데, 길림, 통화를 일환으로 하여 그곳에서 생산되는 볏짚으로 새끼·가마니 등 대대적으로 생산 통제하여 국내의 자급자족을 시도하기로 한 것이다. 그 조직에 있어서는 조선으로부터 기술자를 초빙하여 지도원을 각 현으로 순회 또는 주래(週來)시키는 동시에 공장을 여러군데에 두는데 본사는 신경에, 길림과 통화에 지점을 두고 돈화(敦化), 교하(交河)에 출장소를 두어 대규모로 일을 시작하리라 하며, 순전히 우리 손으로 창립되는 만큼 앞으로의 활동에 자못 기대가 크다.

동아일보, 1940년 3월 3일

285. 족답식(足踏式) 입직기(叺織機) / 특허국에 제출

〔해주〕 가마니 장려는 농촌진흥운동의 하나로 지켜왔으며, 앞으로의 장려가 더욱더 괄목할 바 있는 이때에 순전한 농촌 출신으로 5개년을 고심 연구한 결과 족답입직기(足踏叺織機)를 발명하여 특허국에 제출

한 청년이 있다. 이는 송화군(松禾郡) 명덕리(明德里) 이권수(李權秀) 씨로, 5개년이라는 긴 세월을 고심 연구한 결과 지난 봄에 특허국에 제출하였는바, 만일 이것이 발명되는 때에는 농촌의 가마니 제작 장려에 일대 새벽 빛을 날릴 것으로 일반의 화제가 분분하다. 이 기계의 특징은 (1) 노력을 크게 감소시켜 소년이나 소녀도 사용할 수 있는 것, (2) 재래 가마니 치기의 3할의 징수(徵收)를 도(圖)하는 것, (3) 좁은 방에서도 사용할 수 있는 것.

동아일보, 1940년 3월 7일

286. 추첨권(抽籤券)을 발행하여 가마니 출회 장려 강원도 농회서 활동

〔춘천〕 강원도에서는 작년 11월 1일부터 금년 10월 말일까지 가마니(곡물용, 비료용 가마니) 220만매와 거적(어업용) 115만매, 새끼 129만 6천관을 생산해내기로 되어, 각 군에 제조를 독려해왔다. 출회가 한참 왕성할 요즈음에 출회가 도무지 시원치 않아서 곤란을 겪고 있는 모양인데, 도농회에서는 생각다 못해 추첨권을 발행해서 출하를 적극 장려할 비상수단을 쓰기로 했다 한다.

매일신보, 1940년 3월 13일

287. 입(叺) 생산 성적 극 불량 / 예정 수량의 근 4할 원인은 고가의 승(繩), 연(筵) 생산에 편중 / 총독부 응급 대책 연구

지금 미곡년도에 있어 가마니 생산 상황을 보면 현재 7,399만장의 생산 할당에 대하여 지난 1월 말 현재 겨우 6백만장에 불과하여, 4할 2푼의 아주 불량한 성적을 보이고 있다. 이와 같이 성적이 불량한 것은 가마니 생산통제의 결함이 많은 때문이라 하여 주목되고 있어, (1) 현재의 볏짚 가공품 통제는 자못 가마니만의 파행적 통제를 행하고, 다른 것에는 통제되고 있지 않기 때문에 비교적 시세가 좋은 새끼, 거적 등의 생산만을 증가시키고, 가마니는 도리어 감소되는 경향이 현저하다. (2) 가마니 통제의 역사가 없는 도(道)에서는 종래 가격의 등락으로 그 생산을 조절하던 인습이 있었고, 도 내지 군, 면 등 지정회사, 검사 방면, 생산 방면의 제휴가 완전치 못한 것 등이 결함으로 지적되었다. 이대로 방치해둔다면 생산 감소, 수요 증가의 역현상을 연출해 앞으로의 수급상황에 심대한 난관이 초래되리라 하여 총독부 농촌진흥과에서는 이에 대한 처치책에 만전을 기하도록 연구하고 있으니 그 추이가 자못 주목되고 있다.

동아일보, 1940년 3월 15일

288. 곡용(穀用) 고입(古叺)을 회수
수급 확보에 조력코자 농림국장, 각 도에 통첩

농림국에서는 곡물용가마니의 생산 감소가 심해 대만과 일본으로의 수이출 억압 등의 조치에 의해 조선 내 수급 확보에 극력 노력 중이다. 이후의 생산 상태는 결코 낙관만 할 수 없으므로 최악의 사태에 대비하고자 헌 가마니 회수에 전력을 기울이기로 결정, 이 뜻을 농림국장이 각 도에 통첩했다.

동아일보, 1940년 3월 16일

289. 인천에 자본금 십만원의 선만산업회사(鮮滿産業會社) 탄생
조선산 승입(繩叺) 수출 목적

소비 도시에서 생산 도시로, 정미 공업에서 중공업으로 비약 전환기에도 항구도시 인천에는 빈약한 조선인의 경제력이라 하나 종래의 고식적(姑息的) 상업가에서 점차 이탈하는 기업가가 속출하고 있음이 조선인 경제계의 색다른 성격으로서 주목되는 터이다. 청년 실업가 권모씨를 중심으로 선만산업주식회사(鮮滿産業株式會社, 자본금 십만원)가 금번 창립총회를 개최하고 등기도 나와 해안정(海岸町)에 개업을 했다. 이 회사의 목적은 새끼·가마니 제조 판매, 마대 공수 등 외국 수출을 주로 하고 곡물 위탁판매도 하리라 한다. 현재는 청진(淸津)에 출장소 1개소를 설치했으나 장차 만주, 북중국을 위시하여 조선 내 중요 도시에도 지점과 출장소를 설치할 계획이라 한다.

동아일보, 1940년 3월 28일

290. 입가(叺價)는 절대 불인상, 원료 부족으로 증산에는 기대 없다고 탕촌(湯村) 농림국장 언명

가마니의 생산 감소에 대한 대책으로 매입가격 인상을 요망하는 소리가 점차 높아지고 있는데, 이에 대하여 탕촌 농림국장은 다음과 같이 인상은 절대 안 된다고 언명했다.

"가마니의 생산 감소의 이유는 인부 임금의 앙등, 한해(旱害)공사의 보편화, 원료 볏짚의 부족 등에 원인되는 것으로, 가장 큰 원인은 원료 볏짚의 부족에 있다. 따라서 다소 인상을 한다 해도 원료 부족의 현상에 있어서 그 실효는 기대할 수 없다. 또 설령 인상을 행해 철저 증산을 시도하면 다소 원료가 있는 곳의 증산을 기대할 수 있으나 그렇게 되면 자연 광공업 노동자를 가마니 생산에 향하게 해 즉시 이들 사업에 지장을 초래하고 이어서는 공연히 임금의 경쟁과 인플레를 격성(激成)케 될 것이다. 가마니 증산도 필요하나 시국산업의 수행은 그 이상으로 중대한 만큼 이 이상 인상을 해서까지 증산할 의지는 없다. 따라서 소비절약 조정, 또는 조선 외 수이출의 억제로 조선 내의 수급조절을 도모할 방침이다."

동아일보, 1940년 4월 3일

291. 가마니 짜서 헌금 / 강습 중 여가를 타서 봉사

〔덕산〕함주군(咸州郡) 덕산면(德山面) 대평리(大坪里) 방공단(防共團)에서는 지난 12월 15일부터 지난달 31일까지 동기강습회를 마쳤는데 그 성적이 매우 양호했다. 강습기간 중에 단장 박규팔(朴奎八)씨 이하 단원 20명이 매일 시간 여유를 타서 '총후국민 생산보국'을 더욱 깊이 인식한 단원들은 가마니를 짜서 얻은 돈 금6원을 강습종료일에 덕산주재소에 황국위무금으로 위탁했다 한다.

매일신보, 1940년 4월 8일

292. 가마니 보국운동(報國運動)
고성(固城) 판매소 검사량 / 일약 2만매를 돌파

〔고성〕경남 고성군에서는 한해구제사업과 농가의 부업으로서 올봄 이래로 농한기를 이용해 가마니 증산 장려에 대한 계획을 수립하고 그 원료인 짚의 알선과 한해(旱害) 시민에게 보조금을 지불했다. 또 종래의 지정 판매장소까지의 운임 관계를 참작하여 지난 4월 중순부터 하일 상리(下一 上里) 두 면에다가 출장소까지 설치하고 고성판매소를 제외한 5개 판매소를 통하여 매 시장마다 각각 3천매 이상의 생산을 보게 되어 농가의 생활 상태는 날로 윤택해지므로, 군 당국에서는 1만 매의 기력을 토하고 있던바, 지난 5월 1일 고성판매소 검사매수는 약

2만 수천매에 달해 상당히 양호한 성적을 거두고 있다.

매일신보, 1940년 5월 6일

293. 가마니 짜기 경쟁 올림픽대회

조선 농가에 제일 가는 부업으로 어른, 어린애 할 것 없이 누구나 짤
수 있는 섬피(叺)는 해마다 허수한 수량을 생산해내 농가경제에 적지
않은 이익을 주고 있다. 이 섬피 짜는 것을 적극 장려하고자 전조선입
직경기대회(全朝鮮叺織競技大會)를 열었다. 이번 대회는 제2회로, 총
독부 뒤 경회루 옆 넓은 잔디밭에서 10일 오후 1시부터 기계같이 재빠
르게 돌아가는 손을 놀려가며 경기가 시작되었는데 이 가마니 짜는 올
림픽에는 전 조선으로부터 각 도 예선을 당당히 돌파하고 온 가마니의
명장 62명이 출전했다.

주최자 측인 조선농회와 조선산업협회 연합회로부터 정각 1시가 되
자 경기를 시작하는 선언을 한 참여자 일동은 궁성요배(宮城遙拜)와
황국신민서사(皇國臣民誓詞)를 제창하고 경기를 시작했는데, 섬피 종
류는 곡물용, 비료용, 소금용의 세가지로 전부 31조에 62명의 선수가

쭉 돌아앉아 백렬전인 섬피 짜
는 경기를 시작했다.

이번 각 도 대표 선수 중에
는 형제가 한패가 된 것이 많
고, 또는 두 내외가 한패가 되
어 아내가 짚을 주워 섬기면
남편은 덜커덕덜커덕 하며 기
계를 놀려 인기를 끌었으며,
45살 된 이가 자기 아들을 데
리고 참가한 것도 있어, 이 경
기를 통하여 집안 화목의 비결

섬피 짜는 경기대회

을 말하는 듯했다. 경기는 4시를 지나 그쳤는데, 특히 선수들을 격려하
고자 대야(大野) 정무총감도 참관했다.

매일신보, 1940년 5월 11일

294. 경품으로 장려해도 입생산(叺生産) 의연 부진
원료고(原料藁)의 부족이 원인

가마니 증산은 경상북도 농정 당국에서 대마력(大馬力)을 더해 장려
에 분주 중이고, 먼저 곡물협회에서는 1만원을 생산 장려금으로 보조
하고 20매 이상 검사에 제출하는 자에게는 추첨권을 주어 1등 농우, 이
하 각 등의 행운을 즐겁게 하는 등 신기축(新機軸)을 내어 생산 증가에
노력 중이다. 그러나 아무리 해도 원료인 짚의 부족은 극복하기 어려운
지, 4월 말 현재 도내 생산수량은 11만 1,880매가량에 불과하고, 작년
이래의 누계로서도 323만 2,650매에 불과해 할당 계획 수량 854만매에

대하여는 아직도 530만매 이상이 부족한 현상이다. 지금까지의 각 군 생산누계를 적기하면 다음과 같다. (하략)

동아일보, 1940년 5월 12일

295. 흥상(興上)에 하차한 황속(黃粟) / 입(以) 생산자에게 배급

함경남도 당국에서는 가마니 증산책에 박차를 가하는 방책으로 황속(黃粟)을 다량 구입해 가마니 생산자에 한해 배급하게 했다는데, 그리하여 함주군(咸州郡)에 의뢰해 관하 각처에 동일한 방책으로 실시한다고 한다. 지난 9일 함남 흥상역(興上驛)에도 황속 7차량이나 하차시키고 당지 함경가마스주식회사(咸鏡가마스株式會社) 흥상출장소에 배급을 의뢰했다는데, 방법은 가마니 10매를 사는데 황속 배급 전표 1매씩 교부하고, 또 배급 전표 10장이면 황속 1포대를 살 수 있는데다 판매자들이 취합해서도 살 수 있으니 돈을 주고도 사기 어려운 식량문제가 해결케 되어 가마니 생산자에게는 일대 복음이 되는 동시에 가마니 증산에도 묘한 방책이라고 한다.

동아일보, 1940년 5월 14일

296. 8년에 50만원 / 강화서 가마니로 저금보급운동(貯金普及運動)

〔강화〕 농가 부업으로 가마니를 쳐서 적지 않은 수입을 보고 있는 강화의 농민 중 6천여명은 재작년도부터 단체로 저금 실천에 발맞추어 가마니로 수입되는 데서 1할을 저금을 해온바, 현재 그 저금액은 십만 3천여원에 달했다는 것이다. 이것이야말로 그들의 피와 땀의 결정체로서 그 '티끌 모아 태산' 같은 성과에 일반을 놀라게 하고 있다. 앞으로 8년만 더 계속한다면 5십만원을 돌파할 자금이 결정될 것으로, 그들은

모두가 이 돈을 이용하여 교육사업 등에 써주지 않나 하여 기대하고 있다 한다.

매일신보, 1940년 5월 17일

297. 북지(北支), 만주로부터 입(叺) 공급을 요망(瞭望)

조선 고공품(藁工品) 수출 허가제도에 의해 지금까지 대부분 조선산 가마니에 의존하고 있던 만주 및 북중국 방면에서 조선총독부의 돌연한 수출 제한 조치가 곤란한 문제가 되고 있다. 만주국 흥농부대신(興農部大臣)이 총독부에 수출 완화의 정치적 절충을 요청하는 동시에 만주 각지의 업자와 천진, 청도 방면에서 진정단(陳情團)이 목하 속속 입성하여, 종래의 실적을 보아 수출을 완화할 수 없다면 만주 및 북중국 산업 발전에 일대 지장을 초래하는 것으로서 일본, 만주, 중국의 물자 유동적 견지에서 최대한도의 수출을 해주도록 진정한 바 있었는데 총독부가 여하한 조치를 취할지 자못 주목을 끄는 바이다.

동아일보, 1940년 7월 14일

298. 개초(蓋草), 연료용 억제 / 가마니 짚 저장을 적극 장려

〔춘천〕4백만매의 생산을 목표로 가마니 증산에 박차를 가하고 있는 강원도에서는 오는 겨울철 농한기를 이용해 농가의 부업으로서 이를 증산시키지 않으면 안 된다 하여 바늘(箴)과 제승기(製繩機)를 각 군에 배정 공급하기로 되어, 바늘 1만 770매, 제승기 370대를 알선 공급했다고 한다. 그리고 가마니를 증산하자면 무엇보다도 원료 짚이 풍부해야 할 것이므로 짚의 건조 저장과 소비 절약을 강조 시행케 하고 있는데, 그 방법의 하나로 지붕도 맘대로 잇지 못하게 억제할 뿐 아니라

연료로서 원료 짚을 사용하지 못하도록 적극적 방책을 취하고 있다.

매일신보, 1940년 11월 12일

299. 가마니 350만매 / 수원군에서 적극 생산 장려

소화 3년(1928)이래 수원군에서는 농가부업으로 가마니 생산이 모든 부업 중에 가장 적절하다고 해 이래 그 생산장려에 노력한 결과, 근년에는 연생산 3백만매를 돌파하게 되어 가마니 왕국으로 수원군을 세상에 알리게 되었다. 금년은 가마니 수용이 전 조선적으로 대부족이 일어났고, 겸하여 내년 수용이 전 조선적으로 1억매나 소용되게 되므로 욱천(旭川) 수원군수는 '생산보국(生産報國), 저축보국(貯蓄報國)과 농가 구제'라는 표어를 내걸고 가마니 350만매를 생산시키고자 발안(發安), 남양, 수원읍 등지에서 가마니 짜기 경기회를 개최하면서 원료 구득에 노력 중이다. 이 원료 확보에는 종래 농가에서 짚으로 개초(蓋草)하던 것을 내년 봄부터는 밀짚, 보리짚, 조짚으로 대용하고 짚을 적극 저축하게 하여 소기의 목적을 도달시킬 터라 한다.

매일신보, 1940년 12월 7일

300. 가마니 안 짯는 농가엔 광목(廣木)과 고무신 배급 중지

〔광주〕 시국에 대한 인식이 부족하여 농한기 주막으로 다니며 음주만 하고 허송세월하는 자가 왕왕 있으므로 근일 중대면(中垈面) 연맹에서는 평소(平沼) 면장, 궁원(宮原) 부장 이하 직원이 총동원해 가마니 증산 지도를 철저히 독려하기로 했는데, 순응치 않는 농가에는 광목과 고무신 기타 배급품을 주지 않기로 했다 한다.

매일신보, 1941년 1월 30일

301. 입연승(叺, 莚, 繩) 증산 기필 / 강원도연맹, 관하 각 군에 비격(飛檄)

〔춘천〕 국민총력강원도연맹에서는 2월 중에 필히 행할 사항으로 가마니, 거적, 새끼의 증산을 상회(常會)에서 강조한 바 있는데, 이에 대한 수요는 날로 증대되어가고 있는 만큼 도 연맹원들은 증산을 실천하도록 하라고 지난 14일부 도 연맹 이사장 명의로 각 군에 격(檄)을 날렸다 한다. 즉 사변 이래 마대의 수입 금지, 면포대(綿布帶)의 제조 제한으로 인해 양곡의 포장은 모두 짚으로 만든 가마니를 써야 할 텐데 생산출하수량의 태반은 군용으로 공출하는 상황이며, 거적은 연안 어업의 약진과 기구 기타 모든 포장용으로 쓰이는 관계상 수요가 날로 격증해가는 상태이다. 그뿐 아니라 새끼도 마승(麻繩) 제조 제한으로 말미암아 수요가 현저히 증가해 이에 대한 증산은 긴급을 요하게 되었으므로 연맹원들은 총후봉공(銃後奉公)의 의기로써 반드시 배정수량의 증산 출하를 확보해 생산 확충의 사명 달성에 매진토록 하라는 것이다.

매일신보, 1941년 2월 16일

302. 강화입직경기대회(江華叺織競技大會)

〔강화〕 강화군 농회 주최로 지난 20일 오후 1시 군청 앞뜰에서 군내 각 관공서장(官公署長)을 비롯하여 시전(柴田) 경기산업회사 사장 등 다수 임석하에 각 면에서 선발된 남녀 선수 50여명이 집합해 가마니 짜기 경기대회를 개최하였다. 먼저 궁성요배(宮城遙拜), 1분간 묵도, 죽원(竹原) 기수(技手)의 주의가 있은 후 경기에 들어가 오후 4시 반에 경기대회는 대성황으로 마쳤다. 이어서 청수(淸水) 곡물검사소장의 심사 보고와 영정(永井) 농회장의 상품 수여가 있고, 회장의 고사(告辭), 전중(田中) 서장, 시전(柴田) 경기산업회사장의 축사가 있은 다음, 북

가마니 치기 경기대회 광경

전(北畠) 내무과장의 선창으로 황국신민서사(皇國臣民誓詞) 제창, 영정(永井) 군수의 발성으로 만세를 봉창한 후, 오후 5시경에 산회했는데, 당일 입상한 자는 다음과 같다. (하략)

매일신보, 1941년 2월 23일

303. 매호(每戶) 한입씩(式) 더 짜모아 팔은 돈을 국방헌금(國防獻金) 양구군 하안대리민(下安垈里民)의 입직봉공(叺織奉公)

〔춘천〕양구군에서는 사변 이래 날로 수요가 격증되어가고 있는 군수, 양곡포장용 등 새끼, 가마니, 거적 증산에 총력을 기울이고 있다. 그중에도 특히 군수 가마니는 오는 연말까지 생산해내야 할 책임배정수량에 대해 지난 20일 현재 벌써 2할여를 증산한 부락도 있다 한다. 그리하여 같은 군 양구면 안대리민 일동은 배정수량을 초과한 위에 다시 매호 1장씩 더 제작하여 수입된 돈 13원 12전을 국방헌금했으며, 같은 면 정림리(井林里) 부인회원은 같은 리의 책임수량을 돌파한 위에 더욱 분발해 만든 가마니 17장을 4원 8전에 매각하여 황군위문금으로 국

민총력양구군연맹에 헌납하는 등 이들 농민들의 적성(赤誠)은 관계 지도 기관을 감동케 하고 있다 한다.

매일신보, 1941년 2월 26일

304. 입(叺) 증산 가편(加鞭) / 농한기 적극 이용
1억 목표 달성 매진

총독부에서는 1941년 미곡년도에 있어서 가마니 생산목표를 1억매로 하고 현재 목표 달성에 매진 중인데, 노력 부족, 자재난인 때인 만큼 생산도 부진하다 한다. 이대로 가면 목표 달성이 어려울 것인데 농림국에서는 가마니 수급 조정을 위해 목표수량을 절대 확보해야 하므로 이상의 사태를 우려, 3~4 양(兩)월 농한기를 이용해 각 기관을 동원, 증산에 마력(馬力)을 가하기로 되어, 이 뜻을 26일 농림국장 통첩으로 각 도지사에 발(發)하고 예정수량 확보에 만전을 기하기로 했다. 그리고 경무국 총력연맹도 이에 측면적 협력을 하기로 해 각 방면의 기관을 동원해 가마니 증산에 매진해 가마니 공급에 한층 박차를 가하기로 했다.

매일신보, 1941년 2월 28일

305. 가마니 생산에 감격 / 영천(鈴川) 경기도지사의 시찰담(視察談)

농사철이 시작되기 전에 금년도 생산 목표인 2,370만매의 가마니를 전부 쳐내자고 경기도에서는 지금 관민총동원으로 이에 총력을 기울이고 있다. 그래서 도 당국에서는 영천 지사 이하 간부까지도 총동원해 각 군을 독려하는 중인데, 2월 10일 현재 각 농촌에서 쳐낸 가마니는 260만매밖에 안 되던 것이 20일 현재로는 320만매나 되어 10일간에만 60만매를 치게 된 것이다. 그중에서도 양평군은 20일 현재로 24만 4천매나 되어 좋은 성적을 내고 있는데, 양평, 양주, 포천 등 각 군을 시찰 독려하고 돌아온 영천 지사는 다음과 같이 말했다.

"밤낮을 가리지 않고 가마니 치고 있는 농촌 사람들을 친히 대하고 보니 몹시도 감격할 수밖에 없었다. 작년 흉년으로 시원치 못한 지푸라기를 이어가면서 남자, 여자, 부인, 어린이들이 애써 가마니를 치고 이들을 독려하는 군면 직원들은 어두운 밤에 광솔불을 들고 집집마다 돌아다니는 등 이즈음 농촌은 가마니 치는 데로 총력운동이 집중되고 있다. 3월 1일부터 5일간 실시할 독려 기간에는 도청 간부는 물론이요, 각 과 직원 40여 명을 총동원하여 독려반을 조직할 터이며, 이 독려 기간에 많은 각 농가에서 20매 이상을 책임지고 치도록 지도할 터이다. 금년 10월까지는 목표를 달성하면 그만이지만은 농사철이 시작되기 전에 목표의 8할은 달성해야 될 터이다."

매일신보, 1941년 3월 1일

306. 가평(加平) 가마니 출하 왕성

〔가평〕가평군에서는 3월 말까지 가마니 33만매 생산목표를 세우고 이 목표를 달성하기 위하여 군수, 서장 이하 각 읍면장, 각 주재소 직원 등이 총동원해 주야를 가리지 않고 각 부락으로 돌아다니며 입직(叺織)을 장려한 결과 현재까지는 양호한 성적을 거두고 있다고 한다.

매일신보, 1941년 3월 2일

307. 안성(安城) 입직보국열(叺織保國熱) / 1일 출하량이 7만매

〔안성〕군수용 애국 가마니 공출에 있어 안성군 당국에서는 3월 말일까지 책임매수를 기어이 완수할 굳센 각오를 가지고 삼산(森山) 군수, 족기(足崎) 서장을 비롯해 각 관공서원들이 불면(不眠), 불휴(不休) 주야겸행(晝夜兼行)으로 제1선에서 지도 독려하고 있는 터이다. 일반 군민들도 총후보국(銃後報國)의 열성을 다하고자 방금 예의 작업 중으로 벌써 주산(主産) 수량이 40만매를 돌파했다는데, 근일에는 매일 평균 생산고가 2만 내지 3만매에 달하는 터로서 이달 말일 이내로 책임수량을 넉넉히 공출케 되리라 한다. 지난 7일에는 안성읍 외 5개면에서 출하된 것이 당일 7만매를 돌파하게 되었는데, 전 조선을 통해 1개 공판장에서 1일간 7만 출하는 이번이 신기록이라 한다.

매일신보, 1941년 3월 12일

308. 가마니 보국운동(報國運動)
경기도 2백만 애국반원(愛國班員)을 총동원

4월 1일부터 일제히 실시되는 부락생산확충계획(部落生産擴充計劃)을 앞두고 경기도에서는 가마니 짜고 새끼 꼬는 것을 각별히 장려하는 중이다. 안성군 같은 곳은 3월 상순의 10일 만에도 38만매나 쳐냈고, 22일까지에는 배정된 수량을 전부 완료하는 등 눈물겨운 농촌의 정성에 당국으로서는 진정으로 고마워하고 있다. 그러나 도 전체로 보면 20일 현재로 총생산목표 2,370만매 가운데 약 3할 4푼인 8백만매 정도밖에는 짜지 못한 터이므로, 4월 1일부터 5일까지를 '가마니생산보국강조주간'으로 결정하고 3백만 애국반원을 이에 총동원시키기로 했다. 그 자세한 내용은 다음과 같다

(1) 목표: 도의 총 목표를 250만매로 해가지고 한집에서 하루에 5매이상을 치도록 한다. (2) 실시방법: ① 기대(機臺)의 총동원: 지금 쓰고있는 기계는 물론 고쳐 쓸 수 있는 것은 전부 고쳐가지고 이용할 것. ②집합공동작업: 각 애국반별로 공동작업을 시키고, 짚은 서로 융통해 쓰도록 한다. ③ 작업 실시: 주간의 첫날에는 오전 7시 40분, 각 부락연맹별로 전원이 모여 애국일 행사를 실시한 다음 곧 가마니를 치도록 하고, 제2일부터는 아침 일찍부터 시작하도록 한다.

매일신보, 1941년 3월 27일

309. 입생산전격주간(叺生産電擊週間)에 황해도 각지 생산량

황해도에서는 지난 8일부터 12일까지를 가마니생산전격주간(叺子生産電擊週間)으로 정하고 도 간부 이하 관계 직원이 관하 각 군에 출장하여 이에 생산을 독려하고 있다. 이미 보도한 바이거니와, 금년도에있어 본 도의 가마니 생산할당량은 405만매로서 같은 주간에 있어서의도내 각 군의 생산할당수량은 67만매이다. 이 주간에 있어서의 총 생산고는 28만 7,671매로, 이에 할당수량에 대비해 8.63의 보합(步合)인데, 이에 각 군의 생산할당량과 생산고는 아래와 같다. (군별 생산량 생략)

매일신보, 1941년 4월 16일

310. 가마니 오십매를 헌납

〔김포〕김포군 하성면(霞城面) 봉성리(奉城里) 홍씨(洪氏, 56)라는 부인은 수개월 전부터 병석에서 신음하고 있는 중인데, 이번 군면(郡面) 당국에서 실시 중인 가마니 짜기 독려 방침을 듣고 나서, 아무리 병중이라 하더라도 국민 된 의무로 그대로 있을 수 없다고 온 가족을 독려해 가마니 짜기를 시작하게 했다. 한편 자기 자신도 가마니 50매를 짜가지고 하성면 당국을 찾아와서, 변변치 못한 것이나마 이것은 국방 헌품(獻品)을 해달라 하므로, 면에서는 이것을 매각해 그 대금 12원 10전을 국방헌금으로 수속했다는바, 일반은 부인의 미거에 대해 칭송이 자자하다고 한다.

매일신보, 1941년 4월 20일

311. 가마니 짜서 헌금 / 월호(月湖) 부인들의 미거

〔광주〕광주군(廣州郡) 동부면(東部面) 덕흥리(德興里) 월호부락 부인부(月湖部落 婦人部)에서는 사변이 일어나자 시국인식이 깊어 총후봉공의 전력을 다해왔던바, 이번에는 국책적으로 장려시키고 있는 가마니를 그 부인회 부장 최정식(崔丁植)씨가 부원 35명을 지도해 가마니를 짜서 가마니 공동판매소에 판 대금 12원을 당지 동부주재소에 가지고 와서 국방헌금을 하겠다고 했으므로, 그 주재소에서는 즉시 수속했다 한다.

매일신보, 1941년 4월 22일

312. 가마니 증산 조히 광대로 / 귀환(歸還) 양(兩) 용사 각지 농촌을 격려

가마니 짜는 데 농촌의 총력을 집중하고 있는 경기도에는 장님 부부가 가마니를 짠다는 감격 미담도 있었거니와, 이번에는 일선으로부터 개선한 용사가 가마니 증산 독려대로 활약하여 영천(鈴川) 경기도지 사로부터 표창되었다는 이야기이다. 개풍군 풍덕주재소 수석 산기직 의(山綺直義, 31)씨는 제일선으로부터 개선한 용사인데, 이즈음 힘차 게 일어나고 있는 가마니 증산운동에 협력하고자 풍덕초등학교 교원 송미진(松尾眞, 29)씨와 논의한 다음 종이광대(紙芝居)를 만들기 시작 했다. 그 내용은 '총후에서 짜는 가마니는 황군용사들이 적을 처무찌 르는 참호(塹壕) 만드는 데도 소용된다'고 일선과 총후를 연결시킨 것 인데, 원작은 산기(山綺) 순사가, 그림은 송미(松尾) 훈도가 각기 담당 하여 지난 3월 20일에 완성시킨 다음, 이것을 각지 농촌으로 돌려 많 은 효과를 낸 것이다. 그래서 영천 지사는 이들의 정성에 감격해 지난 28일에 금일봉을 보내어 그들을 표창한바, 장차는 이것을 도내 각처로 순회시킬 예정이다.

매일신보, 1941년 4월 29일

313. 가마니 생산목표 달성은 도민 협력의 소치(所致)
김 경남도 산업부장 담

〔경남지사 발〕 경상남도에서는 시국용 가마니의 생산목표 805만매를 지난 4월 한달 중에 완료했는데, 이에 대해 김 경남도 산업부장은 다음과 같이 가마니 생산 완료는 도민의 눈물겨운 노력의 결정이라고 말했다.

"소화 16년(1941) 미곡년도 가마니 증산에 대해서는 4월 말로 총독 부 배정수량의 생산 완료를 보았다. 이것은 전적으로 관계 각 기관의 철저한 협력의 소치로서, 그 노고에 대해 깊이 사의를 표함과 동시에 도내 각 농가의 시국인식이 철저했던 것, 그중에도 총력연맹운동과 생산확충시설이 표리일체가 되어 연맹의 실천정신이 곧 물(物)에 결부해 물(物)을 낳고 살린 데 대하여는 실로 경복(敬服)하는 바이다. 이 가마니 짜기에는 상당히 많은 미담과 일화가 있는바, 6~7세 유아가 새끼를 꼬고, 어머니가 젖먹이에게 젖을 먹이며 가마니틀에 앉아 가마니를 짜는 것은 농촌의 위대한 생산의 힘이며 믿음직한 자태라고 하겠다. 금년도 가마니 증산 독려 상황을 본즉 크고 작은 가마니 틀을 소유한 농가는 본 도(道) 총 농가 호수의 약 1할 정도임에도 불구하고 8백만매 이상의 생산을 보게 된 것은 농민이 늘 부락연맹 이사장과 애국반장의 지휘에 따라서 밤낮을 가리지 않고 '사람은 쉬더라도 가마니틀은 쉬지 않는다'는 표어 아래 부지런히 노력한 결과로 생각하는데, 이 점 지도자와 농가에 대하여 거듭 사례를 올리는 바이다. 금후에도 모든 생산력 확충운동에 이번 가마니 짜기에서 발휘했던 것과 같은 열과 의기로써 총력을 집중해주기를 바란다. 그리고 금년도부터는 도에서도 극력 기계의 보급을 시도하여 국가가 요청하는 시국용 가마니 생산에 만전을 기하려고 생각한다."

매일신보, 1941년 5월 3일

314. 방공호(防空壕) 열은 왕성하나 가마니 부족
민간에 수급을 원활케 하라 … 지령

〔함남지사〕 함남도 방호과(防護課)에서는 최근 각 가정에서 방공호를 축조하려는 열이 상당히 팽창하고 있으므로, 이 기꺼운 현상을 조장키 위해 그 축조에 필요한 가마니의 수급을 원활케 하기 위해 각 경찰서에 방공호 축조의 적극 장려와 동시에 수요될 가마니의 수량을 조사, 지급하라고 지령했다.

매일신보, 1941년 5월 9일

315. 공입(空叺) 반납 안흐면 / 쌀 배급을 중지 / 함남도 내에 성적불량

〔함남지사 발〕 쌀을 배급받고서는 그 가마니를 반드시 반납해야 하는데 대량 소비처에서는 빈 가마니 회수에 조금도 성의를 보이지 않고 있어 가마니 부족 시에 배급이 곤란케 되었다. 도에서 조사한 바를 보면 4월 말 현재 도내 대량 소비처에 보낸 쌀가마니는 약 8만 8천장이나 되는데 회수는 겨우 4만 2천장으로 절반도 되지 않는다.

그리하여 양곡조합에서는 가마니 대가(代價)로 1장에 25전으로 하여 1만 1천4백원을 받기로 했으며, 만일 빈 가마니를 기어이 반납치 않을 경우에는 부득이 쌀 배급을 중지할지도 알 수 없는 상태로서 특히 일반의 주의를 불러일으키고 있다.

매일신보. 1941년 5월 9일

316. 가마니 갑에서 분전(分錢)모아 / 기관총 1대 헌납
대동군 애국반원의 적성(赤誠)

〔서평양〕 평남 대동군에서는 지난 3월 12일부터 19일까지 1주일 동안 전군 애국반을 일제히 총동원해 훈련행사로서 가마니 짜기에 전력을 다해 곡물용과 기타 가마니 10만 2,827매를 생산했다. 이 애국반 총동원 훈련행사를 의의 있게 하는 동시에 황군에 감사를 표하며, 국방강화의 인식을 철저히 하기 위해 이 주간 중에는 생산한 곡물용가마니 한장에 1전 5리, 기타 가마니 한장에 1전씩 헌금을 하기로 하여, 그 금액 1,169원 89전으로 기관총 한대를 헌납하고, 백의용사의 위문금으로 보내기로 했다 한다.

매일신보. 1941년 5월 19일

317. 순식간에 가마니 한장 / 오늘, 경회루(慶會樓)서 가마니 짯키 경기회

가마니 치는 경기대회

총력운동의 한가지로 시골마다 남녀노유를 동원시켜 가마니 짜는 것을 장려하고 있는데, 이 가마니 짜는 전 조선적 선수를 모아가지고 가마니 짜는 경기대회를 26일 아침 10시부터 총독부 경회루(慶會樓) 뒤 잔디밭에서 거행했다.

주최는 조선농회, 조선가마니협회, 총독부 농림국의 세 단체로, 각 도지사 추천의 남녀 선수와 국민학교 선수 39명이 이 대회에 참가해 번개같이 손을 놀려가며 특수한 기술로서 이 가마니 짜는 훌륭한 경기를 연출해 만장의 박수갈채를 받았다.

가마니는 앞으로 추수할 곡식을 담을 곡물용가마니와 거름 담는 비료가마니 등이며, 소금 담는 것 외 여러가지 곡식 담는 것은 일반 남자, 비료용은 내외가 손 맞추어가며 짜게 해 부부의 공동 출연, 소금용가마니는 국민학교 생도 등으로 참가부분을 나누어 경기를 시작했다.

먼저 임(林) 농회장으로부터 총후(銃後)의 인내 노력을 발휘함에는 이 가마니를 짜는 것 이외에 더한 것이 없다는 의미에서 격려의 인사를 하고 곧 경기를 시작해, 눈코 뜰 새 없이 짜나가는 쾌속적 활동에 가마니는 1시간 남짓해서 수십장이 만들어졌는데 경기는 오후까지 계속되었으며, 4시가 지나 표창식을 거행했으며, 특히 대야(大野) 총감도 여기에 임관하여 가마니 선수들을 격려했다.

매일신보, 1941년 9월 27일

318. 입직보국식(叺織報國式) / 내월 5일 청주서

〔충북지사 발〕 청주군에서는 본년에 목표하는 가마니 생산에 만전을 기하기 위하여 오는 11월 5일에는 군내 각 읍면에서 각 부락연맹이사장, 애국반장 등을 소집하여 입직보국식을 거행하고 농가 매호당의 책임생산수량을 할당해 생산명령서를 배부하기로 되었다 한다. 이 보국식은 궁성요배(宮城遙拜), 묵도(默禱), 읍면장 식사(式辭), 군수 고사(告辭), 독려원 사령 전달, 부락연맹이사장 대표의 선서, 간담(懇談), 황국신민서사(皇國臣民誓詞) 제창으로 폐회하기로 되었다. 그리고 지난번 설립된 입직계(叺織契)의 활동을 조장해 가마니 생산의 소기의 목표를 달성토록 노력하기로 했다.

매일신보, 1941년 10월 26일

319. 가마니를 짜서 국방금(國防金)을 헌납

대동아전쟁이 발발하자 평남 용강군(龍岡郡) 오신면민(吾新面民)은 위대한 전과에 감격함과 동시에 아래와 같이 국방헌금을 해 적은 금액이나마 총후의 적성을 표했다.

가양리(賈陽里) 노양동(盧陽洞) 부락민 40호에서는 서로 합해 매호

가마니 10매씩을 공출하여 400매 대금 97원 60전을 국방금으로 헌납, ▲구룡리(九龍里) 안식일교회(安息日敎會) 신자 70명은 금20원 70전, ▲가양리(賈陽里) 장로교회(長老敎會) 금3원과 유기(鍮器) 18점, ▲인산리(獜山里) 장로교회 금2원, ▲덕해리(德海里) 장로교회 목사 금곡홍기(金谷弘基)씨 금3원.

매일신보, 1942년 1월 19일

320. 새끼와 가마니 증산 농한기(農閑期)를 적극 활용하라
군 경리부서 농민의 협력 강조

대동아전쟁 이래 제일선에 서지 못한 조선 농민이 정전 목적의 완수를 위하여 봉공하는 길은 생산력의 확충에 있다. 국가의 총력을 한데 뭉쳐 정전에 바쳐야 할 이때 6일 조선군 경리부 중산(中山) 중좌(中佐)는 조선 1,500만 농민에게 향해 농한기에 새끼와 가마니를 증산하는 데 더욱 힘쓰라고 다음과 같이 강조했다.

"농민 제군은 정전목적을 달성키 위해 한마음이 되어 제일선에서 용전분투하고 있는 황군에 협력해주기 바란다. 제군이 군에게 협력하는 길은 쌀과 보리 그리고 건초를 만들어주는 일이다. 또 중대한 일은 농가의 부업인 새끼와 가마니를 많이 만드는 것이다. 4~5월경이 되면 농촌은 바빠지므로 늦어도 2월 안으로 증산 운동에 박차를 가해 계획을 이루도록 힘써주기를 바란다. 이것은 제군의 부업이라고는 하지만 새끼와 가마니를 전부 군에서 사들여 식량품을 넣어서 제일선에 보내어 직접 황군 용사와 군마가 활약할 힘을 주는 것이다. 그만큼 이 부업은 나라를 위해 명예 있는 일이요, 개로운동(皆勞運動)의 아름다운 정신을 돋우어주는 것이다. 그런데 군으로서는 가마니도 중요하나 금년에는 새끼를 증산하는 데 중점을 두고 있다. 군대에서도 물론 새끼와 가마니를 회수하는 등 상당히 이것을 아껴 쓰고 있는데 제군은 역사상 처음으로 보는 비상시국을 당하여 황국신민으로서 황은에 보답할 때는 바로 이때라는 각오를 가지고 멸사봉공(滅私奉公) 산업보국(産業報國)에 매진하기를 바라는 바이다."

매일신보, 1942년 2월 7일

321. 시일(市日)마다 가마니 사태 / 벌써 42만매 공출

산적한 가마니

〔여주〕 여주군의 소화 16년(1941)도 군용(軍用)가마니 배정매수는 100만매인데, 이 책임을 완수하고자 군(郡)에서는 문자 그대로 군면 직원이 혈한(血汗)의 노력을 하고 있는바 농가에서도 당국의 지도에 따라 주야를 가리지 않고 입직보국(叺織報國)에 전력해 벌써 42만매를 공출했으며, 시일마다 각 시장에는 가마니가 사태를 이루고 있다 한다.

매일신보, 1942년 2월 15일

322. 비료 수송 이상(異狀) / 가마니를 보내자

〔함남지사 발〕 춘기에 비료를 운반해야겠는데 가마니가 부족해서 수송에 장해가 되어 농기(農期)에 어그러지지 않을까 염려해 홍남질소회사에서는 전선의 수송 관계자를 소집해 불일간 타합회를 열기로 되었다. 즉 현재 가마니가 없어서 체화(滯貨)된 것이 108만 909매의 다수이다. 이것은 함남과 경기도로부터 가마니가 들어와야 하는데, 잘 들어오지 못하게 되어 큰 근심거리가 되고 있는 것이다. 이번에 모이는 수송 관계자들의 타합에 의해 어떻게든지 그 타개책이 나오게 될 것이다.

매일신보, 1942년 3월 15일

323. 가마니, 색기 증산 / 경기도서 각 군에 일제(一齊) 통첩

경기도 내 각 농촌의 생산 확충 전사들은 제일선에서 총을 멘 각오로 가마니, 새끼, 멍석 등의 대증산에 돌격을 개시하고 있다. 그러나 지난 3월 20일 현재로 가마니는 소화 16년도(1941)의 목표량 2,130만매에 대하여 7할 8푼을, 새끼는 동 목표량 630만 8천관에 대하여 6할 4푼을, 그리고 멍석은 동 목표량 460만매에 대하여 7할 3푼을 각각 돌파해, 그 성적은 대체로 좋지 못한 편이다. 그러므로 도 농무과에서는 지난 1일 도내 각 군에 일제히 통첩을 보내서 새해의 각 농작물 파종기를 앞두고 애국반과 부락의 공동작업 철저와 놀고 있는 노무력의 총동원으로 지난 16년도의 이들 짚으로 만든 생산품의 예정목표 돌파에 일단의 봉공을 바칠 것을 외쳤다.

매일신보, 1942년 4월 5일

324. 가마니 짜는 기계 / 강서수조(江西水組) 도부(渡部)씨의 신발명

별항(別項)과 같이 가마니와 새끼의 증산은 군(郡) 당국에서 가장 요망하고 있는 바인데, 평남 강서수리조합(江西水利組合) 도부관조(渡部關助)씨는 혼자서 가마니를 짜는 기계를 발명하여 군을 감격하게 하고 있다. 종래에는 가마니를 짜려면 반드시 두 사람이 필요했으나 새로 고안된 이 기계를 이용하면 혼자서 하루에 10개의 가마니를 짜낼 수 있다는 것이다. 이 기계는 사용방법도 쉽고 간편한 것이므로 이 기계를 전선에 보급시키고자 연구 중이라 한다.

매일신보, 1942년 4월 17일

325. 가마니, 새끼 증산에 최후의 힘을 다하라
조선군 경리부에서 농민의 협력 요청

조선 농민들은 가마니와 새끼를 증산하는 데 최후의 힘을 기울이라고 16일 조선군 경리부 평산(平山) 중좌(中佐)는 다음과 같이 힘있게 강조했다.

"대동아성전(大東亞聖戰)의 수행에 가장 필요한 가마니와 새끼의 공출량이 적어서 매우 유감이다. 앞으로 5월에 접어들면 농민들은 농사 짓기에 바쁘게 되므로 4월 안에 최후의 힘을 다해 증산에 힘을 써주어야겠다. 즉 조선 농민들은 제일선에서 분투하는 황군의 수고를 생각하는 동시에 공출하는 것이 적으면 그만치 황군장병에게 미안하다는 생각을 갖고 군에서 요망하는 가마니와 새끼의 증산에 협력해 아름다운 성과를 내주기를 바라는 바이다."

매일신보, 1942년 4월 17일

326. 양평(楊平) 가마니호(號) 헌납 해군기(海軍機) 외에 육군에도 2만 3천원

해군무관부에 헌납 광경

　황군장병들의 혁혁한 전과 뒤에는 세계에 비할 바 없는 1억 국민들의 총후(銃後)운동이 활발히 전개되고 있는 바이거니와, 경기도 양평군에서도 전 국민이 한덩어리가 되어 황군에게 적성(赤誠)을 한층더 굳세게 표시하고서 전 군(郡)내에서 1호에 가마니 30장씩을 헌납하는 외에 전 군내에서 거금한 것이 10만 3천여원에 이르렀다. 그리하여 동군 군수 대천진수(大川振秀)씨와 도내 위원 덕천용(德泉溶)씨를 비롯하여 동군 지제면(砥堤面) 효본동의(孝本東義) 등이 대표가 되어 지난 23일 오후 4시경에 왜성대(倭城臺)의 경성주재 해군 무관부를 방문하고 '양평 가마니호'로 비행기 1기의 기금 8만원을 헌납한 다음 즉시 그 길로 조선군(朝鮮軍) 애국부(愛國部)를 방문해 방공기재비로서 역시 2만 3천원을 헌납해 당국을 감격하게 했다.

그리 부유치도 못한 양평군으로서 그같이 거액의 헌금을 하기까지는 전 군민의 노력은 물론 군수 이하 군청 간부 외 각 면장, 경찰서장들의 수고가 대단히 컸다는 것이다. 이같이 하여 8만원의 해군 비행기 가마니호가 군내 농가에서 밤새워가며 짜낸 가마니의 대금으로 된 외에 2만여원은 전 군민이 서로서로 기금을 거두는 중 관공리는 상여금의 반분을 바치며 출장여비를 바치는 등 전 군민의 헌금돌격전을 연출했다는 것이다. 대천 군수는 "우리 같은 빈약한 곳에서 이런 성적을 거두기는 참말 용이치 않은 일인데 실로 전 군민이 한덩어리로 뭉친 애국열의 발로임에 감격할 뿐입니다" 하고 말했다.

매일신보, 1942년 4월 24일

327. 1호 2매 가마니 짜서 감시초(監視哨) 위문금에 보개면(寶盖面) 평촌(坪村) 부락민들의 미거

〔안성〕 안성군 보개면 평촌부락은 1동 25호가 이사장 국촌창원(菊村昌遠)씨 지휘하에 생산확충, 저축장려, 기타 각 방면으로 전시 농촌의 모범이 되어 매년 2~3차씩이나 표창을 받아오는 터이다. 금번에는 전 조선적으로 감시초 위문금을 모으게 되자 매호 2매씩 가마니를 짜가지고 이것으로 얻은 돈을 지난 6일 본보 안성지국에 찾아와서 적은 금전이나마 전기(前記) 목적으로 국가사업에 보태달라고 의뢰해왔으므로 안성지국에서는 즉시 헌금 수속을 취했다는데 일반 사회에 칭송이 자못 높다고 한다.

매일신보, 1943년 2월 11일

328. 가마니, 색기의 증산
경기지사(京畿知事), 각 부장(部長) 동원하여 독려

경기도에서는 저간 관하 23군의 양곡공출독려대를 파견해 관민 협력으로 독려한 보람이 있어 예기 이상의 성과를 거두고 있다. 이에 뒤이어 공출에 필요한 고공품(藁工品)으로 가마니, 새끼, 거적 등의 증산에 박차를 가해 경기도가 담당한 수량 돌파에 총력을 기울이고 있다.

경기도가 맡은 전 수량에 대해 2월 10일 현재의 고공품 공출성적을 보면 관하 20군이 반드시 돌파해야 할 가마니 수량은 2,130만매에 대하여 685만여매에 달해 2할 7푼에 이르고, 새끼는 6백만근에 대하여 219만근에 이르러 3할 6푼, 거적은 460만매에 대하여 공출 수량 120만 9천매에 이르러 1할 6푼에 해당하는 성적을 보이고 있다. 그리하여 전년 동기에 비하여 약간의 감소를 보이고 있으므로 경기도에서는 고이 지사 이하 내무, 산업부장이 각지에 출장하여 고공품 제2회 독려주간인 16일부터 26일까지 제일선에 직접 나서서 진두 지휘를 하기로 했다. 그리하여 지사는 19일에 수원군에, 야마모또(山本) 내무부장은 24일부터 26일까지 양평(楊平) 여주(驪州) 두 군에, 마쓰모또(松本) 산업부장은 17일부터 18일까지 포천(抱川), 양주(楊州) 두 군에 독려 출장을 하기로 하고, 그외 관계 과장과 담임 직원이 각지에 나가 농한기를 이용한 증산을 독려하기로 했다.

매일신보, 1943년 2월 18일

329. 눈먼 부부(夫婦)의 적성(赤誠) / 남몰래 가마니 짜서 헌금(獻金)

〔강화〕 강화군 교동면(喬桐面) 원소리(圓韶里) 호지부락(虎砥部落) 나본기봉(羅本岐鳳)씨는 부부 모두가 선천적인 맹인임에도 불구하고

부락민이 일치 협력하여 식량 부족을 극복해가며 생산 증강에 매진하고 있음에 통감한 바 있어, 불구자이지만 편안히 도식(徒食)하고 있음은 결의하 비국민의 행위라 하여, 일의 발분하고 가마니 1매라도 짜서 미충(微衷)을 피력하고자 부부가 결심하고 아무도 모르게 가마니 짜기에 노력해왔다. 이즈음 고심한 결정이 보람 있게 열매를 맺어 가마니 20매를 공판에 내어 그 대금 4원 30전을 받아가지고 지난 31일 방산(方山) 면장을 방문하고, 적으나마 우리 두 맹인의 땀으로 만든 것이라 하며 간곡한 말로서 국방헌금할 것을 의뢰해 당국자를 통감케 했던바 부부의 극기와 진충보국(盡忠報國)의 확고한 신념은 일반 군민에 다대한 감명을 주고 있다 한다.

매일신보, 1943년 4월 3일

330. 어마어마한 가마니 / 3백만매 목표량을 드디어 돌파

〔강화〕 군수(軍需)의 생산력 확충과 결전(決戰) 완수에 중대 사명을 담당하고 있는 고공품(藁工品)인 가마니의 증산에 관해 강화군에서는 본년도의 목표를 300만매로 정하여 각 면(面)별로 목표수량을 할당하고 농한기의 농촌 잉여노력을 총동원하여 목적 관철을 기하고 있다. "가마니 증산은 제일선의 탄환과 같은 것이다. 모두가 가마니 짜기에 맹렬한 전진을 하자" 하고 9만 강화군민에 비격하여 목표 돌파를 향해 총공격의 화전(火箭)을 끊었던바, 불덩어리가 되어 총후(銃後)의 봉공을 서약한 강화군민의 눈물겨운 결의는 보람 있게 열매를 맺어 지난 5일까지 273만매가 생산되어 있으며, 현재에 각 부락 농가가 가지고 있는 가마니가 약 30만매 있다. 방금 양곡검사소에서는 제등(齊藤) 소장 이하 전 직원이 총동원하여 일요일도 없이 검사에 노력하고 있으

강화읍 가마니 공판의 성황의 광경

므로 2~3일 내에는 전부 공판을 마치게 되어, 현재 목표 수량은 무난히 돌파시킨 셈이다. 특히 지난 5일 읍내의 가마니 공판장에서는 1기에 6만 4,721매라는 놀랄 만큼의 생산 비약의 성황으로, 유감없이 그 눈물겨운 관록을 보여 관계 관원을 놀래킬 만큼 생산한 것은 모두가 군면 경찰이 평소에 열의 노력한 효과라고 아니할 수 없는 것이라 한다.

매일신보, 1943년 4월 7일

331. 가마니 짜서 소 한마리식
장채부락(長叙部落) 부인회에 빛나는 개가(凱歌)

〔김포〕 김포군 고촌면(高村面) 신곡리(新谷里) 장채부락부인회에서
는 가마니 짜서 모은 돈 50원을 수일 전에 대일본부인회(大日本婦人
會) 고촌지부에 기부했다 한다. 그 부인회는 소화 13년(1938) 부인입
직저축계(婦人叺織貯蓄契)를 조직해가지고 계원 13명이 가마니를 짜
서 공동저축을 실행하는 한편으로 농우를 구입하여 무축(無畜) 농가에
대부하는 등 이후 6개년간 계속 실행했다. 그 결과 현재 농우가 13마리
에 달하여 계원 각자가 농우 1마리씩 배당을 받게 되었으므로 이를 기
념키 위하여 앞서의 금액을 기부했다 한다.

매일신보, 1943년 6월 6일

332. 광주군민(廣州郡民)들 적성(赤誠) / 가마니 짜서 휼병금(恤兵金)

경기도 광주군 군민 일동을 대표하여 노베사와(延澤) 군수, 요로스
(萬) 경찰서장과 유인목(俞仁穆) 도회 의원 등은 15일 조선군사령부
애국부와 해군 무관부를 찾아와 각각 헌금 3,522원 64전을 휼병금으로
헌납하고 해군 무관부에는 또 유기 1,686관을 헌납했다. 그런데 이 헌
납금은 광주군 내 농가 매호에서 가마니 2장씩 짜서 판 돈과 농가 아닌
집에서는 헌금으로 50전씩을 모은 돈이라 한다.

매일신보, 1943년 6월 16일

333. 짜자 전승(戰勝)의 가마니
봉산(鳳山)에서 입(叺) 긴급생산 강조운동 전개

〔사리원〕 봉산군에서는 8월 3일부터 7일간에 걸쳐 가마니 긴급생산

강조주간을 실시하게 되었는데 요항(要項)은 아래와 같다.

　▲취지의 주지 철저 본(本) 주간에는 각 애국반별로 생산목표를 전 반원에 철저히 함과 동시에 이의 공출은 절대로 반원 전체가 책임을 져 가마니 치기는 단지 종래의 농가 부업이라는 생각을 버리고 대동아전쟁 수행상 불가흠의 중요 물자로 이의 생산 공출은 총후(銃後) 농촌의 부하된 중대한 책무임을 재인식할 것. 주간 중에는 농가를 총동원해 다른 급하지 않은 작업은 일제히 중지하고 오로지 가마니 치기 작업에 전력을 경주함과 공히 공동작업반(共同作業班)—애국반—을 이용하여 기계 및 원료인 짚을 1개 소(所) 또는 수개 소에 모아 분업적 생산에 당하며 기세의 거양(擧揚) 능률의 증진을 도모할 것.

　▲독려 방법 각 면(面)에서는 직원별로 책임분담 구역을 정하고 면장(面長)이 진두에 서서 생산 독려를 할 것. 군(郡) 출장원은 그 면내의 가장 지도에 어려움을 느끼는 장소를 정해 애국반별로 집중적 독려를 가할 것.

　▲원재료의 알선 원료인 짚 부족으로 가마니 치기가 불가능할 때는 면직원 입회하에 구장(區長) 또는 반장이 책임을 가지고 이동 알선을 행할 것. 특히 가마니의 공판 장소 및 기일은 사리원(沙里院) 시장은 8월 11일에서 12일까지, 계동(桂洞) 시장은 8월 13일부터 14일까지인데, 각 면별 할당 목표는 다음과 같다. (하략)

매일신보, 1943년 8월 3일

334. 가마니 2백만매 생산 / 관민 총동원으로 목표 달성에 매진

　〔김포〕 김포군에서는 소화 18년(1943)도 가마니 증산 200만매를 목표로 고품(藁品) 증산에 완벽을 기하고자 금월 25일부터 본격적 독려

시책를 포진해가지고 영정(永井) 군수와 목촌(木村) 서장이 진두에 서서 군내 각 기관 총동원하에 7만 군민이 총력을 들여 필승 증산에 돌격전을 전개하기로 되었다. 그런데 1월 15일부터 2월 26일까지를 제1차 독려기간으로 정하고 이 기간을 다시 4개로 나누어서 가마니 증산 주간을 실시하여 철저적 독려를 가하기로 필승불패(必勝不敗)의 신념으로 목표 달성에 돌진하고 있는 중이다.

강화에서도 분기

〔강화〕 정조(正租) 증산 공출은 가장 중요한 것이지만 또 가마니의 생산도 중요한 것이다. 그리하여 농가에서는 이제 명랑(明朗)하게 생산 강행 전진을 보이고 있다. 필히 할당을 해놓겠다 하고 강화군에서 인수한 가마니 200만매라는 목표만은 시비(是非)가 되더라도 농민의 면목(面目)에 걸쳐 해 뽑지 않으면 아니 될 것이다.

'생산은 필히 목표를 돌파하라' 하고 강화군에서는 대독려진을 지난 12일부터 전개하였다. 농가의 생산에 힘차게 협력진을 펴고 있다. 그러나 금년도의 원료량의 수급 관계로 보면 작년의 이적(移積) 불능 또는 한해(旱害)에 의하여 피해가 상당히 있기 때문에 원료인 짚이 상당히 곤란한 상태에 있으나 아울러 시국 아래 가마니 생산 확보는 직접 공용품(公用品)으로서 또는 전시하 각종 물자의 수송상 불가결의 물자인 것을 각 생산자가 십분 자각하고 '이 가마니 1매가 일관(一貫)으로 봉공한다' 하고 생산자가 굳은 결의하에 이 생산을 도모하고 일로 전진치 않으면 안 된다. 그것을 강화군, 면, 경찰서, 주재소, 금융조합, 식량검사소가 혼연일체가 되어 이 가마니 생산 확보에 만전을 기하고 있다. 군 당국에서는 이 눈물겨운 노력에 '경(更)히 일층(一層)'이라고 그 분기를 강조하고 있다.

매일신보, 1944년 1월 15일

335. 가마니로 애국기(愛國機) / 귀성(龜城)서 기금(基金) 8만원 헌납(獻納)

24일 조선군(朝鮮軍) 애국부(愛國部)에 들어온 헌금

평안북도(平安北道) 귀성군(龜城君) 내 농민 일동은 작년 가을 이래 농사를 짓는 틈틈이 가마니를 쳐서 그것을 판 대금 8만 2천원을 항공기 1대 값으로 목촌(木村) 귀성군수 외 일곱명이 24일 조선군 애국부로 찾아와서 헌금했다. 헌납할 비행기는 '평북 귀성 가마니호(平北龜城叺號)'이다.

매일신보, 1944년 1월 26일

336. 가마니 짜서 헌금(獻金)
강화 길상국민교생(江華 吉祥國民校生)들의 열성

가마니의 증산에 싸우는 총후(銃後) 농촌의 총력을 보이고 있는 이때, 이것은 또 건기(健氣)한 소국민(小國民)의 눈물겨운 필승에의 노력이 강화군(江華郡) 아래의 길상국민학교에서 짜내고 있는 동교 아동들은 각 담임선생과 같이 이로부터 자기 손으로 되는 국가에의 봉공을 다하지 않으면 아니 된다 하고 의기(意氣)가 ○○○, 지난 12월 24일부터 매일같이 겨울 휴가일을 반납하고 5백여 남녀 아동들의 손이 붉게 수종(水腫)이 되도록 가마니 짜기에 열성을 경주(傾注)한 결과 지난 20일까지 약 1천수백매를 짜내어 이것을 공출해 판매한 금액 224원 12전을 가지고 지난 23일 5~6학년생 일동이 석○(石○) 교장과 담임선생의 안내로 30리나 되는 강화신사(江華神社)까지 행군해 필승의 기원과 황군장병의 무운장구(武運長久) 기원을 하고 미영박멸(米英撲滅)의 비행기 자금으로서 해군 무관부(武官府)에 헌금 수속을 하고 귀교(歸校)했다.

매일신보, 1944년 1월 27일

337. 가마니, 색기도 전력(戰力)
농번기(農繁期) 이내로 증산에 총력 바치자

조선 농가에서는 금년 한해야말로 어떠한 곤란, 어떠한 악조건 밑에서라도 결전식량을 책임지고 생산하도록 총동원이 될 것이지만, 또한 농사용과 광산용으로 절대 필요한 가마니와 새끼 등을 대량으로 증산하도록 염전(鹽田) 농상국장은 각 도에 통첩을 보내어 독려했다. 최근 농가에서 생산하는 가마니, 새끼는 수요량의 7할에 불과하고, 불합격품과 헌 것을 회수하여 사용해도 각종 중요 물자의 생산 증강에 따라 도저히 충당할 수 없는 상태에 있다. 또한 지금 여러가지 형편으로 보면 조선 내에서 필요한 수량을 공급함으로써 만족하지 않고 일본으로도 공급하기를 요망하는 터여서, 종내 생산량을 배로 증산시키지 않으면 아니 될 것이다. 이제 한달 남짓하여 봄 경기에 들면 계속하여 농번기에 들어가므로 이 한달 동안 농가에서는 남녀노유 할 것 없이 일가 총동원하여 가마니를 치고 새끼를 꼬아 전력증강과 그 보급에 유감 없기를 기해야 할 것이다.

매일신보, 1944년 2월 29일

338. 가마니 증산전(增産戰) 전개

지금 부평지구 각 농촌에서는 식량증산전에 전과(戰果)도 자랑스럽게 타작하기에 한참 바쁘거니와, 오는 25일경부터 전개될 벼 공출을 앞두고 농가마다 가마니가 없다는 애로사항 앞에 봉착했다. 그래서 인천부 부평출장소에서는 짚을 가지고 있는 농촌부락에 '가마니 긴급증산 기간'을 설정해 가마니 치는 기계를 총동원해 낮에는 공출전에도 이겨 식량 증산에 유종의 미를 거두고 낮과 밤을 가리지 않고 가마니 긴급생산 돌격전에 분투하고 있다.

매일신보, 1944년 11월 23일

339. 빈 가마니는 공출(供出)
도시(都市)서도 고공품증산(藁工品增産)을 협력하라

새끼, 거적, 가마니는 농촌이 생산한 병기이다. 이 같은 병기를 만들기 위해 각 농촌에서는 남녀노소 모두 주야를 헤아리지 않고 한 가족 한 부락이 총동원하고 있다. 공출도 거의 끝나고 농한기에 든 농촌은 책임생산량 돌파를 위해 또는 공출완수를 위해 감투를 하고 있다. 도시에서는 이 수고로움을 자칫하면 잊어버릴지도 모른다. 책임량을 완수하기까지에 얼마나 수고들을 하고 있는가를 알고 깊이 감사를 해야 할 것이며 농촌인들은 이 병기를 더 많이 생산해내도록 끝까지 감투를 할 것이다. 이에 대하여 총력연맹 한(韓) 총장은 다음과 같은 격려의 말을 각 농촌에 보내는 한편 도시에서는 빈 가마니가 있다면 모조리 공출하자고 독려의 말을 전했다.

한 총장 담 "전선애국반 여러분, 그중에도 특히 농촌의 여러분은 가마니 치기와 새끼 꼬기에 밤낮없이 수고하고 있는 줄 압니다. 이제 새삼스레 말할 것도 없이 새끼와 가마니는 군용과 생산 확충에 쓰이는 것으로 전력증강의 기초가 되고 결전수송을 원활하게 하는 데 가장 중대한 요소가 되는 것입니다. 이 새끼와 가마니가 없으면 물자를 옮기질 못합니다. 식량이 있다 해도, 또는 산에서 쇠가 나오고 석탄이 나온다고 하더라도 이를 움직이지 못하면 전쟁에서 결코 이길 수 없습니다. 따라서 새끼와 가마니 수효는 해마다 증가하고 있는 형편으로, 근자에는 더욱 그 수요가 늘어가고 있습니다. 금년에도 여러분의 수고로 말미

316

암아 예정된 계획수량을 생산할 수 있을 것을 확신하고 있습니다. 더한
층 증산에 힘써 생산책임수량보다 많은 수량을 증산해주길 바라는 바
입니다. 더욱 도시 방면의 회사, 관공서, 공장, 사업장, 상점을 비롯하여
일반 가정에는 현재 사용하고 있지 않은 가마니가 많이 있을 줄 압니
다. 이런 가마니를 그대로 두어 썩혀버리지 말고 공출해서 전력증강에
이바지해주기를 바랍니다. 그러므로 오는 3월까지 각 농촌에서는 책임
수량을 완수하는 한편 도시에서는 빈 가마니를 공출해서 이 운동에 협
력해주기 바랍니다."

매일신보, 1945년 2월 3일

340. 가마니 공출운동(供出運動)을 강화
강화군 내 비농가(非農家)도 궐기

기타의 악조건을 극복하고 증산한 농림산물도 그 공출에 당해서는
흔연히 봉헌하여 새끼와 가마니도 병기라며 1매라도 많이 증산하여 전
력 증산에 이바지하고자 명랑 감투하고 있는 농민에 대해서는 감사 보
은의 마음을 올리지 않으면 아니 되므로 강화군총력연맹(江華郡總力聯
盟)에서는 군내(郡內) 모든 비농가(非農家)를 총동원해 '농민감사보은
가마니 공출운동'을 지난 1일부터 말일까지 한달 동안 전개키로 했다.
(하략)

매일신보, 1945년 3월 7일

번호	기사명	필자명	수록처	날짜
1	연직전습(筵織傳習) 개황		매일신보	1912년 2월 3일
2	승입전습소(繩叺傳習所) 개시		매일신보	1912년 11월 19일
3	연입제조(筵叺製造) 장려		매일신보	1912년 11월 29일
4	전습종료증서(傳習終了證書) 수여식		매일신보	1913년 1월 18일
5	연입제조(筵叺製造)의 성적		매일신보	1913년 1월 19일
6	연직장려(筵織奬勵) 호과(好果)		매일신보	1913년 1월 19일
7	수인(囚人)과 입제조(叺製造)		매일신보	1913년 2월 23일
8	연입전습(筵叺傳習)의 호적(好績) / 고을마다 이것을 권장할 일		매일신보	1913년 1월 24일
9	연입(筵叺)의 용도(用途)		매일신보	1913년 2월 25일
10	경남(慶南)의 승입(繩叺) 장려		매일신보	1913년 2월 26일
11	경북통신(慶北通信) / 연입제조(筵叺製造)의 장려		매일신보	1913년 12월 11일
12	경북통신(慶北通信) / 연입제조(筵叺製造) 전습회(傳習會)		매일신보	1913년 12월 15일
13	작년 연입제조액(筵叺製造額)		매일신보	1914년 3월 28일
14	지방매일(地方每日) / 중화(中和)		매일신보	1914년 4월 16일
15	옥천(沃川) 입(叺) 호성적(好成績)		매일신보	1916년 1월 27일
16	목포(木浦)에셔 / 영산승입조합(榮山繩叺組合) 총회		매일신보	1916년 7월 20일
17	입승류(叺繩類) 이입(移入) 감(減)		매일신보	1916년 8월 16일
18	강경(江景)에셔 / 제입조합설립(製叺組合設立)		매일신보	1916년 10월 7일
19	전주(全州)에셔 / 승입익명조합(繩叺匿名組合) 영업개시		매일신보	1916년 12월 1일
20	승입연(繩叺筵) 제조고(製造高)		매일신보	1917년 10월 19일
21	사두입(四斗叺)의 효과 / 적재시험(積載試驗)이 극히 양호		매일신보	1917년 10월 21일
22	승입(繩叺) 자급 상황		매일신보	1917년 11월 17일
23	승입(繩叺) 제조 장려		매일신보	1917년 12월 21일
24	승입(繩叺) 조합 설립		매일신보	1918년 1월 10일

번호	기사명	필자명	수록처	날짜
25	입(叺) 검사인(檢査印) 개정 / 자문사항		매일신보	1918년 2월 8일
26	청주(淸州) 입승(叺繩) 품평회		매일신보	1918년 2월 24일
27	일군(一郡)에서 미입(米叺) 백만매(百萬枚) / 연기군은 묘션 데일의 가마섬 산디		매일신보	1918년 3월 5일
28	연기군(燕岐郡) 품평회		매일신보	1918년 3월 6일
29	승입연(繩叺筵) 생산고(生産高)		매일신보	1918년 6월 4일
30	승입생산(繩叺生産) 및 포장(包裝)에 관하여(1)		매일신보	1918년 6월 20일
31	승입제조자(繩叺製造者)의 불평		동아일보	1922년 2월 14일
32	입생산검사(叺生産檢査)의 특장(特長)		조선일보	1923년 10월 9일
33	함흥부업계(咸興副業界)의 서광		조선일보	1923년 12월 10일
34	승입(繩叺)은 자족 / 이입(移入)의 필요가 없다.		동아일보	1924년 3월 2일
35	승입검사규칙(繩叺檢査規則) 준비 기초(起草) 중		조선일보	1924년 4월 19일
36	입직기(叺織機) 대부 / 익산군(益山郡) 각면에		동아일보	1924년 10월 9일
37	전도유망한 승입(繩叺) 제조 / 농가의 부업으로는 가장 적절한 것이니		동아일보	1924년 11월 7일
38	가마니 검사가 혹독 / 짚(藁)도 살 수 없어 곤란한데 / 장광(長廣)을 늘려야 된다는 가혹		동아일보	1925년 1월 9일
39	승입제조(繩叺製造) 업적		동아일보	1925년 3월 2일
40	전북 5군연합(五郡聯合) / 입직(叺織) 경기대회 / 성황리에 종막		동아일보	1925년 10월 19일
41	제입기(製叺機)를 매급(買給)		동아일보	1925년 10월 26일
42	승입공판(繩叺共販) 실시		동아일보	1925년 11월 13일
43	승입검사(繩叺檢査)도 일대 문제 / 합격된 가마니가 미곡검사원에게는 다시 불합격이 된다 / 손해는 미곡상(米穀商)뿐		조선일보	1925년 12월 3일
44	승입증산(繩叺增殖) 선전 / 전북에셔 활동사진으로		매일신보	1925년 12월 13일
45	순천입조(順天叺組)의 일인(日人) / 농민을 총검으로 위협 / 가마니 값을 달라한다고 총으로 쏘려다 경찰서로		조선일보	1926년 1월 11일

번호	기사명	필자명	수록처	날짜
46	가마니 조합 창립 / 거(去) 11일 순천(順天)서		동아일보	1926년 1월 15일
47	이백여호(戶) 농민 / 부업을 장려코저 매호 초혜(草鞋)를 저축		조선일보	1926년 2월 1일
48	대동승입조합원(大同繩叺組合員) / 공동판매 거절 / 공동판매가 불공평하다고 / 조합원이 자유판매를 맹약		동아일보	1926년 2월 5일
49	승입(繩叺)장려선전 / 승입조합연합회(繩叺組合聯合會)에서		동아일보	1926년 3월 2일
50	특지(特志)와자선 / 제입기(製叺機)20대 무료배부		동아일보	1926년 3월 3일
51	승입검사통일(繩叺檢査統一) 동업자(同業者) 실현운동		동아일보	1926년 4월 25일
52	입검사규칙제정(叺檢査規則制定) / 이출 증가로		동아일보	1926년 6월 2일
53	입검사규칙(叺檢査規則) / 근근(近近) 부령(府令)으로 발포		동아일보	1926년 10월 6일
54	승입품질검사(繩叺品質檢査) 통일		동아일보	1926년 10월 27일
55	입가폭등(叺價暴騰) / 전(全) 조선 대부족 / 석총(石塚) 총독부기사 담(談)		동아일보	1926년 11월 28일
56	입제부락(叺製部落) 표창 / 전북농무과(全北農務課)에서		동아일보	1927년 1월 1일
57	인천 입자(叺子) 수출 / 26만여원		동아일보	1927년 1월 31일
58	문제 다단(多端)한 승입(繩叺) 지정판매 / 판매권 쟁탈전 개시		동아일보	1927년 2월 10일
59	영천승입조(永川繩叺組) 분규 / 일본인이 손을 째침으로		동아일보	1927년 2월 19일
60	봉천승입조합(奉天繩叺組合) 해산		동아일보	1927년 3월 29일
61	부업 자금 대부		동아일보	1927년 5월 2일
62	옥구(沃溝) 입(叺) 증산 계획		동아일보	1927년 5월 8일
63	개량입(改良叺) 제조고(製造高)		동아일보	1927년 7월 5일
64	승입조합(繩叺組合) 분규		조선일보	1927년 7월 14일
65	가마니 금지로 농촌 대공황 / 농촌부업에 큰 영향 있다고 / 황해도령(黃海道令)과 부업 타격		동아일보	1927년 8월 5일

320

번호	기사명	필자명	수록처	날짜
66	입검사규칙(叺檢查規則) 발포 / 생산 검사와 반출 검사 10월 1일부터 실시		동아일보	1927년 8월 24일
67	제입공장(製叺工場) 창설 / 실직자 구제코저		동아일보	1927년 8월 24일
68	입검사규칙(叺檢查規則) 요지		동아일보	1927년 8월 26일
69	농촌고화(農村苦話)(4): 생활의 여유 잇다는 집이 안남미(安南米)나 만주속(滿洲粟)뿐 / 대개는 가마니 치기와 나무장사	일야인 (一野人)	동아일보	1927년 10월 25일
70	승입검사(繩叺檢查)에 또 불평 / 김천지방에서		동아일보	1927년 11월 16일
71	승입검사(繩叺檢查) 문제 / 쌍방의 주장은 여차(如此)		동아일보	1927년 11월 21일
72	입(叺) 판매 문제		동아일보	1927년 11월 23일
73	제입업자(製叺業者) 연서(連署)하야 군(郡) 당국에 진정 / 지정판매제를 폐지하라고 / 조합 설치코저 탄원		동아일보	1928년 3월 4일
74	사천승입조(泗川繩叺組) 대회준비위원 / 경찰이 검속		조선일보	1928년 3월 8일
75	삼백여 승입(繩叺) 생산자 검사원 토죄(討罪)로 대회 / 저축금 만여원 대부 문제 경찰의 금지로 필경 해산		조선일보	1928년 3월 13일
76	매시(每市)마다 승입(繩叺) 1매 저축 / 정운봉(鄭雲鳳)군의 공로		동아일보	1928년 9월 28일
77	한해(旱害) 구제로 승입(繩叺) 제조 장려 / 선임저하(船賃低下)를 교섭		조선일보	1928년 9월 29일
78	보교아동(普校兒童)에 입직법(叺織法) 교수(敎授) / 안성(安城) 각 보교(普校)		동아일보	1928년 10월 9일
79	승입(繩叺) 증산으로 판로 개척에 두통 / 동경(東京) 대판(大阪)에 출장 알선		조선일보	1928년 12월 1일
80	이재민(罹災民) 구제코저 입직기(叺織機) 무대(無代) 배급 / 궁농(窮農) 천팔백호에		동아일보	1928년 12월 11일
81	진교(辰橋) 일대의 입(叺) 산출 격감 / 일반 의논 분분		동아일보	1928년 12월 17일
82	입(叺) 공동판매 실시 / 경기도 농무과(農務課)에서		조선일보	1929년 1월 11일

번호	기사명	필자명	수록처	날짜
83	나주군(羅州郡) 하(下)－승입(繩叺) 생산자의 진정 / 매월 6회의 가마니검사를 두번만 하게 되어 손해막심, 탄원서를 군에 제출		조선일보	1929년 1월 15일
84	동휴가(冬休暇) 이용 입직(叺織) 강습회		동아일보	1929년 1월 24일
85	경품 부제입(附製叺)		동아일보	1929년 2월 2일
86	검사 가혹으로 제입(製叺) 농가 불평 / 안성군 이재극빈자(罹災極貧者)들이 명실불부(名實不副)한 구제 입직(叺織)		동아일보	1929년 2월 13일
87	가마니 판매제에 당국 처사 비난 / 종래대로 하지 않는다고 일반생산자 대분개		동아일보	1929년 6월 4일
88	입(叺) 지정판매에 주민 측 반대 / 일본인회사에 이익 주고저 3단(團) 회합 진정 준비		동아일보	1929년 6월 7일
89	입(叺) 지정판매 대책 군민(郡民) 대회 개최 / 당국에 진정도 효과가 없어서 봉산구내(鳳山區內) 생산불용(生產不用)		동아일보	1929년 6월 17일
90	불공정한 검사제도에 공정가격까지 인하 / 남포곡물검사소의 횡포한 처사 승(繩) 생산자는 불매동맹		동아일보	1929년 8월 14일
91	일본인에 안 판다고 승(繩) 검사까지 거절 / 진남포 새끼 불납동맹문제 / 부(府)의 처사가 주목처		동아일보	1929년 8월 23일
92	판로 없어서 입(叺) 생산자 곤란 / 유일의 생도가 끊어질 지경 고성(固城) 빈농에 대타격		동아일보	1929년 10월 31일
93	농한기에 부업열 왕성 / 새끼 꼬기와 돼지 치기로 매월 생산액이 1천5백원, 시흥 군자면민(君子面民)의 근면		조선일보	1929년 12월 16일
94	승입(繩叺) 매매계약 / 조선질소(朝鮮窒素)와		조선일보	1930년 1월 20일
95	조합원 손해되는 조합을 해산하자 / 남의 이익 보여줄 필요없다 / 승조합(繩組合) 총회의 파란		동아일보	1930년 3월 7일
96	입(叺) 판매 수수료 / 철폐를 절규		동아일보	1930년 4월 1일

번호	기사명	필자명	수록처	날짜
97	민풍진흥회(民風振興會) 조직 후 금촌 와가(金村瓦家)로 일변 / 짚신과 가마니 를 쳐서 회원 집을 와가로 고쳐 / 영흥군 (永興郡) 갈전리(葛田里)의 미풍		매일신보	1930년 4월 27일
98	제입경기회(製叭競技會) 시(時) 모범부 인을 표창 / 가부를 도와 가마니를 쳐 내 조 / 횡성농회(橫城農會) 의상차(衣裳 次) 증여		매일신보	1930년 4월 29일
99	목도보교(牧渡普校)에서 솔선하여 가마 니 치기 전습 / 근로정신 함양의 선도		매일신보	1930년 5월 20일
100	입연합회(叭聯合會) 해체 / 매출 경쟁 방지		매일신보	1930년 6월 10일
101	모범농촌순례 / 이 마을 자랑거리 가지 가지의 부업들 / 양잠, 양돈, 직입(織叭), 양계 / 장전리(長箭里)를 찾아	최학송 (崔鶴松) 기(記)	매일신보	1930년 8월 21일
102	모범농촌순례 / 일확천금은 망상 / 경가 파산(傾家破産)을 당할 뿐 / 일치단결하 여 가마니 제조 / 미룡리(米龍里)를 찾아	김을한 (金乙漢) 기(記)	매일신보	1930년 9월 2일
103	입(叭)의 수요 / 대만(臺灣)도 환영		매일신보	1930년 11월 25일
104	검사 불공평으로 제입자(製叭者) 궐기 / 등급을 공평히 아니해서 / 상주 검사소 에 비난		동아일보	1931년 1월 12일
105	입(叭) 지정판매에 생산자 낭패 / 사 지 않아서 생산자 곤란 / 이백여명이 군 (郡)에 쇄도		동아일보	1931년 1월 16일
106	극빈 소작인에게 입직기(叭織機) 대부 / 살아갈 수 없다는 이백여명 미림(美林) 작인(作人) 진정 후보(後報)		동아일보	1931년 1월 17일
107	농가 최대의 부업 승입연(繩叭莚) 제조 고 / 개량입(改良叭) 4천3백여만장, 개량 연(改良莚) 2백90만장 / 총독부의 조사		동아일보	1931년 1월 30일
108	서정(西井) 가마니 검사원 횡포 수백 생 산자 소동 / 검사 자박이로 함부로 사람 치다가 수백명이 격분하야 역습하려 함 으로 검사 도중에 도주		조선일보	1931년 2월 11일

번호	기사명	필자명	수록처	날짜
109	비료 입승(叺繩)의 일본 매입 백만장 / 대체로 호평판 / 입산(立山) 총독부 기사(技師) 담(談)		동아일보	1931년 3월 6일
110	입검사규칙(叺檢査規則) 개정 / 검사의 등급을		동아일보	1931년 3월 10일
111	종래기(從來機)보다 능률 3배의 입직기(叺織機)를 발명 / 값싸고 혼자서 짤 수 있어서 / 조희철(曺喜哲)씨의 발명		동아일보	1931년 3월 14일
112	초등교(初等校) 학생의 입직경기회(叺織競技會) / 지사(知事) 이하 관민 다수 참석 / 함주군(咸州郡) 농회 주최		매일신보	1931년 4월 1일
113	생활전선에서 분투하는 10세 이하의 유년군(幼年軍) / 정평 가마니 짜기 대회에 나온 유년군 / 1등은 겨우 여덟살 된 어린 계집아이 / 눈물 나는 최근의 농촌상		동아일보	1931년 4월 11일
114	입(叺) 백만장 주문으로 부업에 활기 / 떨어졌든 가격도 올라가 / 강화군 농회의 알선		동아일보	1931년 4월 29일
115	농무당국(農務當局) 예의장려(銳意奬勵) / 조선농촌의 중요 부업 / 가마니를 힘써 만들라 / 비약적 발전의 호기가 도래 / 기계를 안 쓰는 것이 정교한 까닭으로 각지 수요자의 주문 쇄도		매일신보	1931년 5월 6일
116	승입(繩叺)의 통제로 회사를 조직		동아일보	1931년 5월 14일
117	입검사(叺檢査) 개정 / 다음 달부터 실시		동아일보	1931년 7월 22일
118	입(叺) 검사제 변경으로 생산자에 타격 불소(不少) / 팔러 왔다 도로 짊어지고 갔다		동아일보	1931년 9월 11일
119	월사(月謝)를 준비코저 수업 여가 입직(叺織) / 학부형들도 이를 찬조해 / 안성(安城) 각 보교(普校)서 장려		동아일보	1931년 10월 11일
120	백여 생산자가 군청에 쇄도 / 가마니값을 갑자기 내려 / 장성군농회(長城郡農會)의 처사		동아일보	1931년 12월 11일
121	재만동포(在滿同胞) 구제로 입직(叺織)에 착수 / 화호공보(禾湖公普) 교생의 미거(美擧)		매일신보	1931년 12월 23일

번호	기사명	필자명	수록처	날짜
122	나주보교생(羅州普校生)은 입제(叺製)로 학비 보충 / 동기(冬期)를 이용하야 교장 이하 지도 입직기(叺織機) 20대를 구입		매일신보	1931년 12월 30일
123	제입(製叺)으로 유명한 아산(牙山) 걸매촌(傑梅村) / 가마니촌이라는 별명 지어 / 백여호가 월 만여매씩		동아일보	1932년 1월 8일
124	승입검사장(繩叺檢査場)에 오십명이 노숙 / 검사받지 못하여		조선일보	1932년 1월 9일
125	협심회(協心會) 조직 제입(製叺)에 주력 / 안악(安岳) 류성리(柳城里)		동아일보	1932년 1월 11일
126	사리원(沙里院) 시화(時話) / 입(叺) 검사료 문제	사리원 일기자 (一記者)	동아일보	1932년 1월 15일
127	학교(鶴橋) 엄다(嚴多) 입(叺) 생산 지정매매 반대 / 경쟁 입찰 가격 동일 요구 / 군(郡) 당국에 진정 제출		동아일보	1932년 4월 14일
128	근로자립심 함양 수업료 미변(未辨) 아동에게 입직기계(叺織機械)를 배부 / 생활의 도(道)를 유년시대부터 주입 / 대전군(大田郡)의 신교육 방침		매일신보	1932년 6월 12일
129	세농민(細農民)의 유일한 부업 승입(繩叺) 검사료 철폐 / 1입(叺) 7전짜리에 검사료 7리 / 전북농우회(全北農友會)에서 절규		동아일보	1932년 7월 21일
130	연산(年産) 입(叺) 이백만장 수입이 14만원 / 집집마다 가마니 짜기에 대분망 / 강화(江華) 농민 부업 수익		동아일보	1932년 10월 4일
131	중도퇴학 방지로 입직기(叺織機)로 구입 배부 / 4학년 이상에는 조직(組織)케 하기로 충남도 지방비 보조		매일신보	1932년 11월 8일
132	생활안정 얻은 가마니 박사 가마니 안 짜는 집과 통혼 안 해 / 농촌의 모범가정		매일신보	1932년 12월 4일
133	입직(叺織)으로 학자(學資) 보충 퇴학생 점차 복교(復校) / 임천보교(林川普校)의 묘안		매일신보	1932년 12월 20일

번호	기사명	필자명	수록처	날짜
134	300여명 농민이 강릉군청(江陵郡廳)에 쇄도 / 입검사(叺檢查) 문제로 4개 조건 제출 / 요구의 대부분 용인		조선일보	1933년 1월 20일
135	영산포(榮山浦) 입검사소(叺檢查所)에 오백여 군중 습격 / 고함지르며 초자창(硝子窓) 파괴 / 경찰대 진무(鎭撫)로 해산		동아일보	1933년 2월 11일
136	목천공립보통학교(木川公立普通學校)에서 학비 자변(自辨)을 실시 / 도변(渡邊) 교장 지도하에 농작, 입직(叺織)을 실행해		매일신보	1933년 2월 14일
137	삼릉(三菱)과 비료입(肥料叺) 자금적으로 원조		매일신보	1933년 2월 17일
138	입(叺) 대금 인하 문제 / 감독 당국의 반성을 촉구	울산 일기자 (一記者)	동아일보	1933년 2월 28일
139	제입자(製叺者) 시민 / 지정매매 반대 경쟁 입찰 제도를 요구 / 군 당국에 진정서 제출		동아일보	1933년 3월 7일
140	입승통제권(叺繩統制權) 획득차 양대(兩大) 재벌에서 알력 / 삼정(三井)과 삼릉(三菱)에서 맹렬히 경쟁 / 농가 부업에 대영향		동아일보	1933년 3월 9일
141	[사설] 부업 생산 통제의 필요 / 재벌의 농단을 거척(拒斥)하라		동아일보	1933년 3월 11일
142	만주행의 조선 가마니 / 운임 고률(高率)로 인해 일본품(日本品)에 압도		동아일보	1933년 4월 15일
143	조선입(朝鮮叺)이 대만(臺灣) 진출 / 마대(麻袋) 폐지로		동아일보	1933년 5월 11일
144	풍년제유(豊年製油) 내지(內地) 공장 조선입(朝鮮叺) 구입 계획		매일신보	1933년 5월 18일
145	평택(平澤) 입(叺) 검사원 / 판매인을 구타 / 등급 낮다고 불평한다고 / 생산자의 비난 자자		동아일보	1933년 5월 27일
146	옥천(沃川) 가마니 검사 등급 낮고 불친절 / 생산자는 대전 검사소로		동아일보	1933년 6월 8일
147	제입(製叺) 장려로 인해 농민에게 이중 타격 / 퇴비에 쓸 볏짚을 전부 써버려 / 지주는 소작권을 이동		동아일보	1933년 6월 18일

326

번호	기사명	필자명	수록처	날짜
148	방학에도 불휴(不休) / 제입(製叺)에 열중 / 약간의 학비라도 보조하고자 / 기특한 갈산공보생(葛山公普生)들		동아일보	1933년 7월 23일
149	조선 가마니 대만(臺灣) 진출 현저 / 대판매회사안(大販賣會社案) 대두		동아일보	1933년 10월 27일
150	농가제입(農家製叺) 판매에 이중검사료 부담 / 생산검사료와 반출검사료로 부업장려상(上) 대문제		동아일보	1933년 12월 6일
151	제입(製叺) 검사 가혹으로 생산자의 피해 막대 / 2만매 판매가 불과 1, 2백매 / 매일 수입 불과 10여전(錢)		동아일보	1933년 12월 23일
152	곡용입(穀用叺) 통제 / 총독부 계획		동아일보	1934년 1월 7일
153	비료입(肥料叺) 장려 / 농회에서 추첨(抽籤) 부(附)		동아일보	1934년 2월 13일
154	입가(叺價) 저렴과 세민(細民) 곤란 / 지정판매제도를 고쳐라	고창 일기자 (一記者)	동아일보	1934년 2월 18일
155	장단(長湍) 입경기회(叺競技會) / 소년조(少年組)가 우승		동아일보	1934년 3월 13일
156	제승회사(製繩會社)의 여공 파업		조선일보	1934년 3월 20일
157	제입(製叺) 수익금으로 학자 보조 / 남편의 고보학비(高普學費)에 섬섬옥수를 제공 / 월 평균 2백매 쳐서 현모양처의 모범		매일신보	1934년 3월 30일
158	대만(台灣) 수출 표준입(標準叺)을 김포군(金浦郡)서 제작 / 이를 전선(全鮮) 각지에 배부하여 견본이 되게 한다		매일신보	1934년 4월 24일
159	대만(臺灣)에 성가(聲價) 떨친 경북의 가마니 / 풍년제유회사(豊年製油會社)로부터 전후 55만매의 주문		매일신보	1934년 5월 8일
160	입(叺)의 통제방침과 1도(道) 1회사 주의 / 전선적(全鮮的)으로 통제가 제일 필요 / 수이출도 강력화		매일신보	1934년 6월 8일
161	조선산(朝鮮産) 곡용입(穀用叺) 대만(臺灣) 이출 중지 / 입(叺) 단일제도 문제로		동아일보	1934년 7월 7일

번호	기사명	필자명	수록처	날짜
162	농촌순례기 경남(慶南) 편 (16): 가마니 짜서 모은 돈으로 자작농 / 반도(班到)가 된 농부 10전이 20전이 1,800원을 이루어 / 김해 진례면(進禮面) 신안리(新安里)	유광렬 (柳光烈)	매일신보	1934년 7월 13일
163	가마니기계 2천대 급여 / 구제 방법에 한 도움으로서 경북도 각 재민(災民)에게		동아일보	1934년 9월 26일
164	부업 장려하려고 / 입직기(叺織機) 공매		동아일보	1934년 10월 10일
165	볏짚 없어진 재지(災地)에 입승(叺繩) 부업도 대 지장 / 달리 구할 도리도 없어져서 구제금 중에서 지출?		동아일보	1934년 11월 8일
166	이일본(裏日本)으로부터 연(莚) 승(繩)이 다량 이입 / 동해안 각 어업조합에서 소비 / 차외(此外) 구축 방침 결정		매일신보	1934년 11월 11일
167	제입(製叺) 증산에 창원군의 명안(名案) / 원료 풍부 제입 부진한 곳에 특수 이재민(罹災民)을 이주		매일신보	1934년 11월 22일
168	입(叺) 800만매 / 승(繩) 98만관 조질(朝窒)의 비료 납입 수량 결정 / 승입주임관 회의(繩叺主任官會議) 내용		동아일보	1934년 11월 29일
169	지세는 지주가 부담 / 고초(藁草)는 작인(作人) 소유 / 농지령에 따라 실행키로 / 동호진흥회(東湖振興會)의 결의		매일신보	1934년 12월 8일
170	제입원료(製叺原料) 고(藁)의 개량 저장을 실시 / 제입증산(製叺增産)의 기초로		매일신보	1934년 12월 9일
171	미산지(米産地) 경북에 고(藁) 기근!		동아일보	1934년 12월 22일
172	농진(農振) 상황 시찰기 / 가마니로 갱생되는 동해면(東海面) 장기리(章基里) (4): 농작은 5할 이상 감(減)했지만 면화(棉花) 제입(製叺)으로 보충	고성지국(固城支局) 백몽생(白夢生)	매일신보	1934년 12월 28일
173	가마니 짜서 성공한 사람		매일신보	1935년 1월 9일
174	내 지방 당면문제 / 입직 장려문제 / 평북(平北) 박천(博川) 편		동아일보	1935년 1월 18일
175	조선산(朝鮮産) 승입(繩叺)의 생산 판매 통제 / 강력적 중앙기관 설치		동아일보	1935년 1월 24일
176	농가 부업으로 3개월에 40만원 / 1매에 5전(錢)씩 고등(高騰)하야 전남 가마니의 호황		매일신보	1935년 5월 4일

번호	기사명	필자명	수록처	날짜
177	입생산조합(叺生産組合) 창립이 여하(如何)	사리원 일기자 (一記者)	동아일보	1935년 6월 7일
178	감격의 12세 소녀 일가 6명을 부양		매일신보	1935년 6월 13일
179	입(叺) 통제의 전제로 양(兩) 협회 합병 교섭		동아일보	1935년 7월 12일
180	미곡 및 비료용 가마니 통제 기도 / 중간 취리의 양(兩) 회사를 합동 / 생산 수요자에 유리		동아일보	1935년 9월 8일
181	1도(道) 1사(社) 단위로 전선(全鮮) 가마니 통제 / 자유경쟁의 폐해를 방지코자 승입(繩叺)·곡용(穀用) 양(兩) 협회 합병 진행		매일신보	1935년 9월 15일
182	승입협회(繩叺協會)는 존속 / 조직 내용은 갱신		매일신보	1935년 9월 20일
183	평북산 가마니 만주국으로 수출		매일신보	1935년 10월 22일
184	독점회사의 횡포 / 곡용(穀用) 가마니 매매(賣買)에 중간기관 착취 우심(尤甚) / 각 도에 따라 1매 가(價)에 5전 차(差), 생산·수요 측 모두 불평		동아일보	1935년 10월 23일
185	제입(製叺) 지정판매 반대 / 3백 생산자 군(郡)에 쇄도 / 매입처는 한곳인데 가격은 점차 저렴 / 당국의 부당을 절규		동아일보	1935년 11월 25일
186	농촌 가마니 속직기계(速織機械)를 발명 / 아현 호창환씨가 새로 고안 / 1일 100매 직조는 무난		매일신보	1935년 11월 25일
187	금년 비료입(肥料叺) 공급 천이백만매 / 조질(朝窒)과의 계약도 성립		동아일보	1935년 11월 27일
188	수요 격증으로 입(叺) 증산을 계획 / 잡입(雜叺)도 통제될 모양		동아일보	1935년 12월 7일
189	생산입(生産叺) 통제 표준가 결정		동아일보	1935년 12월 31일
190	신경(新京) 조선농(朝鮮農)에게 입직기(叺織機) 대여 / 수해(水害) 구제의 일단		동아일보	1936년 1월 19일
191	입(叺) 증산 적극 장려 / 특정상(特定商)에 일수판매(一手販賣) / 검사제 실시코 80만 매 생산 / 중간 착취의 우려 불무(不無)		동아일보	1936년 2월 27일

번호	기사명	필자명	수록처	날짜
192	자급비(自給肥) 생산에 보조를 요망 / 금비(金肥) 사용은 자승자박 / 격입(格叺) 통제는 산조(産組)에서 하라		동아일보	1936년 3월 15일
193	평북서 개척한 시장, 이득은 좌하현(佐賀縣)서 / 대만(對滿) 가마니 수출을 중심으로 경쟁 격화를 예상		매일신보	1936년 4월 16일
194	입판로(叺販路)에 이변		동아일보	1936년 6월 10일
195	가마니 20만매 수천인 노동자 동해북부선 복구공사 난삽(難澁) / 무참한 선로 피해		매일신보	1936년 9월 8일
196	이재민(罹災民) 과동(過冬) 위하야 당국 예의(銳意)의 알선 / 새끼와 가마니 짜는 기계 주어 설한(雪寒) 중 생로를 급여		매일신보	1936년 10월 27일
197	조선승입협회(朝鮮繩叺協會)에 부정 사실이 탄로 / 내사 계속하던 본정서(本町署) 활동 개시, 모 고관에게도 비화?		동아일보	1937년 6월 6일
198	승입협회(繩叺協會) 사건 점차로 확대 / 본정서(本町署) 본격적인 취조 개시		동아일보	1937년 6월 23일
199	승입(繩叺) 부정사건 확대 / 지방지회에도 비화 / 장부에 교묘한 기입으로 착란, 공범은 2,30명		동아일보	1937년 7월 6일
200	농민 본위로 승입협회 개조 / 금번 부정 사건을 계기로 / 총회 석상에서 토의		동아일보	1937년 7월 9일
201	승입협회(繩叺協會)를 법인(法人)으로 개조(改組)?		동아일보	1937년 7월 11일
202	승입(繩叺) 도매 알선을 기화로 농민의 이익분 사취 / 10년간의 2백권 장부를 조사 / 배임 횡령으로 금월말 송국(送局)		동아일보	1937년 7월 25일
203	입용(叺用) 잠(箴) 통제 / 품질 향상, 능률 증진을 목표로 농림국에서 방침 수립		동아일보	1937년 8월 29일
204	인천의 곡용입(穀用叺), 10년 내 최고가 / 1등품이 30전		동아일보	1937년 10월 26일
205	곡입(穀叺) 제작 헌금(獻金)		동아일보	1937년 11월 6일
206	가마니 부족으로 현미(玄米) 출회(出廻)에 이상 / 장마에 짐이 썩어 재료도 골난 / 김해농회 생산 독려		동아일보	1937년 11월 21일

번호	기사명	필자명	수록처	날짜
207	1매에 75전! / 가마니가(價) 속등 / 산지 곡물 반출 정지		동아일보	1937년 11월 25일
208	미(米) 희유(稀有)의 대풍작으로 입승(叺繩)의 기근(饑饉) 소동		매일신보	1937년 11월 27일
209	강원도 승입연(繩叺筵)의 통제회사(統制會社) 창립 / 50만원 자금으로		동아일보	1937년 12월 1일
210	응급 증산계획 수립 / 곡용입(穀用叺) 기근 완화책 / 경남도 각 군에 통첩		동아일보	1937년 12월 2일
211	직입자(織叺者)들의 수난		동아일보	1937년 12월 4일
212	황등(黃登) 입매입장(叺買入場)에서 생산자와 검사원 충돌 / 등급 사정이 불공평하다고 / 일시는 사태가 험악		동아일보	1937년 12월 4일
213	산조(産組) 대 승입회사(繩叺會社) 입(叺) 쟁탈전 격렬 / 생산자는 중간에 끼어 대(大) 곤난 / 가마니 기근의 부산물		동아일보	1937년 12월 17일
214	야간에 가마니 싸서 학비 자변(自辨)을 여행(勵行)		매일신보	1938년 1월 25일
215	4만원의 특별 지출로 비료입(肥料叺) 증산 계획 / 농림국 각 도와 협의		동아일보	1938년 3월 3일
216	농촌 부업계에 이상(異狀) / 입자(叺子) 가격 대폭락 / 정미업계에도 대타격		동아일보	1938년 3월 3일
217	비료입(肥料叺) 기근 심각 / 유안(硫安) 배급에 암영(暗影) / 실수기(實需期)로 조질(朝窒) 당황		동아일보	1938년 3월 8일
218	상금 받아서 국방비(國防費) 헌납		매일신보	1938년 3월 9일
219	함안(咸安) 곡용가마니 고가 매매를 제지 / 비료용가마니를 장려코저 / 생산, 소비층은 비난		동아일보	1938년 3월 25일
220	고(藁) 제품 수요 증가로 어업용 연(筵)도 극(極) 부족		동아일보	1938년 4월 1일
221	각 정미소 휴업으로 수백여 노동자 곤경 / 곡용(穀用) 가마니 부족이 주요 원인 / 대구 정미계의 기현상		동아일보	1938년 4월 15일
222	수요 점증(漸增)하는 입(叺) / 각 방면으로 생산 장려를 일층 강화 / 형무소도 동원		동아일보	1938년 4월 22일
223	지경(地境) 여자 입직(叺織)대회		동아일보	1938년 5월 6일

번호	기사명	필자명	수록처	날짜
224	40여 업자가 결속, 함경승입(咸鏡繩叺)에 대항책 수립 / 소비조합을 결성하고 불매동맹(不買同盟) / 외지 산품을 구입 계획		동아일보	1938년 5월 9일
225	입(叺) 증산 주간 설정코 / 관하 각 군을 독려 / 원료부족과 고(藁) 구입자금을 승입(繩叺)주식회사 알선		동아일보	1938년 5월 15일
226	곡용가마니 부족으로 조선미취인(朝鮮米取引)에 타격 / 인천곡물협회에서 검사소에 선후책 진정		동아일보	1938년 6월 9일
227	개풍군(開豊郡)의 애국일(愛國日) 가마니 싸서 저금 대성면민(大聖面民)들의 열성		매일신보	1938년 6월 10일
228	신곡기(新穀期)부터 입(叺) 통제 / 근본책의 목표 확립		동아일보	1938년 6월 22일
229	조선산 염용입(鹽用叺) / 만주에서 수요		동아일보	1938년 7월 3일
230	입(叺) 기근 완화코저 곡용입 재사용 용인 / 곡항(穀港) 진남포에서		동아일보	1938년 8월 3일
231	봉산(鳳山) 입(叺) 기근 / 소맥 출회 불능 / 통제회사 측 매점으로		동아일보	1938년 8월 7일
232	군용(軍用) 가마니 공출 / 강원만 약 7천 매 금월 중에 전부 수송		매일신보	1938년 8월 8일
233	각 도 지정회사 망라하고 곡용가마니 통제 기도 / 신설 출회기(出廻期) 내로 실현?		동아일보	1938년 8월 20일
234	곡용가마니 통제기관 문제 / 농림당국 신중 고구(考究) / 조선산업협회(朝鮮産業協會) 진정서도 보류 / 금후 동향이 주목 처(處)		동아일보	1938년 8월 25일
235 -1	입직(叺織)(1): 농한기 이용으로 가능한 이상적 농가 부업	조선산업협회 전무 산본인웅 (山本寅雄)	동아일보	1938년 9월 6일
235 -2	입직(叺織)(2): 최근의 비약적 발전상과 입(叺)의 종류 급(及) 용도	조선산업협회 전무 산본인웅 (山本寅雄)	동아일보	1938년 9월 7일

번호	기사명	필자명	수록처	날짜
236	입(叺) 공급부족 우려 / 원료의 산일(散逸) 방지 / 신곡기(新穀期)의 수급 원활에 대려		동아일보	1938년 9월 10일
237	입자(叺子) 증산수 결정 / 곡용 3천5백만, 비료 2천만, 어업 5만, 염용 2만, 잡용 8만 / 통제는 비료입(肥料叺) 동양(同樣)		동아일보	1938년 9월 13일
238	간보(簡保) 가입 도모 / 입직(叺織) 경기 거행		동아일보	1938년 9월 23일
239	여자선수도 참가한 체신국입직경기(遞信局叺織競技) / 남 총독과 대야 총감도 구경 / 경기군(京畿軍)이 수위획득(首位獲得)		매일신보	1938년 10월 15일
240	혼미턴 입자(叺子) 가격 통제 본격화 / 지방별과 품종별을 통일, 공정가격을 결정 / 등급은 3등급으로, 생산자 적극 옹호, 부령(府令)을 금월 내 발표		동아일보	1938년 11월 8일
241	생산, 배급, 가격의 조선입(朝鮮叺) 통제 / 농림국의 원안 추종		동아일보	1938년 11월 19일
242	전매(專賣) 제도에 근사한 입(叺) 획기적 통제 단행 / 생산과 배급에 강제 명령 등 / 관계 부령(府令) 근일 중 공포		동아일보	1938년 11월 22일
243	각종 입(叺) 통제의 계획 내용 전모		동아일보	1938년 12월 6일
244	곡용입(穀用叺) 가격 지정 / 1월 중순 33전으로 / 5일부 각 도지사에 통첩		동아일보	1938년 12월 7일
245	산조(産組)의 입(叺) 취급 / 규정을 통첩		동아일보	1938년 12월 9일
246	경찰 감시를 피하여 간악한 석탄상(石炭商) 발호 / 이번에는 가마니에 물을 뿌려 중량을 사기함으로 / 서문서(西門署)에서 관내를 검색코 다수 적발		매일신보	1939년 1월 27일
247	곡용입(穀用叺) 통제로 생산력 저지		동아일보	1939년 2월 2일
248	입(叺) 검사원 양민 구타 3백여 생산자 소동 / 등급이 불공평하다고 항의한 것이 원인 / 청주 입(叺) 검사장 파란		동아일보	1939년 2월 2일
249	개풍(開豊) 학동 애국미담		매일신보	1939년 2월 2일
250	곡용입(穀用叺) 공판제(共販制) 비난 / 어부의 이(利) 탐하는 지정 상인 / 소비층 타격		동아일보	1939년 2월 7일

번호	기사명	필자명	수록처	날짜
251	입(叺) 재사용 불허를 비난 / 곡물검사 당국의 무리한 처사 / 개성 곡물업자 대분개		동아일보	1939년 2월 11일
252	이천(利川)에 가마니 홍수 / 시일(市日)마다 5만매 출회		매일신보	1939년 2월 19일
253	원주 천주교도 가마니 싸서 헌금(献金)		매일신보	1939년 3월 14일
254	가마니 과잉의 수난 / 안 짜면 짜라고 성화일러니 짜노니 만타고 안 사서 걱정 / 3만 세민(細民)의 생계 곤경		동아일보	1939년 4월 13일
255	가마니 생산과잉 곡용(穀用)은 20만매 / 비료용은 십만매 / 어업용 연은 태부족		매일신보	1939년 4월 14일
256	가마니를 싸서 혼인(婚姻) 째 빗을 청산 / 부녀(婦女) 근로의 미담		매일신보	1939년 4월 18일
257	저당(抵當) 잽히는 가마니, / 팔수는 없고 돈은 써야만 하고 / 부안(扶安) 농민의 딱한 사정		동아일보	1939년 4월 19일
258	금년 입(叺) 생산 예상 6백80여만매 / 국제 상품화를 적극 기도		동아일보	1939년 5월 8일
259	가마니 보국운동(報國運動) / 생산량 증가와 판매대 저축(貯蓄)의 일석이조(一石二鳥) 묘안을 개풍(開豐)서 지도		매일신보	1939년 5월 13일
260	조선산(朝鮮産) 입(叺) 대만으로 진출		조선일보	1939년 6월 6일
261	보국(報國) 가마니를 제조		매일신보	1939년 6월 6일
262	가마니 보국운동(報國運動) / 3삭(朔)에 13만매 생산		매일신보	1939년 6월 14일
263	충북 가마니 생산 / 부족 원료는 타 도에서 사드려 / 6백만매 목표로 매진		매일신보	1939년 8월 25일
264	"사과" 입(叺) 포장 / 수이출품만 목상(木箱)에		동아일보	1939년 9월 9일
265	추석 명절을 안 쉬고 가마니 보국운동(報國運動) / 강화입직(江華叺織) 경기 성황		매일신보	1939년 9월 29일
266	부족한 입(叺) 원료고(原料藁) / 수요 신립(申込) 실시 / 생산배급계획 수립		동아일보	1939년 10월 11일
267	이재(罹災) 농가 구제책으로 입직기(叺織機) 2천6백대 배급 / 충청남도 농무과에서		동아일보	1939년 10월 17일

번호	기사명	필자명	수록처	날짜
268	염려되는 입직(叺織) 원료, 6천만매 입직(叺織) 충분 / 지월분(持越分) 1천여 만매를 합산하면 만지(滿支) 2천만매 수출 가능		동아일보	1939년 11월 12일
269	짚의 절약을 장성군(長城郡)에서 독려		동아일보	1939년 11월 25일
270	만주 2천만매 입(叺) 주문에 수출량 3할 감(減) 예정 / 재고 2천3백만매 / 생산량 부족, 원료 이입 증산책 수립		동아일보	1939년 12월 27일
271	우리들은 이렇게 자수성가 / 각지 갱생농가(更生農家)들의 분투 기록(1): 매월 1백50매의 가마니 짜서 갱생 / 금일의 성과 본 옥구 이팔룡(李八龍)씨		매일신보	1940년 1월 4일
272	우리들은 이렇게 자수성가 / 각지 갱생농가(更生農家)들의 분투 기록(2): 부업은 흥가(興家)의 본(本) / 새끼와 가마니로 10년을 근로 / 적빈(赤貧)을 일척(一擲)한 옥구(沃溝) 이백규(李白圭)씨		매일신보	1940년 1월 6일
273	우리들은 이렇게 자수성가 / 각지 갱생농가(更生農家)들의 분투 기록(5): 성근(誠勤)이 유일한 무기 / 자조자(自助者)는 천조(天助) / 낮엔 나무장사 밤엔 가마니로		매일신보	1940년 1월 9일
274	가마니 짜기를 장려, 보조금과 추첨권(抽籤券)을 교부 / 1등 당선자에게는 황우(黃牛) 1두 시상		동아일보	1940년 1월 24일
275	입(叺) 감산 원인		동아일보	1940년 1월 26일
276	입(叺) 배정 달성 독려 / 농림국(農林局)에서 각 도에 통첩		동아일보	1940년 1월 26일
277	축쇄북부판 / 신의주		동아일보	1940년 1월 27일
278	청주(淸州)에 원료고(原料藁) 부족 / 가마니 생산 부진 / 고가(藁價) 지정은 화중지병(畵中之餠)		매일신보	1940년 2월 5일
279	입(叺) 생산 장려금 상품권을 결정 / 서산군(瑞山郡) 농회의 계획		동아일보	1940년 2월 8일
280	가마니 보국운동 / 김포서 작년 중에 3백만매 생산		매일신보	1940년 2월 9일

번호	기사명	필자명	수록처	날짜
281	입(叺) 배정량을 확보 / 각 도 통제(統制)회사가 협력		동아일보	1940년 2월 13일
282	나주군 농회에서 입(叺) 생산 장려책으로 각 부락 추첨회(抽籤會) 특설		동아일보	1940년 2월 29일
283	입(叺) 수요 쇄도 / 매입가 인상 시급 / 수출용 분 대책 필요		동아일보	1940년 2월 29일
284	중만(中滿) 승입(繩叺) 생산 통제 / 년 오천만장 자급자족 가능, 우리 손에 회사 또 하나		동아일보	1940년 3월 3일
285	족답식(足踏式) 입직기(叺織機) / 특허국에 제출		동아일보	1940년 3월 7일
286	추첨권(抽籤券)을 발행하여 가마니 출회 장려 / 강원도 농회서 활동		매일신보	1940년 3월 13일
287	입(叺) 생산 성적 극 불량 / 예정 수량의 근 4할 / 원인은 고가의 승(繩), 연(筵) 생산에 편중 / 총독부 응급 대책 연구		동아일보	1940년 3월 15일
288	곡용(穀用) 고입(古叺)를 회수 / 수급 확보에 조력코자 농림국장, 각 도에 통첩		동아일보	1940년 3월 16일
289	인천에 자본금 십만원의 선만산업회사(鮮滿産業會社) 탄생 / 조선산 승입(繩叺) 수출 목적		동아일보	1940년 3월 28일
290	입가(叺價)은 절대 불인상, 원료 부족으로 증산에는 기대 없다고 / 탕촌(湯村) 농림국장 언명		동아일보	1940년 4월 3일
291	가마니 짜서 헌금 / 강습 중 여가를 타서 봉사		매일신보	1940년 4월 8일
292	가마니 보국운동(報國運動) / 고성(固城) 판매소 검사량 / 일약 2만매를 돌파		매일신보	1940년 5월 6일
293	가마니 짜기 경쟁 올림픽대회		매일신보	1940년 5월 11일
294	경품으로 장려해도 입생산(叺生産) 의연 부진 / 원료고(原料藁)의 부족이 원인		동아일보	1940년 5월 12일
295	흥상(興上)에 하차한 황속(黃粟) / 입(叺) 생산자에게 배급		동아일보	1940년 5월 14일
296	8년에 50만원 / 강화서 가마니로 저금보급운동(貯金普及運動)		매일신보	1940년 5월 17일

번호	기사명	필자명	수록처	날짜
297	북지(北支), 만주로부터 입(叺) 공급을 요망(瞭望)		동아일보	1940년 7월 14일
298	개초(蓋草), 연료용 억제 / 가마니 집 저장을 적극 장려		매일신보	1940년 11월 12일
299	가마니 350만매 / 수원군에서 적극 생산 장려		매일신보	1940년 12월 7일
300	가마니 안짯는 농가엔 광목(廣木)과 고무신 배급 중지		매일신보	1941년 1월 30일
301	입연승(叺, 莚, 繩) 증산 기필 / 강원도연맹, 관하 각 군에 비격(飛檄)		매일신보	1941년 2월 16일
302	강화입직경기대회(江華叺織競技大會)		매일신보	1941년 2월 23일
303	매호(每戶) 한입씩(式) 더 싸모아 팔은 돈을 국방헌금(國防獻金) / 양구군 하안대리민(下安垈里民)의 입직봉공(叺織奉公)		매일신보	1941년 2월 26일
304	입(叺) 증산 가편(加鞭) / 농한기 적극이용 / 1억 목표달성 매진		매일신보	1941년 2월 28일
305	가마니 생산에 감격 / 영천(鈴川) 경기도지사의 시찰담(視察談)		매일신보	1941년 3월 1일
306	가평(加平) 가마니 출하 왕성		매일신보	1941년 3월 2일
307	안성(安城) 입직보국열(叺織保國熱) / 1일 출하량이 7만매		매일신보	1941년 3월 12일
308	가마니 보국운동(報國運動) / 경기도 2백만 애국반원(愛國班員)을 총동원		매일신보	1941년 3월 27일
309	입생산전격주간(叺生産電擊週間)에 황해도 각지 생산량		매일신보	1941년 4월 16일
310	가마니 오십매를 헌납		매일신보	1941년 4월 20일
311	가마니 짜서 헌금 / 월호(月湖) 부인들의 미거		매일신보	1941년 4월 22일
312	가마니 증산 조히 광대로 / 귀환(歸還) 양(兩) 용사 각지 농촌을 격려		매일신보	1941년 4월 29일
313	가마니 생산목표 달성은 도민 협력의 소치(所致) / 김 경남도 산업부장 담		매일신보	1941년 5월 3일
314	방공호(防空壕) 열은 왕성하나 가마니 부족 / 민간에 수급을 원활케 하라…지령		매일신보	1941년 5월 9일

번호	기사명	필자명	수록처	날짜
315	공입(空叺) 반납 안흐면 / 쌀 배급을 중지 / 함남도 내에 성적불량		매일신보	1941년 5일 9일
316	가마니 갑에서 분전(分錢) 모아 / 기관총(機關銃) 1대 헌납 / 대동군 애국반원의 적성(赤誠)		매일신보	1941년 5월 19일
317	순식간에 가마니 한장 / 오늘, 경회루(慶會樓)서 가마니 쌋키 경기회		매일신보	1941년 9월 27일
318	입직보국식(叺織報國式) / 내월 5일 청주서		매일신보	1941년 10월 26일
319	가마니를 짜서 국방금(國防金)을 헌납		매일신보	1942년 1월 19일
320	새씨와 가마니 증산 농한기(農閑期)를 적극 활용하라 / 군 경리부서 농민의 협력 강조		매일신보	1942년 2월 7일
321	시일(市日)마다 가마니 사태 / 벌써 42만매 공출		매일신보	1942년 2월 15일
322	비료 수송 이상(異狀) / 가마니를 보내자		매일신보	1942년 3월 15일
323	가마니, 색기 증산 / 경기도서 각 군에 일제(一齊) 통첩		매일신보	1942년 4월 5일
324	가마니 짜는 기계 / 강서수조(江西水組) 도부(渡部)씨의 신발명		매일신보	1942년 4월 17일
325	가마니, 새끼 증산에 최후의 힘을 다하라 / 조선군 경리부에서 농민의 협력 요청		매일신보	1942년 4월 17일
326	양평(楊平) 가마니호(號) 헌납 해군기(海軍機) 외에 육군에도 2만 3천원		매일신보	1942년 4월 24일
327	1호 2매 가마니 짜서 / 감시초(監視哨) 위문금에 / 보개면(寶盖面) 평촌(坪村) 부락민들의 미거		매일신보	1943년 2월 11일
328	가마니, 색기의 증산 / 경기지사(京畿知事), 각 부장(部長) 동원하여 독려		매일신보	1943년 2월 18일
329	눈먼 부부(夫婦)의 적성(赤誠) / 남몰래 가마니 짜서 헌금(獻金)		매일신보	1943년 4월 3일
330	어마어마한 가마니 / 3백만매 목표량을 드디어 돌파		매일신보	1943년 4월 7일
331	가마니 짜서 소 한마리식 / 장채부락(長釵部落) 부인회에 빗나는 개가(凱歌)		매일신보	1943년 6월 6일

338

번호	기사명	필자명	수록처	날짜
332	광주군민(廣州郡民)들 적성(赤誠) / 가마니 짜서 휼병금(恤兵金)		매일신보	1943년 6월 16일
333	짜자 전승(戰勝)의 가마니 / 봉산(鳳山) 에서 입(叺) 긴급생산 강조운동 전개		매일신보	1943년 8월 3일
334	가마니 2백만매 생산 / 관민 총동원으로 목표 달성에 매진		매일신보	1944년 1월 15일
335	가마니로 애국기(愛國機) / 귀성(龜城) 서 기금(基金) 8만원 헌납(獻納)		매일신보	1944년 1월 26일
336	가마니 짜서 헌금(獻金) / 강화 길상국 민교생(江華 吉祥國民校生)들의열성		매일신보	1944년 1월 27일
337	가마니, 색기도 전력(戰力) / 농번기(農 繁期) 이내로 증산에 총력 바치자		매일신보	1944년 2월 29일
338	가마니 증산전(增産戰) 전개		매일신보	1944년 11월 23일
339	빈 가마니는 공출(供出) / 도시(都市)서 도 고공품증산(藁工品增産)을 협력하라		매일신보	1945년 2월 3일
340	가마니 공출운동(供出運動)을 강화 / 강화군 내 비농가(非農家)도 궐기		매일신보	1945년 3월 7일

가마니로 본 일제강점기 농민 수탈사

초판 1쇄 발행／2016년 12월 20일

엮은이／인병선·김도형
펴낸이／강일우
책임편집／김유경·박서운
조판／박아경
펴낸곳／(주)창비
등록／1986년 8월 5일 제85호
주소／10881 경기도 파주시 회동길 184
전화／031-955-3333
팩시밀리／영업 031-955-3399 편집 031-955-3400
홈페이지／www.changbi.com
전자우편／human@changbi.com